ARBITRAGEM
A SOLUÇÃO VIÁVEL

2ª edição - 2009
Revista e ampliada

© Copyright 2009
Ícone Editora Ltda.

Coleção Elementos de Direito

Capa
Rodnei de Oliveira Medeiros

Diagramação
Andréa Magalhães da Silva

Revisão
Rosa Maria Cury Cardoso

Proibida a reprodução total ou parcial desta obra, de qualquer forma ou meio eletrônico, mecânico, inclusive através de processos xerográficos, sem permissão do editor (Lei nº 9.610/98).

Todos os direitos reservados pela
ÍCONE EDITORA LTDA.
Rua Anhanguera, 56 – Barra Funda - CEP 01135-000 – São Paulo – SP
Fone/Fax: (11) 3392-7771 - iconevendas@iconeeditora.com.br
www.iconeeditora.com.br

Dados Internacionais de Catalogação na Publicação (CIP)
(Câmara Brasileira do Livro, SP, Brasil)

Roque, Sebastião José
  Arbitragem : a solução viável / Sebastião José
Roque. -- 2. ed. rev. e ampl. -- São Paulo : Ícone,
2009.

  ISBN 978-85-274-1040-3

  1. Arbitragem (Direito) - Brasil 2. Arbitragem
internacional 3. Direito internacional I. Título.

09-03201   CDU-347.918:382

Índices para catálogo sistemático:

1. Arbitragem : Comércio internacional : Direito
    347.918:382
2. Arbitragem : Direito internacional   347.918:382

SEBASTIÃO JOSÉ ROQUE

Bacharel, mestre e doutor em Direito pela Faculdade de Direito da
Universidade de São Paulo
Advogado, árbitro e consultor jurídico empresarial
Professor da Faculdade de Direito da Universidade São Francisco
Presidente do Instituto Brasileiro de Direito Comercial "Visconde de Cairu"
Presidente da Associação Brasileira de Arbitragem – ABAR
Autor de 25 obras jurídicas

ARBITRAGEM
A SOLUÇÃO VIÁVEL

2ª edição - 2009
Revista e ampliada

Ícone
editora

O PODER DA MENTE

Pobre de ti se pensas ser vencido,
Tua derrota é um caso decidido.
Queres vencer mas como em ti não crês
Tua descrença esmaga-te de vez.
Se imaginas perder, perdido estás.
Quem não confia em si marcha para trás.
A força que te impele para a frente
É a decisão firmada em tua mente.

Muita empresa esboroa-se em fracasso
Inda antes de dar o primeiro passo.
Muito covarde tem capitulado
Antes de haver a luta começado.
Pensa em grande e teus feitos crescerão;
Pensa em pequeno e irás depressa ao chão.
O querer é poder arquipotente
É a decisão firmada em tua mente.

Fraco é quem fraco se imagina.
Olha ao alto quem ao alto se destina.
A confiança em si mesmo é a trajetória
Que leva aos altos cimos da vitória.
Nem sempre quem mais corre a meta alcança,
Nem mais longe o mais forte o disco lança.
Mas se és certo em ti, vai firme, vai em frente
Com a decisão firmada em tua mente.

ÍNDICE

1. CONSIDERAÇÕES SOBRE A ARBITRAGEM, 9
   1.1. Conceito e características, 11
   1.2. Natureza jurídica da arbitragem, 15
   1.3. A arbitragem como forma de transação, 16

2. AS MÚLTIPLAS VANTAGENS DA ARBITRAGEM, 21
   2.1. Relações arbitragem/Judiciário, 23
   2.2. Escolha dos árbitros, 23
   2.3. Celeridade, 24
   2.4. O sigilo, 25
   2.5. Escolha do direito aplicável, 25
   2.6. Deficiências qualitativas da justiça, 26
   2.7. Restrições à arbitragem, 27
   2.8. A lição de La Fontaine, 28

3. A ARBITRAGEM NO DIREITO BRASILEIRO ATUAL, 31
   3.1. A nova lei, 33
   3.2. O âmbito de aplicação da arbitragem, 35
   3.3. O direito aplicável, 37

4. MODALIDADES DE ARBITRAGEM, 39

5. A CONVENÇÃO DE ARBITRAGEM, 49
   5.1. Natureza jurídica e formas de instituição, 51

5.2. A cláusula compromissória, 52
5.3. O compromisso arbitral, 55

6. DOS ÁRBITROS, 59
   6.1. Conceito de árbitro, 61
   6.2. A escolha dos árbitros, 63
   6.3. Exigências para a função, 63

7. DO PROCEDIMENTO ARBITRAL, 67
   7.1. Instituição da arbitragem, 69
   7.2. As exceções arbitrais, 69
   7.3. Passos do julgamento, 72
   7.4. Os princípios gerais do direito na arbitragem, 74
   7.5. A postulação, 76

8. DA SENTENÇA ARBITRAL, 81
   8.1. A preparação da sentença, 83
   8.2. A estrutura da sentença, 84
   8.3. Contestações da sentença, 85
   8.4. A anulação do laudo, 86
   8.5. A reformulação, 88
   8.6. Os embargos à execução, 90

9. DO RECONHECIMENTO E EXECUÇÃO DE SENTENÇAS
   ARBITRAIS ESTRANGEIRAS, 93
   9.1. A legislação pertinente, 95
   9.2. A aplicação do direito estrangeiro no Brasil, 96
   9.3. A homologação e suas exceções, 98

10. DA SOLUÇÃO JUDICIAL PARA A ARBITRAL, 103

11. A CONVENÇÃO INTERAMERICANA SOBRE ARBITRAGEM
    COMERCIAL INTERNACIONAL, 107

12. A CONVENÇÃO INTERAMERICANA SOBRE EFICÁCIA
    EXTRATERRITORIAL DAS SENTENÇAS E LAUDOS
    ARBITRAIS ESTRANGEIROS, 115

13. A ARBITRAGEM INTERNACIONAL, 121
    13.1. Características da arbitragem internacional, 123
    13.2. A evolução da arbitragem pelo tempo, 125
    13.3. O Brasil e a arbitragem, 126
    13.4. A lei-modelo da UNCITRAL, 128
    13.5. A AAA - American Arbitration Association, 129

14. A CORTE INTERNACIONAL DE ARBITRAGEM, 135
    14.1. Aspectos conceituais da Corte, 137
    14.2. A regulamentação da Corte, 138
    14.3. Vantagens da arbitragem internacional, 138
    14.4. A Corte e a Convenção de Nova York, 140
    14.5. Função da Corte, 140
    14.6. A cláusula compromissória padrão, 141
    14.7. O compromisso arbitral, 143
    14.8. Terminologia adotada pelo regulamento, 144
    14.9. Estrutura da Corte, 145
    14.10. As comunicações da Corte, 146
    14.11. O procedimento arbitral, 147
    14.12. O tribunal arbitral, 149
    14.13. A sentença arbitral, 151
    14.14. As custas da arbitragem, 152

15. UM CÓDIGO DE ÉTICA PARA OS ÁRBITROS, 155
    15.1. O árbitro perante a arbitragem, 157
    15.2. A contribuição norte-americana, 159
    15.3. A contribuição argentina, 185
    15.4. Um código brasileiro, 189
    15.5. A ética prevista pela Lei Arbitral, 196

16. AS CONEXÕES ENTRE A JUSTIÇA PÚBLICA E A PRIVADA, 205
    16.1. A interligação dos sistemas resolutórios de controvérsias, 207
    16.2. Chamamento à arbitragem pelo Poder Judiciário, 209
    16.3. Celebração do acordo arbitral, 211
    16.4. Nomeação judicial de árbitros, 212
    16.5. Arguição contra árbitros e convenção arbitral, 213
    16.6. Adoção de medidas coercitivas às testemunhas, 215

16.7. Controvérsias sobre direitos disponíveis, 216
16.8. Efeitos jurídicos da sentença arbitral, 218
16.9. Nulidade da sentença arbitral, 219
16.10. Homologação de sentenças arbitrais estrangeiras, 222
16.11. Honorários do árbitro, 222
16.12. A arbitragem e a conciliação nos Juizados Especiais, 223

17. CONVENÇÃO DE NOVA YORK SOBRE EXECUÇÃO DE LAUDOS ARBITRAIS ESTRANGEIROS, 227
17.1. Características da Convenção, 229
17.2. Objetivos da Convenção, 229
17.3. Reconhecimento das decisões arbitrais estrangeiras, 230
17.4. Obrigatoriedade das sentenças, 231
17.5. A execução da sentença, 232
17.6. Limitações da defesa, 232
17.7. Homologação pelo STJ – Superior Tribunal de Justiça, 234

18. MEDIAÇÃO COMO FÓRMULA DE RESOLUÇÃO DE LITÍGIOS, 237
18.1. Aspectos conceituais, 239
18.2. RAD – Resolução alternativa de disputas, 239
18.3. O mediador, 242
18.4. Vantagens e benefícios da mediação, 243
18.5. Novo campo de trabalho para o advogado, 244
18.6. A remuneração do mediador, 244

19. PROJETO DE MEDIAÇÃO PARA O BRASIL, 247
19.1. Projeto de Lei para a mediação, 249
19.2. Modalidades de mediação, 251
19.3. Registro e controle dos mediadores, 254

ANEXOS, 257
Lei nº 9.307, de 23 de setembro de 1996, 259
Convenção Interamericana sobre Arbitragem Comercial Internacional, 270
Convenção Interamericana sobre Eficácia Extraterritorial das Sentenças e Laudos Arbitrais Estrangeiros, 275
Lei-modelo da UNCITRAL sobre a Arbitragem Comercial Internacional, 280
Convenção sobre o reconhecimento e a execução de sentenças arbitrais estrangeiras feita em Nova York, em 10 de junho de 1958, 298

1. CONSIDERAÇÕES SOBRE A ARBITRAGEM

1.1. Conceito e características

1.2. Natureza jurídica da arbitragem

1.3. A arbitragem como forma de transação

1.1. Conceito e características

A arbitragem é um sistema de solução pacífica de controvérsias nacionais e internacionais, rápida e discreta, quer de direito público quer de privado. Consiste na criação de um julgador não pertencente a jurisdição normal, escolhido pelas partes conflitantes, para dirimir divergências entre elas. É a escolha pelas partes de um juiz não togado, ou de um tribunal não constituído por magistrados, mas de advogados avulsos ou pessoas consideradas como capazes de conhecer e decidir uma questão prestes a ser submetida à Justiça. Podemos dizer que seja uma justiça privada, destinada a fazer o que faria a justiça pública: solucionar lides entre duas ou mais pessoas.

Trata-se de um sucedâneo da jurisdição oficial, aliviando o encargo desta, procurando resolver determinadas pendências não necessitadas de um provimento judicial. Assim como nossa lei processual criou o juizado de pequenas causas, para diminuir o fluxo de processos nas varas comuns, a arbitragem poupará o Judiciário de muitas tarefas referentes a certas lides em que sua autoridade seja dispensável.

Característica importante da arbitragem é a de que as partes poderão escolher não só os julgadores, os árbitros, mas também o direito aplicável, ou seja, os fundamentos jurídicos em que os árbitros irão fulcrar sua decisão. Poderão, por exemplo, as partes querer que a decisão arbitral se apoie no direito brasileiro, como o Código Comercial, ou então, em um tratado internacional. Poderão, conforme o caso, invocar o direito de um determinado país. Vigora pois nesta jurisdição privada a autonomia da vontade: têm elas a liberdade de escolher não só os juízes que julgarão a demanda entre elas, mas também as bases jurídicas em que os juízes assentarão suas decisões. A própria arbitragem é uma opção: não é necessário que elas a adotem. Poderão as partes submeterem a solução de litígios à justiça comum ou à arbitragem, com livre opção.

Geralmente, a arbitragem se refere à interpretação de um contrato; seu objeto é marcantemente de natureza contratual. No decorrer de nossas considerações faremos constantes referências a esse caráter contratual e empresarial da arbitragem; é aplicável principalmente no relacionamento de empresas entre si, ou de empresas com seus clientes. Somos de opinião de que a arbitragem adaptar-se-ia ao relacionamento entre empresas e seus empregados, vale dizer, no campo do Direito do Trabalho. No plano internacional, o objeto da arbitragem é principalmente a interpretação de tratados internacionais.

É um sucedâneo da jurisdição oficial, um prolongamento da justiça, tanto que a legislação de muitos países a previram, como aconteceu no próprio Brasil. Nosso Código Civil, de 1916, deu-nos sua regulamentação substancial, revogada com a Lei da Arbitragem, de 1996, 80 anos depois. O CPC, de 1973, preceituou as formas de processamento da arbitragem, também revogadas, mas integradas na nova lei. Anteriormente, o Código Comercial, de 1850, já tinha feito referências a ela em vários artigos, que não foram ainda expressamente revogados. Vejamos então o que nos antecedeu o Código Comercial sobre a arbitragem.

Ao regulamentar o contrato de locação mercantil, o Código Comercial fala no art. 245 sobre a arbitragem:

> "Todas as questões que resultarem de contratos de locação mercantil serão decididas em juízo arbitral".

Ao dizer "todas as questões" dá o Código Comercial a entender que ficaram isoladas da justiça comum as soluções de controvérsias a respeito da locação mercantil; serão todas resolvidas por arbitragem. Acreditamos estar revogado esse artigo, pois, hoje, a locação mercantil está regulamentada pela Lei do Inquilinato. Além disso, na época da promulgação do Código Comercial, havia o juízo arbitral, constituído por lei que foi revogada.

Ao dispor sobre as sociedades mercantis, o Código Comercial volta a falar na arbitragem, agora no campo do Direito Societário. Eis o que diz o art. 294:

> "Todas as questões sociais que se suscitarem entre sócios durante a existência da sociedade ou companhia, sua liquidação ou partilha, serão decididas em juízo arbitral".

A aplicação da arbitragem nessas questões é confirmada no art. 348. Nas disposições sobre o Direito Marítimo, ou seja, o Livro II do Código Comercial, havia a indicação da arbitragem no art. 739, mas o capítulo a que pertencia esse artigo foi totalmente revogado.

A arbitragem não se contrapõe à justiça comum, atua em paralelo, com características próprias, por ser um meio de solução pacífica de controvérsias. Tradicionalmente, lide é briga. Quem vai à Justiça, requerendo o aparelhamento do Estado para solucionar um litígio é porque não quer conciliação ou já tentou conciliar, mas não sobrou outra alternativa senão bater à porta do Poder Judiciário. A lide judicial é normalmente colorida de forte conteúdo afetivo, com sentimentos feridos e rancores extravasados. A arbitragem, ao contrário, procura uma solução mais conciliatória, tanto que é possível aos árbitros deixarem a lei de lado e resolver a pendência pelo princípio da equidade. Não nos esqueçamos do que disse Aristóteles, 300 anos antes de Cristo:

> "O árbitro visa à equidade, enquanto que o juiz à lei; é por isso que o árbitro foi criado: para que a equidade seja aplicada".

Talvez seja esse um dos motivos pelos quais a arbitragem não tenha sido feliz no Brasil. O brasileiro é um tanto subjetivo e sentimental. Nos processos judiciais encontra dificuldades em conciliar interesses, pela predominância do sentimento sobre a razão. Por esse motivo, encontrará a arbitragem sérios obstáculos no Direito de Família, de forte colorido afetivo. A mulher move a ação de separação contra o marido, alegando que ela é santa e ele é o demônio; o marido contesta a ação, dizendo que ele é um santo e ela é o demônio. Após anos de discussão e ofensas mútuas, fica a situação como estava, mesmo porque o casal não possui bens e, às vezes, nem filhos.

O processo serviu apenas para ofensas ou "lavar roupa suja". É o que também acontece no Direito do Trabalho. O empregado reclama o pagamento de um salário mínimo, entrando com ação contra seu ex-empregador, demonstrando que dedicou a ele cinco anos de vida e viu-se desprezado e injustiçado. O patrão defende-se alegando que pagou religiosamente seu ex-empregado durante cinco anos, deu-lhe cinco férias, FGTS e tantas coisas mais e agora o ingrato fica brigando com ele. E assim cada parte expõe seus lamentos. O processo implica em quatro a cinco audiências, depois de meia dúzia de testemunhas, julgamento anos depois e recurso ao Tribunal Regional do Trabalho, com mais três anos, decidindo o Tribunal que o empregado tem direito a meio salário mínimo. Elaboram-se os cálculos de liquidação, as partes discutem e se agridem na aprovação desses cálculos, forjando o juiz a determinar novas contas de liquidação. Finalmente, dez anos depois, a justiça determina ao patrão pagar meio salário mínimo. O oficial de justiça faz diversas diligências, gastando nelas mais do que o valor do pagamento e constata que o patrão já morreu ou é uma empresa falida. Talvez o empregado também já tenha morrido. Ambos porém morreram felizes; o empregado porque levou o malandro do patrão à barra do tribunal e fê-lo ser condenado. O patrão, por seu turno, também morreu feliz, pois o ingrato do empregado ganhou mas não levou.

Nem um nem outro pesaram o desgaste que tiveram; quanto gastaram com advogados, documentos, custas e andanças. Extravasaram porém seus sentimentos e frustrações. O custo-Brasil para esse processo não será igualmente avaliado, com seus três ou quatro volumes de documentos inúteis.

É mais uma razão pela qual a arbitragem é empregada mais na área empresarial. Uma empresa não tem sentimentos a extravasar, mas interesses a tratar. Não quer vingança, mas minorar seus prejuízos ou aumentar seus lucros. A empresa não calunia nem é caluniada. Seu objetivo é mercantil e patrimonial. Pode brigar com outra empresa por uma transação duvidosa, mas realiza nova transação se lhe for lucrativa.

A Constituição de 1988 consagra, no art. 4°, que o Brasil se rege nas suas relações internacionais, por vários princípios, apontando, no inciso VII, a solução pacífica de conflitos, como a mediação, a arbitragem, as negociações diretas, o recurso à Corte Internacional de Justiça, mas a principal maneira de solução final e conflitos é a arbitragem. Significa um retrocesso de nossa civilização o recurso à autotutela, às agressões, rompimento de relações. A resolução suasória de conflitos é consagrada em inúmeros tratados internacionais e o próprio direito internacional de todos os países almeja a paz social e ajusta composição da lide. Ao iniciar-se uma audiência deve o juiz tentar levar as partes a uma solução satisfatória. O espírito e a letra da lei encontram-se expressos em inúmeras disposições legais, como se vê no art. 52 da Lei de Introdução ao Código Civil:

> "Na aplicação da lei, o juiz atenderá aos fins sociais a que ela se dirige e às exigências do bem comum".

A missão de apaziguar os ânimos e a colaboração com a justiça cabe também ao advogado, que deveria apaziguar os ânimos. Entretanto, observa-se em São Paulo, numerosos advogados encampar os rancores de seus clientes, estimulando ódios e arremetendo-se contra a parte contrária e seu colega *ex adverso*. O Poder Judiciário foi assim transformado numa arena de digladiadores ferozes, levianos e petulantes. Criou-se um clima propício a perpetuação dos litígios e não à justa composição da lide. Eis porque a arbitragem atende mais aos reclamos do desarmamento dos espíritos, proporcionando o acerto pacífico de contas. A própria arbitragem surge de um acordo entre as partes: o compromisso arbitral.

Pelo que acabamos de averiguar, podemos resumir as seguintes características da arbitragem:

a – é estabelecida pelo acordo das partes e elas são quem definem o objeto do litígio e o direito aplicável a ele;

b – a entrega da solução do litígio aos árbitros livremente escolhidos pelas partes;

c – compromisso das partes para o acatamento da decisão arbitral, segundo o princípio *pacta sunt servanda*;

d – podem as partes estabelecer prazo para a sentença arbitral;

e – podem as partes exigir o procedimento arbitral em sigilo;

f – a arbitragem é instituição de direito nacional e direito internacional; no direito internacional pode ser de direito público ou privado, no plano interno só de direito privado;

g – é, no Brasil, uma jurisdição privada, regulamentada pela Lei da Arbitragem (Lei 9.307/96).

1.2. Natureza jurídica da arbitragem

Vamos situar bem a arbitragem no vasto campo do direito: qual é a sua natureza jurídica? a que regime jurídico se submete? Diremos primeiramente que a arbitragem é uma jurisdição, uma forma de justiça, mas uma justiça privada. Por que é ela uma forma de justiça? Porque faz a mesma coisa que a justiça: procura dirimir controvérsias, decidir confrontos, apaziguar os choques. Busca o que preconizava Chiovenda para a justiça: a justa composição da lide. Ambas querem manter o equilíbrio das relações jurídicas, conciliando os interesses individuais em prol do interesse coletivo. Vê-se, por isso, o paralelismo entre o juiz e o árbitro.

A arbitragem é portanto uma justiça, mas uma justiça privada, não mantida pelo Estado e sem o alto teor de obrigatoriedade da justiça estatal. É mantida por pessoas privadas, executada por elas e destina-se a dirimir controvérsias entre pessoas privadas. A arbitragem esbarra na fronteira das questões de direito público: não se aplica a arbitragem para dirimir querelas entre pessoas de direito público ou entre estas e privadas. As partes e os árbitros são pessoas de direito privado. A manutenção da arbitragem não conta com verbas públicas, mas de pessoas privadas, mormente das partes do processo arbitral.

Um terceiro aspecto da arbitragem é o de ser ela convencional, por surgir de um acordo entre as partes para a composição de suas divergências. É uma jurisdição privada convencional. É ilustrativo frisar que esse acordo entre as partes é chamado de convenção arbitral, com duas espécies: a cláusula compromissória e o compromisso arbitral. Convenção, contrato, acordo, avença, ajuste são palavras sinônimas. Aliás, o Dicionário Caldas Aulete, de extraordinária conveniência a todo jurista, traz o significado de avença: acordo, pacto, ajuste ou conciliação entre partes que andavam desavindas. Em Portugal, avença é um contrato celebrado entre um contribuinte e o fisco.

A convenção arbitral tem um sentido nitidamente contratual, malgrado seja o contrato examinado sob éticas muito díspares e de conceito bem diverso. Podemos considerar como definição bem aceita universalmente a constante do art. 1.321 do Código Civil italiano:

Il contratto é il accordo di due o piú parti per costituire, regolare o estinguere tra loro um rapporto giuridico patrimoniale.	O contrato é o acordo de duas ou mais partes, para constituir, regular ou extinguir entre elas uma relação jurídica patrimonial.

A convenção arbitral é o acordo de duas ou mais pessoas para constituir, regular ou extinguir, entre elas, uma relação jurídica, mas não patrimonial. Nisso irá se distinguir a arbitragem do contrato, tal como é conceituado no artigo retrocitado. Todavia, as partes contratam para resolver um problema de natureza patrimonial. Podemos então considerar a arbitragem como um sistema convencional para estabelecer uma jurisdição. Diremos então que a arbitragem é convencional por sua origem e jurisdicional por sua função.

1.3. A arbitragem como forma de transação

A fim de precisar com maior segurança a abrangência e os limites dos direitos patrimoniais, iremos apelar para o art. 806 do Código de

16

Processo Civil da Itália, considerando como direitos patrimoniais os direitos que admitem transação. Vamos reproduzir esse artigo:

Le parti possono far decidere da arbitri le controversie tra di loro insorte, tranne quelle che riguardano questioni di estato e di separazione personale tra coniugi e le altre che non possono formare oggeto di transazione.	As partes podem fazer decidir por árbitros as controvérsias entre elas surgidas, exceto as que se referem a questões de Estado e de separação pessoal entre cônjuges e as outras que não possam formar objeto de transação.

Podemos compreender melhor a limitação da arbitragem aos direitos patrimoniais, examinando-os sob esse ponto de vista. A transação é regulamentada pelo Código Civil italiano, nos arts. 1.965 a 1.976, mas de forma tão semelhante à nossa, que poderemos tomar por base a nossa legislação. Nosso Código Comercial, no art. 428, remete ao Código Civil as maneiras de extinção e dissolução de obrigações mercantis. Vamos então encontrar no Código Civil, nos arts. 1.025 a 1.036 a sistematização da transação da qual podemos extrair ampla exposição dos direitos patrimoniais, vale dizer, que poderão ensejar a arbitragem. Todavia, há mais uma restrição prevista na regulamentação italiana sobre a arbitragem: não se aplica em questões que exijam a intervenção do Ministério Público e sobre isso falaremos alhures. Pelo artigo já referido, a arbitragem fica descartada quando estiverem em jogo vários tipos de direito:

– direitos públicos, de interesse do Estado;

– direitos matrimoniais;

– direitos que não admitirem transação;

– direitos em cuja discussão judicial é exigida a intervenção do Ministério Público.

Diz o art. 1.025 de nosso Código Civil:

"É lícito aos interessados prevenirem, ou terminarem o litígio, mediante concessões mútuas".

Ao mesmo tempo em que o art. 1.025 abre o caminho para a arbitragem, também a restringe apenas a direitos em que possa uma pessoa fazer concessões mútuas. São direitos que seu titular possa transacionar ou extinguir. Se o direito não tiver essas características, não puderem ser transacionados, não serão objeto de solução arbitral.

É também sugestivo o art. 1.035 de nosso Código Civil:

> "Só quanto a direitos patrimoniais de caráter privado se permite a transação".

Este artigo vem de encontro ao art. 1º da Lei da Arbitragem, havendo apenas leve diferença de linguagem, falando este último: "direitos patrimoniais disponíveis". Há, portanto, manifesta similitude entre ambos os artigos: um encontra fundamento em outro. Não se pode transigir em questões de direitos públicos, de estado de pessoas, do matrimônio e do pátrio poder; portanto, não se pode resolver por arbitragem os embates relativos a tais direitos. São direitos indisponíveis, inalienáveis, o que os torna intangíveis pela transação, desde a antiga Roma: *qui transigit aliena* (quem transige aliena).

Há um aspecto em que se afasta a conceituação da transação com referência a arbitragem: nosso Código Civil não lhe dá a natureza de contrato mas a situa entre as formas de extinção de obrigações. Efetivamente, nos doze artigos regulamentadores da transação, nosso código não se refere a entendimentos contratuais, enquanto a Lei da Arbitragem fala, no art. 1º, em "pessoas capazes de contratar". Fala esta última também que a arbitragem é instituída por "convenção". Ao nosso modo de interpretar os dois termos, "convenção" e "contrato" são sinônimos perfeitos. Talvez se interprete o contrato na esteira do art. 1.321 do Código Civil italiano, como tendo objetivo patrimonial, enquanto a convenção de arbitragem não tem esse sentido. Todavia, a convenção arbitral instaura a arbitragem, para a solução de problemas patrimoniais.

Neste ponto, também se distingue o direito brasileiro do direito dos demais países, em sua maioria, considerando a transação como contrato, a começar do direito italiano, declarando-a taxativamente como contrato. E claro o art. 1.965 do Código Civil italiano:

La transazione é il contratto col qualle le parti, facendosi reciproche concessioni, pongono fine a una lite gia incominciata o prevengono una lite che può sorgere tra loro. *Con le reciproche concessioni si possono creare, modificare o estinguere anche rapporti diversi da quello che ha formato aggeto della pretesa e della contestazione delle parti.*	A transação é o contrato com o qual as partes, fazendo-se recíprocas concessões, põem fim a uma lide já começada ou prevêem uma lide que possa surgir entre elas. Com as recíprocas concessões, podem se criar, modificar ou extinguir também relações diversas da que constituiu objeto da pretensão e da contestação das partes.

Ao mesmo tempo em que define a transação como contrato, essa disposição coloca a convenção arbitral nas mesmas características do contrato: é um acordo entre partes, há concessões recíprocas; destina-se a solucionar controvérsia já existente ou que venha a existir. Quando se fala em "lide já começada", incluem-se as judiciais e a solução ficará prevista pelo compromisso arbitral judicial. Ao falar em "uma lide que possa surgir entre elas" serão as extrajudiciais e com a arbitragem prevista pela cláusula compromissória. Assim sendo, no primeiro caso, procura-se subtrair à justiça uma lide em andamento, no segundo, evitar que a lide caia nas mãos do juiz: *ubi partes conveniunt cessat officium judiciis* (quando as partes entram em acordo, cessa o ofício do juiz).

Outra disposição que precisa de ser levada em conta é a constante no art. 1.036 do Código Civil:

> "É nula a transação a respeito de litígio decidido por sentença passada em julgado, se dela não tinha ciência algum dos transatores, ou quando, por título ulteriormente descoberto se verificar que nenhum deles tinha direito sobre o objeto da transação".

Vamos expor algumas hipóteses encaixadas neste artigo. Duas empresas discutem na justiça a respeito dos direitos da titularidade de patente industrial. Celebram compromisso para transferir a solução dessa lide à arbitragem. Contudo, a questão já tinha sido julgada anteriormente, por sentença com trânsito em julgado, sem que uma das partes soubesse; esta parte teria sido então induzida a erro. Não poderiam as partes anular uma sentença judicial. É portanto nulo *pleno jure* o compromisso arbitral para esse fim.

Quanto ao segundo parágrafo do art. 1.036, vamos apontar uma hipótese nele integrada: digamos que essas duas empresas estabeleçam convenção arbitral para discutir os direitos dessa patente industrial, mas revelou-se depois que essa patente pertencia a outra empresa. Não será lícito duas empresas discutirem direito de outra. Essas restrições também estão previstas nos arts. 1.974 e 1.975 do Código Civil da Itália e no Código Civil da França e da Espanha.

Vista então a parecença entre a arbitragem e a transação, concluiremos entretanto que há algumas diferenças entre elas, apesar da íntima conexão já apontada. A transação não resolve obrigatoriamente uma pendência, não é uma forma de julgamento. A arbitragem sim, põe fim a uma pendência.

2. AS MÚLTIPLAS VANTAGENS DA ARBITRAGEM

2.1. Relações arbitragem/Judiciário

2.2. Escolha dos árbitros

2.3. Celeridade

2.4. O sigilo

2.5. Escolha do direito aplicável

2.6. Deficiências qualitativas da justiça

2.7. Restrições à arbitragem

2.8. A lição de La Fontaine

2.1. Relações arbitragem/Judiciário

Se o Estado proporciona aos cidadãos justiça ampla e gratuita, dotada de força coercitiva, porque iriam os cidadãos arredar a justiça pública e apelar para uma justiça remunerada por eles? Os próprios cidadãos pagam impostos para facultar ao Estado a prestação de serviços que a ele cabe, e a prestação jurisdicional é uma das funções inerentes ao Estado. Entretanto, se os cidadãos contribuem para a receita pública, pagando previamente pelos serviços, não deveriam fazer pagamento extra para obterem os serviços que tinham pago. E o que acontece com a justiça, com os serviços judiciários.

Não é só neste campo que se notam tais paradoxos. A Constituição assegura aos brasileiros educação gratuita. Para tanto, contribuímos com nossos impostos e até alguns específicos para as atividades educacionais, para que o Estado cumpra o que ele estabeleceu no art. 208 de nossa Constituição. Mesmo assim, é grande o número de pessoas que descarta o ensino público, pagando para receber o ensino privado. Assim também ocorre com a saúde, garantida pelos arts. 196 a 200, e basta ver a proliferação de empresas prestadoras de serviços médicos. Deve haver várias razões para esse fenômeno, mas elas todas vão se agrupar na gama de vantagens que o serviço privado pode apresentar ao público, mormente quanto às opções que os serviços executados em regime de concorrência oferecem ante serviços monopolistas.

O paciente escolhe o médico que irá tratá-lo, em vez de submeter-se a médicos de um centro de saúde, que ele nem conhece. Idêntica é a situação da arbitragem.

2.2. Escolha dos árbitros

Vamos encontrar então um aspecto atraente da arbitragem para os cidadãos. A parte interessada escolhe o seu juiz, optando por um entre vários, elegendo o que lhe inspira maior confiança. Não é o que ocorre na jurisdição oficial. O processo vai parar nas mãos de um juiz que as partes desconhecem, mas é uma autoridade pública, às vezes um juiz é substituído por outro, não restando às partes opinar sobre essa mudança. Na maioria das vezes, ambas as partes saem do processo fulminando o juiz com todas as críticas. Nosso país atravessa séria crise de credibilidade nos homens públicos e o juiz como autoridade pública, não poderia ficar imune dessa paranóia coletiva. Se, num processo arbitral, uma parte sentir-se prejudicada, está sabendo que o julgador foi da sua escolha e deverá sentir-se responsável pela ocorrência.

2.3. Celeridade

Outra vantagem importante é a celeridade do procedimento arbitral. Perante a lei, há o prazo máximo de seis meses para que a arbitragem se realize, partindo da convenção arbitral. As partes, porém, são livres para estabelecer um prazo para que o procedimento transcorra e seja apresentada a sentença arbitral. Não se permitirá, portanto, delongas para casos que exijam rápida solução. Vamos nos referir a uma controvérsia surgida entre duas empresas farmacêuticas e resolvido em uma semana, por uma corte arbitral montada por uma câmara de comércio de São Paulo.

Uma empresa farmacêutica lançou um remédio em São Paulo e outra empresa protestou contra esse lançamento, pois tinha esta última um remédio com nome parecido e com a mesma fórmula. O referido remédio fora lançado na Europa e estava patenteado no "Bureau de Berna", órgão de controle internacional do Direito da Propriedade Industrial.

Ambas as empresas decidiram submeter a solução desse litígio a uma câmara de comércio, que formou o juízo arbitral, com árbitros aceitos pelas partes, com prazo previsto de uma semana. A sentença arbitral saiu três dias depois, condenando a empresa que lançara o remédio, cuja fórmula pertencia a outra, ao pagamento de uma indenização. Assim sendo, a condenada não teve prejuízo, pagando a indenização com o lucro que obtivera com o remédio, mas a detentora da fórmula ficou com o lucro.

Se tal questão fosse submetida à justiça oficial, abriria um processo trabalhoso pelos anos afora. Quando realmente o processo chegasse ao final, o remédio já estaria superado, pois outros laboratórios teriam lançado produtos mais evoluídos, enquanto os dois pioneiros pelejavam na justiça. Além disso, a primeira medida a ser tomada seria a busca e apreensão de todo o estoque do remédio produzido, causando prejuízos e, quando fossem liberados, provavelmente já estariam estragados.

2.4. O sigilo

O exemplo retrocitado traz-nos à mente a terceira vantagem da arbitragem: o sigilo. Enquanto as duas empresas discutiam judicialmente, uma terceira empresa concorrente tiraria uma cópia da fórmula e passaria a produzir esse mesmo remédio, com outro nome. Um dos princípios básicos do processo judicial é a publicidade, pela qual o exame dos autos é franqueado aos interessados. Só em casos excepcionais pode um processo transcorrer em segredo, como são os feitos de família. Eis aí o ponto positivo da arbitragem: o procedimento arbitral só transcorre com a presença das partes e dos árbitros, num sistema bem reservado. Só se as partes concordarem, um estranho poderá presenciar o julgamento ou examinar os documentos. Podem ainda as partes determinar a destruição dos documentos, tão logo seja julgada a questão.

2.5. Escolha do direito aplicável

Examinaremos agora um aspecto vantajoso da arbitragem, bem sugestivo no mundo moderno: a escolha do direito aplicável ao julgamento das divergências. A complexidade do mundo moderno, mormente das atividades empresariais, estão exigindo profunda reformulação jurídica. Dependendo da natureza do caso a ser julgado, as partes poderão selecionar qual o direito mais adequado à espécie. A *dura lex sed lex* não mais atinge os resultados sociais e humanos que o próprio direito almeja. O Direito Empresarial vem se tornando a cada dia mais complexo, conforme vão se desenvolvendo as atividades empresariais. A regra geral encontra hoje dificuldades ao reger cada caso específico, o que só será possível com a arbitragem.

Ressaltamos assim quatro das principais características louváveis da arbitragem: rapidez, sigilo, escolha do árbitro, eleição do direito invocado no julgamento. Outras há de menor importância, mas fica patente a maior versatilidade e adequabilidade da arbitragem ante a jurisdição normal, para dirimir dúvidas no âmbito dos direitos patrimoniais disponíveis. Apesar delas, vem encontrando descrenças e recebida com indiferença, como aconteceu no Brasil, por várias razões.

2.6. Deficiências qualitativas da justiça

A situação da justiça brasileira é, no momento, dramática. Na justiça criminal os processos se eternizam, formando papelório impressionante e quando chega ao seu término os crimes já estão prescritos há muito tempo. Os presídios e os cárceres estão lotados e as celas dos Distritos Policiais, já transformados em presídios, abarrotados por falta de lugar para o recolhimento de pessoas. Grande parte do trabalho judiciário transforma-se em inútil burocracia. Milhões de cheques sem fundos são emitidos diariamente no Brasil e se a justiça fosse ocupar-se deles haveria necessidade de uma nova justiça, com estrutura própria. A escalada de corrupção e violência que varre este país tem sua derradeira causa nos males judiciários e na incapacidade de nossa justiça em resolver os problemas que lhe são afetos.

A eficiência da justiça do trabalho é realmente caótica. Um processo demora, em média 6 a 7 anos, com oitiva de muitas testemunhas, às vezes, pela discussão sobre o pagamento de um salário mínimo. Ainda que o empregado obtenha o ganho de causa, no final do processo terá ele mudado de cidade e esquecido a questão. Os locais em que estão instaladas as juntas ficam abarrotados, abrigando as pessoas envolvidas a subirem e descerem pelas escadas, apinhadas de pessoas, por vários andares. A espera pelas audiências demora normalmente várias horas, esperando as partes em pé, em corredores abafados e superlotados. Há dificuldade para se chegar até a sala de audiências. Discute-se há anos a solução desse insolúvel problema.

A justiça federal não deixa nada a dever. Um processo arrasta-se por dez a quinze anos, encerrando-se normalmente pelo cansaço e abandono das partes. Quando o governo Collor congelou os depósitos bancários, dezenas de milhares de mandados de segurança abarrotaram o fórum de São Paulo, formando-se filas intermináveis pelas ruas limítrofes, a ponto de atrapalhar o trânsito. Milhares de pessoas acorriam diariamente aquele fórum, fazendo estourar a capacidade do edifício, abrigando a polícia a isolar o local e fechar o prédio. Os feitos foram suspensos por vários meses, restringindo-se a justiça federal a tratar desses casos de mandados de segurança. Se um advogado quisesse examinar os autos de um processo, raramente o conseguiria, por não serem eles localizados nas enormes e inúmeras pilhas de autos.

A justiça civil é menos caótica, mas não deixa de ser lastimável. Eternizam-se os feitos. Muitos homens casam-se várias vezes, abandonando mulher e filhos à mingua; as ações de alimentos se avolumam a cada dia, resultando apenas em acúmulo de papel. Os feitos falimentares correm os anos, fazendo com que prescrevam os crimes falimentares e os bens de massa falida deterioram-se inteiramente. Nas ações de execução, o oficial de justiça tem que vasculhar a cidade, como cão perdigueiro, para encontrar bens para penhora e quando penhorar, até ser levado em algum bem a leilão, este já não mais existe. Processos há que varam anos, passando por diversas leis, iniciando com uma e sendo julgado por outra. Consegue assim a justiça pública desagradar a gregos e troianos.

2.7. Restrições à arbitragem

Uma das razões da indiferença com que a arbitragem foi recebida era a legislação emperrada, que vigorava antes da Lei 9.307/96, dificultando sua aplicação. Impedindo o desenvolvimento da arbitragem, a lei impediu também que se formasse uma tradição. A maioria da população desconhece-a e surpreende-se quando lhe é revelada. Não houve muita divulgação e nas faculdades de direito ela não é estudada, tanto no Direito Civil como no Direito Processual Civil, embora esteja regulamentada em ambos os códigos regulamentação essa substituída pela Lei 9.307196. Era, e ainda é praticada no âmbito interno das bolsas, como a BOVESPA, mas só entre os membros da bolsa e referente a negócios realizados nos seus pregões. As câmaras de comércio cultivam-na, mas só entre seus membros, não prestando serviços a terceiros. As câmaras de comércio, entretanto, são formadas por empresas multinacionais, o que revela a tradição da arbitragem em outros países.

Acreditamos na influência estatal sobre o povo brasileiro como um dos motivos da repulsa de uma justiça não estatal. Tudo no Brasil depende do governo; a ambição do brasileiro é ser funcionário público, tudo que se torna necessário fazer, atribui-se a obrigação ao governo. Vê-se em todos os órgãos de comunicação de massa as críticas ao governo, que não resolve os problemas do país, quaisquer que sejam, até mesmo os problemas pessoais de cada cidadão. Como tudo se espera do governo, espera-se também a justiça. Para a maioria dos brasileiros, não se concebe Estado que não ministre justiça. Esta mentalidade geral tem sido entrave sério para o desenvolvimento da arbitragem.

Outro delicado problema apresentado e que agora mais irá se ressaltar é o da ausência de árbitros preparados e especializados. Como não temos tradição, não temos ainda no Brasil um corpo de pessoas preparadas para o exercício da arbitragem. A situação torna-se ainda mais séria se considerarmos que o árbitro não precisa ser obrigatoriamente advogado. Para o árbitro advogado exige-se apenas a interpretação da lei, com especial relevo da Lei 9.307/96, como também certas convenções internacionais, como a Convenção do Panamá, de 1975. Essa exigência é feita no pressuposto de que ele já conhecia outras leis, princípios gerais do Direito, normas processuais, elaboração de contratos e outros acordos e esteja familiarizado com sentenças judiciais e recursos. Para um leigo, porém, embora dotado de conhecimentos técnicos especializados, será difícil transformá-lo num juiz em breve tempo. Urge, pois, a tomada de posição, neste sentido, de todos os que se dedicarem à arbitragem, promovendo e divulgando-a, em seminários e cursos, com preferência nas faculdades de Direito e de Economia. Imprescindível será que a arbitragem seja um capítulo do ensino do Direito Internacional, Direito Processual Civil e Direito Empresarial, em todas as faculdades de Direito do país, adotando-se inclusive a elaboração de peças jurídicas, como compromisso, cláusula compromissória, sentenças e outros.

Há entretanto, malgrado todos esses entraves, um futuro promissor à arbitragem em nosso país, em vista das inúmeras vantagens que apresenta. Não almeja a arbitragem substituir a jurisdição normal, mas é um sucedâneo dela em certas áreas. A função judiciária no Brasil, como em todo o mundo está cada vez mais realçando problemas que já se revelaram como insolúveis. É extremamente morosa; a morosidade é característica intrínseca do Judiciário: sempre foi e será. Não se descobriu em país algum a cura desse mal e a tendência é a de que ele se agrave. A arbitragem, mesmo parcialmente, ameniza a morosidade crônica da justiça comum.

2.8. A lição de La Fontaine

O impressionante quadro traçado acontece no mundo todo e não apenas no Brasil, mesmo naqueles países em que a arbitragem já foi definitivamente instituída, amenizando a situação. A conveniência de certas variantes judiciárias vem sendo levantada há séculos. É bem conhecida a figura de La Fontaine, o extraordinário poeta e fabulista francês, analista dos problemas humanos em histórias que figuram animais. Uma delas, narrando o diálogo entre o cão e o gato, aponta a justiça humana como estimulante de outro sistema:

> O cão e o gato passeavam por uma praia, discutindo uma fórmula de resolver as desavenças entre eles. Decidiram então encaminhar seus litígios ao Judiciário.
>
> Enquanto caminhavam, uma ostra foi jogada na praia e o gato a viu primeiro correndo para apanhá-la. O cão foi mais rápido e a pegou. Começaram a discutir sobre a quem caberia a ostra: ao gato que a viu ou ao cão que a apanhou.
>
> Quando estavam a ponto de se atracar, falaram: não tínhamos combinado submeter nossas divergências à solução do Judiciário? Vamos então falar com o juiz!
>
> E lá foram os dois: o juiz era a raposa. Ao examinar a bela ostra comeu-a e disse que resolveria a questão por equidade. Deu uma casca ao gato, porque viu a ostra primeiro e a outra casca ao cão, que a apanhou.
>
> E assim saíram os dois decepcionados com o juiz, jogando fora os despojos da contenda. Ao andar pela praia, o cão viu uma bolsa de couro, com fivelas metálicas, jogada à praia pelo mar; mas o gato, mais rápido a pegou.
>
> Ao abrir a bolsa, constataram que ela estava cheia de barras de ouro. O gato disse que a bolsa era dele porque a pegou; o cão disse que era dele porque a viu primeiro. E estavam a ponto de uma briga, quando decidiram encaminhar a lide à justiça.
>
> Ao ver porém o juiz, pensaram: já conhecemos nossa justiça e por isso poderemos antever a solução: o juiz dará o couro para um e as fivelas para o outro e o ouro será a remuneração da justiça. Vamos procurar outra solução.

Não sabemos que solução teriam encontrado o cão e o gato, mas, provavelmente, encontrariam na arbitragem a fórmula de estabilização de suas relações jurídicas.

Embora a arbitragem proporcione justiça remunerada, será normalmente mais barata do que a justiça gratuita, confirmando o provérbio de que "o barato é muito caro". O tempo economizado, o trabalho poupado, os aborrecimentos e revolta provocados, custas e emolumentos e tantos outros gravames, são fatores que aliviam com lucros o custo da arbitragem.

3. A ARBITRAGEM NO DIREITO BRASILEIRO ATUAL

3.1. A nova lei

3.2. O âmbito de aplicação da arbitragem

3.3. O direito aplicável

3.1. A nova lei

A partir de 23.9.96, o Brasil passou a contar com nova regulamentação da arbitragem, graças à Lei 9.307/96. Trata-se de uma lei com 44 artigos e, ao nosso ver, bem elaborada e ampla, incorporando nela o que era antes previsto no Código Civil e no Código de Processo Civil. Ao fundir as antigas disposições do Código Civil e do Código de Processo Civil, a nova lei revogou-as expressamente, como também introduziu mais alguns incisos e modificou outros, em ambos os códigos.

A lei concede às pessoas capazes de contratar, a faculdade de valer-se da arbitragem para dirimir litígios relativos a direitos patrimoniais disponíveis. Se a arbitragem é peculiar a pessoas capazes de contratar, revela-se aplicável mais a controvérsias decorrentes de contratos. É portanto fórmula de solução de pendências de natureza contratual, de interpretação de cláusulas contratuais. Não julgamos porém a arbitragem aplicável na anulação de um contrato, quando este for um ato jurídico perfeito e tenha produzido efeitos entre as partes e com reflexos a terceiros. Anular um ato jurídico seria um poder muito elevado atribuído à arbitragem; em nosso parecer, deveria ser atribuição judicial. O que se amolda à arbitragem é a interpretação do contrato e não sua anulação.

Talvez muitos julguem um critério por demais restritivo à aplicação da arbitragem. Seria reduzi-lo ao âmbito demais limitado do Direito Contratual. Todavia, esse julgamento merece algumas considerações. Em primeiro lugar, podemos dizer que a própria lei põe a descoberto esta tendência, ao reservar a utilização da arbitragem às pessoas "capazes de contratar". Não chegaremos porém à conclusão de que a arbitragem seja privativa do Direito Contratual, mas que ela seja uma instituição adequada principalmente a este campo.

Em segundo lugar, se examinarmos a vida das empresas e dos próprios cidadãos, concluiremos que os contratos impulsionam nossas ações e deles decorre quase tudo o que fazemos em nossa vida quotidiana. Se um cidadão acorda pela manhã ao som de um despertador, acende a luz, toma um banho e se enxuga, toma seu desjejum, sai de casa e apanha a condução para trabalhar, o que teria ele praticado em termos jurídicos? Se um despertador o acordou, foi porque ele comprou esse objeto, acendeu a luz porque um contrato celebrado com a Eletropaulo proporcionou-lhe esse serviço; tomou sua refeição matinal porque um contrato de compra e venda celebrado com o padeiro, o leiteiro e o quitandeiro lhe proporcionou os ingredientes da refeição; tomou banho e enxugou-se porque firmou contrato com a SABESP para fornecimento de água e comprou uma toalha na loja. Se apanha a condução para trabalhar, realiza um contrato de transporte e se vai trabalhar é porque tem um contrato de trabalho ou de prestação de serviços.

Quando se fala porém nas atividades empresariais, a ação dos contratos é avassaladora. Quase tudo o que faz uma empresa repousa num contrato ou é decorrência dele. Basta analisar a vida de uma empresa e se chegará a essa dedução. Se examinarmos as demandas judiciais, notaremos que a maior parte das questões versam sobre dúvidas ou inadimplementos contratuais; é uma ação de despejo, um pedido de falência, uma cobrança, uma execução ou qualquer outra. A Justiça do Trabalho existe para dirimir polêmicas a respeito de um contrato de trabalho e não tem ela outra finalidade que justificaria sua existência.

Outra restrição vai se revelar na aplicação da arbitragem: ela soluciona pendências sobre questões concernentes apenas a direitos patrimoniais disponíveis. Como interpretaremos esses dois objetivos? Quando se fala em patrimonial, está se falando em dinheiro: ou dinheiro em pecúnia ou algum bem que represente dinheiro. Neste aspecto, novamente a arbitragem aproxima-se do Direito Contratual, pois a patrimonialidade é uma das características primordiais das relações contratuais. Não há uma conceituação uniforme do contrato, mas já está vulgarizado no mundo inteiro o conceito exarado no art. 1.321 do Código Civil italiano:

Il contrato è l'accordo di due o più parti per constituire, regolare e estinguere tra loro um rapporto giuridico patrimoniale.	O contrato é o acordo de duas ou mais partes, para constituir, regular ou extinguir uma relação jurídica patrimonial entre elas.

Vê-se nesta singela, mas eficaz definição, que a relação jurídica contratual é também patrimonial, ou seja, o patrimônio de ambas as partes sofrerá alteração de forma unilateral ou bilateral. Se um cidadão vai comer um pastel e dirige-se ao pasteleiro, estabelecendo um contrato para a compra desse pastel, o patrimônio de ambos irá enriquecer-se ou empobrecer. O comprador desfalcará seu bolso, retirando dele a nota de um real, entregando-a ao china, mas, em compensação, enriqueceu seu patrimônio com um bem, embora consumível. O pasteleiro, por seu turno, retirou de seu patrimônio um pastel, mas enriqueceu-se com um real que lhe foi entregue pelo comprador da "res".

Os direitos patrimoniais são o objeto primordial na provocação da arbitragem. Não basta porém ser direitos patrimoniais, mas é também preciso que sejam disponíveis. São disponíveis os direitos que possam ser negociados, do qual se possa abrir mão ou reduzi-los, trocar com outro ou ser submetido a compensação. Se predomina na arbitragem a autonomia da vontade, precisam as partes ter liberdade, não só de escolher a arbitragem como fórmula de solução de suas desavenças, mas também de discutir seus direitos e resolvê-los de forma diplomática. Seria liquidar a arbitragem a aplicação da fórmula "ou tudo ou nada". E direitos disponíveis são normalmente os direitos patrimoniais, em que se pode trocar um imóvel por um ou dois móveis, imóvel por dinheiro; poderá ainda o proprietário abandonar o imóvel. É o *jus utendi, fruendi et abutendi* (direito de usar, gozar ou largar).

Nem todos os direitos são patrimoniais nem disponíveis e, portanto, solucionáveis pela arbitragem. Há direitos que aderem de tal maneira a pessoa humana, que esta dele não pode se apartar; ainda que uma pessoa queira abrir mão de um direito, não poderia arredá-lo, por ser ele indisponível. É o caso dos direitos da personalidade, como à vida ou à honra. Poderá um suicida abrir mão de sua vida mas não do direito a ela; não poderá ele negociar esse direito, como dá-lo em garantia de uma dívida. Trata-se de um direito indisponível, irrenunciável, inegociável, inarredável, nem poderá ser objeto de transação. Nossa Constituição prevê muitos direitos indisponíveis, principalmente no art. 52. Esses direitos não podem constituir matéria a ser submetida ao julgamento arbitral.

3.2. O âmbito de aplicação da arbitragem

Um campo de atuação do direito incompatível com a arbitragem é o do Direito de Família e sucessões. O pátrio poder, por exemplo, não é um direito disponível e constitui até mesmo uma obrigação. Não pode um pai renunciar a sua condição de pai ou transferir esse direito a outra pessoa. Ainda que seja seu desejo, não pode uma mulher renunciar ao direito de coabitação, ao *debitum conjugalis* ou à exigência de fidelidade. São direitos de tal maneira aderidos à personalidade de uma pessoa, que não podem ser afastados. A mãe terá que ser mãe de seus filhos, queira ou não; muito menos poderá negociar seus direitos de mãe, como vendê-los ou doá-los. Se esses direitos não podem ser arredados nem pelo Judiciário, muito menos pela arbitragem.

Área em que a arbitragem encontrará sérios obstáculos é na do Direito do Trabalho e muitos estorvos já estão sendo oferecidos. Afirmam alguns que os direitos trabalhistas são indisponíveis, como o direito a férias e ao aviso-prévio. Como são direitos de ordem pública, não terá validade, por exemplo, um acordo entre empregado e empregador dispensando o aviso-prévio ou a obrigação de o empregador conceder férias; uma convenção entre partes não pode arredar uma lei de ordem pública. Se essa convenção não é permitida, não pode igualmente ser submetida a outra convenção, ou seja, a convenção de arbitragem.

Não vemos razão para esse posicionamento de vários juristas. A arbitragem predomina de forma preponderante para dirimir lides trabalhistas nos EUA e no Japão e suplantou inteiramente a jurisdição oficial. Segundo estatística recente existem normalmente na Justiça do Trabalho japonesa dois mil processos, enquanto que na Justiça do Trabalho de São Paulo há mais de dois mil processos em cada Junta de Conciliação e Julgamento. No Brasil inteiro há mais de dois milhões. Fazemos neste trabalho um estudo especial sobre a arbitragem nos EUA, país em que praticamente não há justiça do trabalho, graças ao emprego da arbitragem.

Não é tampouco radical a indisponibilidade dos direitos trabalhistas. Após surgir o conflito, empregado e empregador celebram comumente convenção para o acerto de contas e pedem homologação judicial, encerrando o processo. A própria vara para a resolução das demandas laborais chama Junta de Conciliação e Julgamento. Se possível conciliar, é possível transigir. Em todas as audiências, antes de iniciá-la, o juiz sempre propõe às partes uma conciliação e o empregado muitas vezes renuncia a certos direitos em benefício de outros. São portanto, a esta altura, direitos disponíveis. Parece-nos plenamente viável, lógica e eficaz a submissão dessas querelas a um juízo arbitral e poderemos encontrar nos EUA e no Japão as bases de uma justiça arbitral trabalhista.

Inviável, ilógica e ineficaz é, isto sim, a jurisdição normal, pelo menos em São Paulo. A situação é caótica e não se vê solução para problema tão vasto e profundo. Nosso país tem investido fortunas enormes na ampliação da Justiça do Trabalho, pretendendo solucioná-la, mas as soluções já se revelam superadas no momento de sua aplicação. Encontra-se em fase final de construção em São Paulo um edifício imenso para a instalação de mais de cem juntas, somando-se a mais tantos edifícios e mais duas centenas de juntas. Já se cogita também de se criar juntas nos bairros, como acontece na jurisdição cível e criminal. O problema, entretanto, mais se agrava. Por que então desprezamos a lição que os americanos e japoneses deram ao mundo?

Concluímos, pois, que a arbitragem é um sistema jurisdicional aplicável mais no campo empresarial. O Direito do Trabalho é, sob alguns aspectos, um Direito Empresarial, pois o empregador sempre é uma empresa ou pessoa a ela comparada, como se pode constatar na definição dada a empregador pelo art. 22 de nossa Consolidação das Leis do Trabalho.

3.3. O direito aplicável

A arbitragem poderá ser de direito ou de equidade, a critério das partes. Poderão as partes escolher, livremente, as regras de direito que serão aplicadas na arbitragem, desde que não haja violação aos bons costumes e à ordem pública. Poderão também as partes convencionar que a arbitragem se realize com base nos princípios gerais do direito, nos usos e costumes e nas "regras internacionais do comércio", também referida como *lex mercatoria*. Se estamos invocando as "regras internacionais do comércio", estamos novamente caracterizando a arbitragem como prevalecente nas disputas de ordem mercantil, do campo empresarial.

O princípio básico da arbitragem é a autonomia da vontade. As partes têm liberdade de escolher a via arbitral tanto quanto o direito em que se fulcrará o julgamento arbitral. Quais serão as regras e princípios em que se aterão os árbitros, serão as assinaladas pelas próprias partes, em comum acordo. Elegerão o direito mais conveniente a elas. Poderá ser o direito comum, como o Código Civil, o Código Comercial e Código de Processo Civil, do Brasil ou de outro país, como acontece nos contratos internacionais. Poderão as partes deixar ao critério dos árbitros a escolha das leis em que fundamentarão seu julgamento. A limitação entretanto está em que o direito aplicável não afronte a ordem pública, a moral ou bons costumes, à lei ou a segurança nacional.

Poderão ainda dispensar as regras de direito, mais precisamente, o direito positivo, apegando-se aos princípios gerais do direito, ressaltando o princípio de equidade. Esse critério é constatado no Estatuto da Corte Internacional de Justiça – CIJ e da CPA – Corte Permanente de Arbitragem, chamando o princípio da equidade de *ex aequo et bono*. Os princípios gerais de direito, que poderão embasar o julgamento arbitral, ainda não têm uma conceituação uniforme, ficando a cargo das partes indicá-los ou dos árbitros em escolhê-los. O autor deste trabalho tem um livro publicado com o nome de Introdução ao Estudo do Direito, em que faz considerações sobre os princípios gerais do direito, indicando alguns mais conhecidos. Para uns é a filosofia do direito, para outros o direito natural, havendo ainda quem os considere como o pensamento dos juristas romanos.

O princípio da equidade, o *ex aequo et bono* merece, porém, especial referência, por ser invocado com frequência, como o faz a nossa Lei da Arbitragem, a Lei 9.307/96. A própria origem etimológica de equidade, *aequitas* = equilíbrio, igualdade, dá a ideia de um julgamento equitativo, com o respeito de ambas as partes, numa sanção branda a quem estiver sem razão, mas recompondo ao máximo o prejuízo de quem estiver com a razão. Mais ou menos se amolda à consideração de Chiovenda, na máxima "justa composição da lide". Muitos juristas da antiga Roma colocavam o objetivo do direito nesses termos, a de *jus est ars boni et aequi* = o direito é a arte do bom e do equitativo. O direito equitativo deve atender às razões de ordem social e às exigências do bem comum.

4. MODALIDADES DE ARBITRAGEM

Temos que falar muito na realização de arbitragem em vários campos e de diversas formas, haverá então tipos variados de arbitragem, dos quais faremos uma classificação inicial:

1 – Quanto à previsão:
a – voluntária ou facultativa
b – permanente ou obrigatória

2 – Quanto ao âmbito:
a – nacional
b – internacional

3 – Quanto ao número de árbitros:
a – individual
b – coletiva

4 – Quanto à constituição do juízo:
a – órgão arbitral institucional
b – entidade especializada
c – órgão convencional

5 – Quanto à permanência do juízo:
a – *ad hoc*
b – durável

6 – Quanto à abrangência:
a – empresarial
b – trabalhista
c – responsabilidade civil
d – comércio exterior
e – de comércio interamericano

1. Quanto à previsão:

a – No que tange ao momento em que a arbitragem seja prevista, pode ela ser voluntária ou facultativa e permanente ou obrigatória. É a principal classificação, pois dela decorrem várias outras. A arbitragem voluntária ou facultativa surge do compromisso entre as partes, para a solução de um problema que já surgiu. Não há um acordo anterior entre as partes, já que o problema não foi previsto. É voluntária porque as partes tomam livremente a iniciativa de instituí-la e submeter-se a ela; facultativa é porque não se obrigaram a ela antes de ser instituída. A convenção arbitral para a instauração desse tipo de arbitragem é chamada de compromisso. Ao se verem a braços com uma divergência, as partes facultativamente, livremente, entram num acordo para submeter a solução dessa divergência à arbitragem; esse acordo é o compromisso arbitral.

b – A arbitragem permanente ou obrigatória decorre de um ajuste prévio entre as partes, prevendo que, se houver divergência entre elas será submetida à solução arbitral. Já são previstos os potenciais problemas a resolver, razão pela qual o acordo antecede a eles, ao contrário da arbitragem voluntária, em que o acordo surge após os problemas a serem resolvidos. A convenção arbitral para a instauração desse tipo de arbitragem é chamada de "cláusula compromissória", visto ser estabelecida por cláusula inserida no contrato que poderá ensejar controvérsias. Essa cláusula pode ser considerada como medida preventiva. O Regulamento da Corte de Arbitragem da Câmara de Comércio Internacional recomenda às empresas a cláusula compromissória padrão, nos seguintes termos, mais ou menos:

> "Todas as disputas surgidas com referência a este contrato serão resolvidas de acordo com a Lei 9.307/96, por um ou mais árbitros".

Todavia, esta cláusula modelo, baseada na recomendação da Câmara de Comércio Internacional, poderá ser mais explícita, indicando qual será o direito aplicado, o órgão que irá julgar, e outros dados, de tal forma que dispense novos entendimentos.

2. *Âmbito do contrário:*

a – Esta classificação é dividida em nacional e internacional, conforme seja o contrato nacional ou internacional. Não há consideração uniforme quanto à classificação do contrato em nacional e internacional e por isso teremos que adotar forma muito elástica de interpretação. Como critério mais importante, consideramos como internacional o contrato vinculado a dois ou mais sistemas jurídicos, ou seja, à legislação de dois ou mais países. Nessas condições, ao ser elaborado um contrato, inserem-se nele disposições da lei de mais de um país; a interpretação dele deve ser feita sob óticas da lei de vários países. Para outros juristas, o contrato internacional é celebrado entre pessoas domiciliadas em países diferentes; se forem duas empresas, haveria semelhança com o primeiro critério, uma vez que toda empresa é regulada pela lei de seu país. Digamos que o contrato seja celebrado entre uma empresa brasileira e outra argentina; a empresa brasileira é organizada segundo a lei brasileira, enquanto a empresa argentina é organizada segundo a lei argentina.

Para outros será internacional todo contrato em que haja conversão de moedas, uma vez que a moeda é criada pela lei de seu país e, ao ser transformada em outra, será moeda regida pela lei de outro país. Nesse contrato entre empresa brasileira e argentina, se o contrato é celebrado no Brasil e aqui registrado e se faz alusão a algum pagamento em real, já está vinculado ao sistema jurídico brasileiro. Se, todavia, disser que algum pagamento deva ser feito em astral, ficará vinculado ao sistema jurídico argentino. É portanto um contrato internacional. Se o pagamento for feito em dólar, será também esse contrato internacional pois traz para ele, a lei do país do dólar. Tanto no Brasil, como na maioria dos países, não se admite contrato em outra moeda que não a nacional. Por exemplo: um contrato de locação com pagamento de aluguel em dólar seria nulo.

Não é o direito aplicável ao julgamento que caracteriza a internacionalidade da arbitragem, mas a lei do contrato. É possível que as partes escolham como direito aplicável ao julgamento algum diploma internacional, como o Regulamento da Câmara de Comércio Internacional, da AAA – American Arbitration Association, da Convenção de Nova York, da UNCITRAL e outros. Não será porém motivo de se considerar a arbitragem como internacional.

b – A arbitragem é instalada para dirimir controvérsia sobre contrato nacional, ou seja, elaborado de acordo com um só sistema jurídico, vale dizer, submetido à lei de um só país: será uma arbitragem nacional.

3. Quanto ao número de árbitros:

a – A arbitragem pode ser individual, se for exercida por um só árbitro, ou coletiva, se por um conjunto de árbitros, ou seja, por um tribunal. As convenções internacionais e a lei interna de vários países, como frequentemente ocorre com nossa Lei 9.307/96, fala em árbitro ou árbitros, dando a entender a existência de um juízo arbitral individual ou coletivo. Esse sistema é aplicado em qualquer tipo de arbitragem de direito interno ou externo, voluntária ou permanente. Ainda que seja encarregado um órgão arbitral institucional, como uma das câmaras de arbitragem atualmente existentes, esta poderá designar um árbitro para o julgamento ou então um conjunto de árbitros, formando um tribunal arbitral.

4. Quanto à constituição do juízo:

a – Quanto à forma de constituição do juízo arbitral, a organização do quadro de juízes, a estrutura do órgão arbitral, vão surgir diversas formas de classificação. A principal é a arbitragem exercida por um órgão arbitral institucional, uma corte organizada e implantada, especializada no exercício da arbitragem. O órgão arbitral institucional é uma organização aparelhada para a prática da arbitragem, com estrutura para o exercício de suas funções e um corpo de árbitros. No decorrer deste trabalho, falamos várias vezes dos órgãos arbitrais institucionais já existentes. No plano internacional, é digna de menção, a Corte Permanente de Arbitragem, sediada em Haia (Holanda), criada em 1899, destinada a solucionar litígios entre países: é assim arbitragem de Direito Internacional Público. No campo de direito privado, o mais importante é a Corte de Arbitragem da Câmara de Comércio Internacional, sediada em Paris, criada em 1923, para dirimir contendas entre empresas. Merece ainda referência a CIAC – Comissão Interamericana de Arbitragem Comercial Internacional, criada em 1933, sediada em Nova York. De todas faremos um estudo especial.

No Brasil, deverão formar-se vários órgãos arbitrais institucionais, estimulados pelo advento da Lei 9.307/96. Quando a Lei da Arbitragem foi promulgada, em 23.9.1996, havia em São Paulo três órgãos arbitrais institucionais conhecidos:

– Câmara de Arbitragem, da Câmara de Comércio Brasil-Canadá;

– Câmara de Mediação e Arbitragem de São Paulo, da FIESP–Federação das Indústrias do Estado de São Paulo;

– Corte Paulista de Arbitragem Empresarial, do Instituto Brasileiro de Direito Comercial "Visconde de Cairu".

b – Outro sistema é o de arbitragem por entidades especializadas. No campo internacional, há várias entidades especializadas no Direito Marítimo, como em Londres e Bruxelas; exercem elas intensa atividade arbitral para as empresas de navegação marítima. No campo da navegação aérea, temos a IATA e o ICAO, sediadas em Montreal (Canadá). A IATA resolve problemas entre empresas de aviação e o ICAO entre países, na área do Direito Aeronáutico.

No plano interno, a arbitragem é praticada no Brasil há muitos anos por algumas entidades especializadas, como as bolsas. Há em São Paulo quatro bolsas importantes: a BOVESPA – Bolsa de Valores Mobiliários de São Paulo, a BM&F – Bolsa de Mercadorias e Futuros, a Bolsa de Cereais e a Bolsa de Mercadorias. Consta do Estatuto dessas bolsas um artigo, instituindo que as divergências entre seus membros sejam resolvidas por arbitragem. Trata-se assim de arbitragem restrita aos contratos celebrados na própria bolsa e entre seus membros. Outro tipo de entidade especializada afeita à execução da arbitragem é a câmara de comércio de empresas estrangeiras. Há várias câmaras de comércio operando em São Paulo, como a Câmara de Comércio Ítalo-Brasileira, a Câmara Francesa de Comércio, a Câmara Americana de Comércio e outras: quase todas realizam arbitragens. Excetua-se a Câmara de Comércio Brasil- Canadá, que já tem a sua corte de arbitragem, um órgão arbitral institucional.

As associações comerciais, comuns em todo o país, são entidades especializadas propensas ao exercício da arbitragem. A ACSP-Associação Comercial de São Paulo é responsável pela iniciativa pioneira, criando uma câmara de arbitragem em 1920. A Associação Comercial do Paraná está criando seu órgão arbitral institucional. A FIESP criou a Câmara de Mediação e Arbitragem de São Paulo. Desde que uma entidade especializada crie seu órgão arbitral institucional, a arbitragem passa a ser exercida por este e não mais pela entidade especializada.

c – A terceira forma para a constituição do juízo arbitral é a de um órgão convencional. Pelo que dá o nome a entender, é estabelecido por convenção entre as partes envolvidas num litígio. Para resolvê-lo, elas convencionam a maneira da resolução: se o órgão é formado por um só árbitro ou por vários, onde e quando será realizada a arbitragem, enfim as coordenadas gerais sobre o órgão. Atende esse tipo de órgão à vontade das partes.

5. *Quanto à permanência do Juízo:*

a – Examinaremos a quinta classificação da arbitragem, desta feita, sob o aspecto do período de tempo em que ela vai funcionar, ou então, sob o aspecto da finalidade do órgão. É chamada de *ad hoc* a arbitragem realizada por um órgão criado e destinado a julgar certo e determinado caso. Por exemplo: a empresa ALFA e a empresa BETA interpretam de forma divergente as bases de pagamento de uma obrigação contratual e decidem então formar um juízo arbitral para julgar esta dúvida. Esse juízo ocupar-se-á apenas desta questão e não mais outras. É um tribunal *ad hoc* (para isso). Foi ele instituído "para isso", para aquela determinada dúvida e, tendo-a julgado, dissolve-se. Se as partes tiverem outra controvérsia sobre o mesmo contrato ou sobre outros, deverão constituir novo juízo arbitral. O juízo *ad hoc* é muito efêmero; ao cumprir sua missão, os árbitros estão liberados.

b – É durável a arbitragem se ela não se resumir a um certo e determinado caso. Pode-se considerar como durável toda arbitragem instituída por cláusula compromissória, pois esta diz que as dúvidas que surgirem em relação àquele contrato serão dirimidas por arbitragem e não uma determinada dúvida. Também é durável a arbitragem realizada por órgão arbitral institucional, pois este não se dissolve ao julgar um caso.

6. Quanto à abrangência

Ao final, vamos encontrar uma classificação das modalidades de arbitragem, de acordo com a abrangência em que ela é aplicada. Estamos tomando emprestada da AAA – American Arbitration Association essa classificação, cujo regulamento divide a arbitragem em cinco ramos do direito: empresarial, trabalhista, de responsabilidade civil, de comércio exterior, de comércio Interamericano. Vamos explicar melhor os cinco tipos de arbitragem por este critério:

a – Empresarial – É a arbitragem aplicada na solução de problemas empresariais, ou seja, entre empresas, ou entre uma empresa e um particular, em assuntos em que a lei permita transação. É o principal campo de aplicação da arbitragem, não só perante a AAA, e nos EUA, mas também no Brasil e no restante do mundo, e muito falaremos neste aspecto.

b – Trabalhista – É também muito importante e pode-se dizer que seja também empresarial, visto que o empregador é normalmente uma empresa. E questão vibrante e dessa estaremos nos ocupando neste trabalho.

c – De responsabilidade civil – Outra área em que a arbitragem mereceu da AAA especial atenção foi a da responsabilidade civil, na qual predominam os problemas de acidentes de trânsito. É área rica de acontecimentos e de choques, ensejando intensa movimentação judiciária. Nos EUA, o problema da responsabilidade civil, de primordial importância, é dos mais sérios: o direito norte-americano, atribui responsabilidade séria aos atos praticados por qualquer cidadão, bastando assistir aos filmes, para se avaliar o grau de responsabilidade. Naturalmente, esse tipo de arbitragem não poderia ser aplicado com a mesma intensidade no Brasil, pois o alto poder econômico e patrimonial do cidadão norte-americano permite-lhe responder civilmente pela responsabilidade de seus atos.

Trata-se, na maioria dos casos, de arbitragem não empresarial. No Brasil, infelizmente, o problema da responsabilidade civil é descurado na prática e no direito, transformando nosso país no reinado da irresponsabilidade. O cidadão brasileiro casa-se quantas vezes quiser, põe no mundo quantos filhos quiser, abandonando-os a míngua, sem que lhe advenha, na prática, qualquer responsabilidade. Milhões de cheques sem fundo são emitidos diariamente, sem qualquer consequência. Motoristas imprudentes causam enormes prejuízos e ceifam vidas sem assumirem qualquer responsabilidade por seus atos. Os ocupantes de cargos públicos saqueiam o erário, isentos de qualquer sanção. Nossa lei é até severa, mas a responsabilidade civil em nosso país é instituição mal interpretada. Esse tipo de arbitragem poderia talvez corrigir a distorção existente e constituir louvável e salutar transposição, ao nosso país, da prática norte-americana.

d – De comércio exterior – Não se trata de arbitragem internacional, mas de direito interno. Há nos EUA sugestivo número de árbitros especializados nesta área, cadastrados na AAA. Resolve pendências relacionadas com operações cambiais, de importação ou exportação e entre pessoas domiciliadas nos EUA, mas que realizam negócios ligados a outros países.

e – De comércio interamericano – Embora se trate também de arbitragem aplicada ao campo do comércio exterior, fica restrita à solução de conflitos entre empresas e outras pessoas domiciliadas nos EUA, mas realizando negócios com reflexos nos demais países da América. Para tanto, elaborou regulamentação especial para elas, criando um tipo especial de arbitragem, procurando ainda divulgá-la.

Consequência desse interesse foi o surgimento da CIAC – Comissão Interamericana de Arbitragem Comercial, em 1933, sete anos depois da fundação da AAA. A sede da CIAC é no próprio edifício da AAA, malgrado seja autônoma. A CIAC é um órgão arbitral institucional, destinado ao tipo de arbitragem do qual estamos nos ocupando, mas sua ação é bem mais ampla.

5. A CONVENÇÃO DE ARBITRAGEM

5.1. Natureza jurídica e formas de instituição

5.2. A cláusula compromissória

5.3. O compromisso arbitral

5.1. Natureza jurídica e formas de instituição

Sendo a arbitragem um sistema de solução de litígios escolhido livremente pelas partes, estas devem convencionar entre si essa solução. As partes interessadas podem submeter a solução de seus litígios ao juízo arbitral, mediante convenção de arbitragem, assim entendida a cláusula compromissória e o compromisso arbitral. Parece ter a cláusula compromissória um caráter contratual: as partes entram num acordo sobre o litígio entre elas e pactuam sobre a natureza deste, do direito aplicável e da solução por via arbitral. Não conseguiram as partes chegar à solução de seu litígio, mas solucionaram a forma de resolvê-lo. Num aspecto pois chegaram a um acordo. Não há portanto entre elas animosidade acentuada.

Essa é uma das razões por que a arbitragem não tem vingado pacificamente. Se elas chegaram a um acordo sobre a forma de resolver uma briga, por que não chegam a um acordo sobre a própria briga? É porque uma lide sempre dá a ideia de briga, de contenda, de rancor persistente. A linguagem forense é normalmente carregada de forte colorido afetivo, há expressões ofensivas ou injuriosas. Nota-se espírito de vingança. Por isso, a arbitragem é inadequada no Direito de Família; se marido e mulher não conseguem chegar a uma convergência e até se agridem por suas posições antagônicas, não teriam ânimo de chegar a um acordo quanto à solução de suas desavenças. Situação idêntica observa-se na Justiça do Trabalho, em que o empregado e o empregador muitas vezes se dizem injustiçados e o processo é considerado como manifestação de "desaforo". A arbitragem fica assim numa posição antagônica: é a forma pacífica de solucionar uma guerra.

A convenção de arbitragem apresenta-se sob duas formas e essas duas formas vão provocar dois tipos diferentes de arbitragem. Neste aspecto, como em quase todos os demais, a legislação brasileira sobre a arbitragem segue as práticas internacionais: a cláusula compromissória e o compromisso arbitral são as duas formas de convenção de arbitragem. É difícil assim interpretar o direito brasileiro sobre arbitragem, sem levar em conta a aplicação dela no campo internacional, pois as regras primordiais da doutrina e da lei a respeito da arbitragem são universais. A experiência internacional é de inegável importância para os rumos que pretendemos dar a esse instituto.

5.2. A cláusula compromissória

A cláusula compromissória é a convenção pela qual as partes em um contrato comprometem-se a submeter à arbitragem os litígios que possam surgir, relativamente a tal contrato. Fala-se aqui de um potencial litígio; ele ainda não existe mas poderá surgir a qualquer momento. Esse tipo de convenção antecede ao litígio, tendo pois um caráter preventivo. A solução de uma controvérsia ficou prevista pela cláusula compromissória, constante no próprio contrato sobre o qual possa haver dúvidas futuras. Esta cláusula deve ser estipulada por escrito, podendo estar inserta no próprio contrato ou em documento apartado, que a ela se refira. Não poderá portanto haver cláusula compromissória verbal, uma vez que ela, sendo estabelecida por escrito, será a documentação da existência de um contrato.

É de natureza contratual, pois é estabelecida por contrato e só se refere a um contrato. E mais uma razão para apoiar nossas considerações iniciais, quando foi a arbitragem apontada como aplicável marcantemente na área contratual. Não existe no direito interno brasileiro cláusula contratual a não ser referente a um contrato e estabelecida de forma contratual, ainda que a lei não o declare expressamente.

Procurou precaver-se a lei brasileira quanto aos abusos que possam originar-se do contrato de adesão, tipo de contrato muito em moda hoje em dia e de crescente domínio. O contrato de adesão é o elaborado por uma das partes, estabelecendo todas as cláusulas. A proposta desse contrato é apresentada pela parte elaboradora, de posição claramente forte e predominante, à outra parte, que se vê na posição de aceitar as cláusulas em bloco ou não celebrará o contrato.

Não há doutrina muito bem definida e estável sobre essa modalidade contratual, mas o direito italiano traz normas sobre ele e aponta vários tipos dele. O contrato de adesão propriamente dito é o que se observa normalmente com as empresas públicas, em serviços sem concorrência, como os de fornecimento de água, luz e gás. Quem quiser a instalação e fornecimento de água não pode fazer ornamentos nem escolher o fornecedor; contará somente com uma empresa e a ela terá de submeter-se. Há porém uma espécie de contrato de adesão, regulado pelo Código Civil italiano e hoje muito desenvolvido em todos os países, denominado "contrato por módulos e formulários". Trata-se de um contrato em formulário já impresso, contendo todas as cláusulas, ficando em branco apenas os dados referentes à operação a ser realizada. É hoje muito adotado nas instituições financeiras. Quem deseja realizar alguma operação bancária recebe esse módulo para assinar; o gerente do banco não tem autorização para discutir e modificar as cláusulas. É um contrato de adesão, utilizado em operações de direito privado.

Nos contratos de adesão, a cláusula compromissória só terá eficácia se o aderente tomar a iniciativa de instituir a arbitragem ou concordar expressamente com a sua instituição, desde que por escrito em documento anexo ou em registro, com a assinatura ou visto especialmente para esta cláusula. Procura a lei proteger a parte mais fraca no poder de barganha, a parte a quem o contrato de adesão é ofertado. Não pode a cláusula compromissória ficar misturada e diluída entre as cláusulas do contrato, mas deve realçar-se de forma tal que a parte aderente ao contrato tenha que pensar nela de forma especial. Por esse motivo, deve ela ser firmada em documento à parte, de tal forma que o aderente deva ler antes de assinar. Se for inserta entre as demais cláusulas contratuais, poderia por exemplo, constar com *post scriptum* após a assinatura do contrato e com letras mais realçadas.

Poderão as partes indicar na convenção, além da adoção da arbitragem, também o possível órgão arbitral ou outros pormenores. Reportando-se as partes, na cláusula arbitral, às regras de algum órgão arbitral institucional ou entidade especializada, a arbitragem instituída é processada de acordo com tais regras, podendo, igualmente, as partes estabelecerem na própria cláusula, ou em outro documento, a forma convencionada para a instituição da arbitragem. Não ficou especificado na Lei de Arbitragem o que seja órgão arbitral institucional ou entidade especializada. Como entidade especializada, interpretamos as câmaras de comércio e as bolsas, que possuem serviço de arbitragem, embora de âmbito restrito. Órgão arbitral institucional, ao nosso ver, seria alguma câmara de arbitragem já organizada e instituída. No final de 1996, eram conhecidas três em São Paulo: Câmara de Mediação e Arbitragem de São Paulo, Corte Paulista de Arbitragem Empresarial, Câmara de Arbitragem da Câmara de Comércio Brasil-Canadá. É de se acreditar que várias outras surjam a partir de 1997. O regulamento de um desses órgãos, se apontado pelas partes, valerá como direito aplicável ao julgamento e ao procedimento arbitral.

É possível que a cláusula arbitral, seja vaga, indicando apenas a arbitragem como forma de solução de disputas, mas não designando como seria aplicada, ficando em aberto o órgão arbitral que se ocupará da questão, qual será o direito aplicável e pormenores vários. Não havendo acordo prévio sobre a forma de instituir a arbitragem, a parte interessada manifestará à outra parte sua intenção de dar início a arbitragem, por via postal ou por outro meio qualquer de comunicação, mediante comprovação de recebimento, convocando-a para, em dia, hora e local certos, firmar o compromisso arbitral. Não comparecendo a parte convocada ou, comparecendo, recusar-se a firmar o compromisso arbitral, poderá a outra parte propor a demanda de que trata o art. 7° da Lei da Arbitragem, perante o órgão do Poder Judiciário a que, originariamente, tocaria o julgamento da causa.

Conclui-se que a cláusula compromissória em aberto, sem indicação do órgão arbitral institucional para julgar a questão, constitui acordo gerador da obrigação de firmar outro acordo; este acordo segundo será o compromisso arbitral. Haverá, para a questão surgida, a cláusula compromissória e o compromisso arbitral. Não é portanto obrigante a cláusula compromissória em aberto, pois a obrigação por ela estabelecida não traz sanções para seu inadimplemento e parece instituir obrigação mais de ordem moral. Todavia, se uma parte quiser discutir a questão, não poderá dirigir-se diretamente ao Poder Judiciário, pois a obrigação assumida na cláusula compromissória era a de apelar para a arbitragem. Se a outra parte não atender ao pedido de instalação do juízo arbitral, é que a parte proponente da ação irá à justiça comum.

A cláusula compromissória gerará uma "obrigação de fazer", vale dizer, de submeter-se à arbitragem. Se não cumpri-la oferecerá à outra parte o direito de exigir na justiça o cumprimento dessa obrigação. Destarte, poderá a cláusula compromissória ser substituída pelo compromisso arbitral. Existindo cláusula compromissória e havendo resistência quanto à instituição da arbitragem, poderá a parte interessada requerer a citação da outra parte para comparecer em juízo a fim de lavrar-se o compromisso, designando o juiz audiência especial para tal fim. É portanto a arbitragem requerida à Justiça, que irá reconhecê-la.

O autor indicará, com precisão, o objeto da arbitragem, instruindo o pedido com o documento que contiver a cláusula compromissória. Comparecendo as partes à audiência, o juiz tentará previamente a conciliação acerca do litígio. Não obtendo sucesso, tentará levar as partes à celebração, de comum acordo, do compromisso arbitral. Não concordando as partes sobre os termos do compromisso, decidirá o juiz, após ouvir o réu sobre seu conteúdo, na própria audiência ou no prazo de dez dias, respeitadas as disposições da cláusula compromissória.

A sentença judicial decretará um compromisso. É a simbiose entre a jurisdição pública e a jurisdição privada. A parte interessada requer à Justiça para que esta imponha a arbitragem por uma sentença. A sentença que julgar procedente o pedido valerá como compromisso arbitral. Se o autor da ação deixar de comparecer à audiência designada para a lavratura do compromisso arbitral, o juiz extinguirá o processo sem julgamento de mérito. Se for o réu que não comparecer à audiência, caberá ao juiz, ouvido o autor, estatuir a respeito do compromisso, nomeando árbitro único.

A cláusula compromissória é autônoma em relação ao contrato em que estiver inserta, de tal sorte que a nulidade deste não implica, necessariamente, a nulidade da cláusula arbitral. Parece-nos bem problemática a validade dessa disposição legal. Digamos que a nulidade do contrato seja requerida judicialmente por uma das partes e o juiz anule o contrato, deixando válida a convenção arbitral. O que irão discutir as partes no juízo arbitral? O contrato não pode ser pois ele é nulo. Questão estranha ao contrato também não pode ser, pois a cláusula compromissória prevê a solução arbitral apenas de litígios relativos ao contrato.

Muitas dúvidas surgem igualmente do parágrafo único do art. 8º, ao dizer que caberá ao árbitro decidir de ofício, ou por provocação das partes, as questões acerca da existência, validade e eficácia da convenção de arbitragem e do contrato que contenha a cláusula arbitral. Se cabe ao árbitro decidir sobre a existência do contrato, devemos interpretar essa "existência" como um contrato não celebrado e não que seja nulo ou anulado. Por exemplo, a parte alega ter celebrado contrato verbal e não há qualquer evidência sobre a existência desse contrato. O árbitro pode considerar esse contrato como não celebrado, ou seja, não chegou a penetrar no mundo jurídico.

Declarar nulo um ato jurídico perfeito será um poder que não deve ser concedido à arbitragem, em nosso parecer. Julgamos ainda inconveniente a atribuição ao árbitro de decidir de ofício, a menos que esta faculdade conste na cláusula compromissória ou no regulamento da corte arbitral que irá julgar o caso.

5.3. O compromisso arbitral

A outra modalidade de convenção arbitral é o compromisso arbitral. A convenção é o gênero, enquanto a cláusula compromissória e o compromisso são as espécies. A controvérsia entre as partes já existe e não há cláusula compromissória. É possível até que essa controvérsia já seja objeto de ação judicial. O compromisso é a convenção pela qual as partes submetem um litígio à arbitragem de uma ou mais pessoas, podendo ser judicial ou extrajudicial. Como se vê, a cláusula compromissória antecede à demanda, enquanto o compromisso sucede a ela. Outra diferença é que a cláusula compromissória só pode ser referente a um contrato.

O compromisso arbitral judicial ocorre quando já existe na justiça comum uma demanda judicial, mas as partes decidem retirá-la da jurisdição pública para a jurisdição privada. O compromisso arbitral judicial celebrar-se-á por termo nos autos, perante o juízo ou tribunal, onde tem curso a demanda. Interessante notar que pode ser firmado quando o processo já estiver no tribunal superior, ou seja, já conta com sentença judicial. Julgamos difícil que este último caso venha a ocorrer, pois uma das partes já conta com sentença judicial favorável e mesmo assim abrirá mão dela.

Esse compromisso será celebrado em audiência, lavrando-se termo nos autos. Acreditamos que os próprios juízes venham a propor a submissão da lide da arbitragem, como uma forma de conciliação, extinguindo o processo. Aliás, o art. 207 do Código de Processo Civil faculta ao réu, ao contestar uma ação judicial, alegar a existência de convenção arbitral, como também da cláusula compromissória, referente à questão discutida. O juiz poderá então extinguir o processo em vista de haver compromisso entre as partes para que as divergências entre elas sejam resolvidas por arbitragem. Neste caso, o compromisso arbitral extrajudicial passa a ser judicial, por ter sido reconhecido em sentença arbitral.

Resta ainda o compromisso arbitral extrajudicial que será celebrado por escrito particular, assinado por duas testemunhas, ou por instrumento público. Não exige a lei que esse compromisso conte com homologação judicial. É um documento formal, pois a lei prescreve para ele vários requisitos, mais precisamente seis. Deverá conter a qualificação das partes: nome, domicílio e documentos de identificação; se for pessoa física, deverá constar o estado civil e a profissão. Se for uma pessoa jurídica, os registros nos órgãos competentes. Constarão ainda o nome, profissão e domicílio do árbitro ou dos árbitros. Se for uma entidade, deverá ter a sua identificação. É de se realçar que a Lei fala em "entidade" à qual as partes delegarem a indicação de árbitros e não uma corte especializada da arbitragem. Digamos assim que, se as partes escolherem a associação comercial de uma cidade, esta será o árbitro.

Constará também a matéria que será objeto da arbitragem, quer dizer, o teor da demanda e o lugar em que será proferida a sentença arbitral. Há portanto exigências obrigatórias, cuja omissão poderá acarretar a nulidade da arbitragem. Seis outros requisitos poderá conter o compromisso arbitral, de alta conveniência, mas não de obrigatoriedade: 1 – local ou locais em que se desenvolverá a arbitragem; 2 – a autorização para que o árbitro ou os árbitros julguem por equidade, se assim for convencionado pelas partes; 3 – o prazo para a apresentação da sentença arbitral; 4 – a indicação da lei nacional ou das regras corporativas aplicáveis à arbitragem, quando assim convencionarem as partes; 5 – a declaração da responsabilidade pelo pagamento dos honorários e das despesas com a arbitragem; 6 – a fixação dos honorários do árbitro, ou dos árbitros.

É de manifesta importância o cuidado com os seis requisitos facultativos para garantir a eficiência da arbitragem. Por exemplo, se as partes não fixarem o prazo para a apresentação da sentença arbitral, digamos 30 dias, ficará submetida ao prazo legal de seis meses. Uma das vantagens da arbitragem sobre a jurisdição oficial é a celeridade, principalmente a rapidez com que deva surgir a sentença arbitral. Se as partes têm a faculdade de fixar um prazo e abrem mão dessa prerrogativa, talvez seja preferível submeter-se à justiça.

Os dois últimos requisitos convenientes, a declaração da responsabilidade pelo pagamento dos honorários e das despesa com a arbitragem e a fixação dos honorários do árbitro, ou dos árbitros, são de interesse de todos os envolvidos na arbitragem. Para as partes, ficarão elas sabendo o encargo a que se obrigarão, tendo assim dados para o planejamento de atividades e gastos. Além disso, não ficarão ao sabor de orçamentos futuros, que poderão ultrapassar as expectativas. O árbitro ou o tribunal arbitral, por sua vez, terá mais certeza no direito e mais segurança no exercício desse direito, se houver um compromisso arbitral bem pormenorizado e bem elaborado, com esses requisitos expostos de forma clara. Fixando as partes os honorários dos árbitros no compromisso arbitral, este constituirá título executivo extrajudicial; não havendo tal estipulação, o árbitro requererá ao órgão do Poder Judiciário que seria competente para julgar, originariamente, a causa, que os fixe por sentença. Há, pois, maior valorização do compromisso arbitral, ao transformá-lo num título executivo, como a nota promissória, ou a letra de câmbio. Fica ele equiparado a um contrato tendo uma obrigação pecuniária, com duas testemunhas, que, no art. 585 do CPC é apontado como "título executivo extrajudicial".

Em nosso ponto de vista, o compromisso arbitral judicial também deverá conter esses requisitos. O art. 1º fala que esses requisitos deverão constar obrigatoriamente do compromisso arbitral, sem referir-se a qual tipo de compromisso arbitral está se referindo.

O compromisso arbitral pode extinguir-se de três maneiras, antes que seja executado. A primeira delas é quando, qualquer dos árbitros, antes de aceitar a nomeação, excusa-se do encargo, desde que as partes tenham declarado, expressamente, não aceitar substituto. Obedece essa extinção ao próprio princípio da arbitragem de que o árbitro é pessoa escolhida pelas partes, por ser pessoa da confiança delas. Se um árbitro foi escolhido sem ser cogitado a sua substituição, entende-se que lhe foi atribuído um encargo *intuitu personae*. Se ele foi escolhido como árbitro e recusar o encargo, a arbitragem não pode ser instaurada. Pelos mesmos motivos vem a segunda forma de extinção: se o árbitro escolhido falecer ou ficar impossibilitado de dar seu voto, desde que as partes declarem expressamente não aceitar substituto.

A terceira razão para que se extinga o compromisso arbitral é o vencimento do prazo para a apresentação do laudo, sem que ele tenha sido proferido. Neste caso, a parte interessada deverá antes notificar o árbitro, ou o presidente do tribunal, concedendo o prazo de dez dias para a prolação da sentença.

6. DOS ÁRBITROS

6.1. Conceito de árbitro

6.2. A escolha dos árbitros

6.3. Exigências para a função

6.1. Conceito de árbitro

O árbitro é quem irá julgar a questão submetida à arbitragem. Fica ele colocado na posição de juiz. A posição dele é claramente realçada e valorizada no art. 18 da Lei da Arbitragem:

> "O árbitro é juiz de fato e de direito, e a sentença que proferir não fica sujeita a recurso ou a homologação pelo Poder Judiciário".

Digamos então que seja o árbitro um juiz privado e escolhido pelas partes, sendo portanto da confiança delas. Não exige a lei que o árbitro seja advogado, mas pode ser árbitro qualquer pessoa capaz e que tenha a confiança das partes. A justiça comum tem apresentado muitas dúvidas no julgamento de causas envolvendo questões eminentemente técnicas. É o que vem acontecendo atualmente com muitos processos decorrentes de serviços médicos por empresas prestadoras de serviços dessa especialidade. Se uma operação deveria ou não ser realizada, qual seria o preço justo dessa operação, se foi ela que ocasionou a morte do paciente, se deveria ter sido realizada em ocasião futura, se foi bem ou malfeita, se foi mal interpretado pelo médico o resultado do exame de sangue, são problemas que só médicos poderão julgar e não advogados, juiz ou promotor. Os órgãos de comunicação têm publicado ultimamente inúmeros choques de ideias sobre problemas semelhantes, com médicos sendo contestados por artistas e outras pessoas leigas, sem a mínima consideração pelo princípio do "cada macaco no seu galho". Vigora mais o princípio exposto no provérbio: "de médico e de louco, todo mundo tem um pouco". A área jurídica não é diferente.

Digamos ainda que uma empresa tenha adquirido um equipamento industrial com determinadas especificações técnicas e com determinado parâmetro de produtividade. Reclama depois na justiça que o equipamento está fora dos padrões técnicos e a produtividade está aquém dos padrões estabelecidos. Como poderia o juiz dar sentença sobre a perfeição técnica desse equipamento que ele não conhece, nem viu, nem pode fazer ideia do que seja? É questão a ser resolvida por técnicos especializados. Questões existem que não são adaptáveis a advogados, mas a economistas, administradores de empresas, contadores, dentistas, engenheiros, médicos, e a outras profissões específicas.

Vamos indicar um exemplo real e prático. A Bolsa de Cereais de São Paulo, a Bolsa de Mercadorias, a Bolsa de Mercadorias & Futuros e a

BOVESPA – Bolsa de Valores Mobiliários de São Paulo, segundo o próprio estatuto, praticam a arbitragem há vários anos e resolvem as dúvidas entre seus membros, referentes aos negócios realizados em seus pregões, pela via arbitral. Por exemplo, uma parte reclama que o feijão comprado revelou ser de qualidade inferior à que tinha sido anunciada. Os árbitros são técnicos especializados nessas questões e têm eles até mesmo sofisticados laboratórios, com muitos instrumentos destinados a aferir as características técnicas do feijão e outros cereais.

Todavia, somos de opinião de que num tribunal arbitral sempre deverá haver um advogado, principalmente o seu presidente. Examinaremos no decorrer deste trabalho, as várias razões que fazem da arbitragem uma instituição jurídica e já vimos algumas. O compromisso arbitral ou a cláusula compromissória são documentos formais, elaborados de acordo com requisitos previstos pela Lei da Arbitragem. A sentença arbitral deve ser prolatada como se fosse uma sentença judicial, com feitura rígida, em estilo forense. Sem dúvida alguma, o sucesso da arbitragem dependerá da preparação de árbitros para o desempenho de sua missão. Além disso, há o aspecto moral da função, pois o árbitro, sendo juiz de fato e de direito, estará investido de certas prerrogativas, segundo se vê no art. 17:

> "Os árbitros, quando no exercício de suas funções ou em razão delas, ficam equiparados aos funcionários públicos, para os efeitos da legislação penal".

O juízo arbitral poderá ser constituído de um único árbitro ou de vários; neste último caso, será um tribunal arbitral. As partes nomearão um ou mais árbitros, sempre em número ímpar, podendo nomear, também, os respectivos suplentes: *ab initio*, não podemos indicar qual seria o preferível: o juízo singular ou o coletivo; dependerá do caso a ser resolvido e da experiência que a arbitragem obtiver na sua aplicação.

Quando as partes nomearem árbitros em número par, estes estão autorizados, desde logo, a nomear mais um árbitro. Não havendo acordo, requererão as partes ao órgão do Poder Judiciário a que tocaria, originariamente, o julgamento da causa, a nomeação do árbitro. Aplica-se, neste caso, no que couber, os requisitos exigidos legalmente para a cláusula compromissória, tal como consta do art. 7º da Lei da Arbitragem. Não parece muito viável esta solução, pois a manifestação judicial sempre é demorada e dificultosa, ainda mais se tivermos em vista que este problema encontrará soluções mais variadas e simples. Seria gastar muita cera com mau defunto.

6.2. A escolha dos árbitros

As partes poderão, de comum acordo, estabelecer o processo de escolha dos árbitros, ou adotar as regras de um órgão arbitral institucional ou entidade especializada. Ao que parece, pelo menos nos primeiros anos, será preferível o apelo a um órgão arbitral institucional. Deixar a formação do juízo arbitral por conta das partes, seria no momento uma aventura: não temos árbitros especializados; a arbitragem não é instituição muito conhecida; a instituição do juízo, o procedimento arbitral, a sentença arbitral e outros passos, são atos rigidamente formais, cujos defeitos podem ensejar a nulidade. Esses mesmos aspectos se observam quanto às entidades especializadas. Não se sabe ainda a que tipo de entidade especializada se refere a lei, acreditamos que sejam associações comerciais, sindicatos, centros, institutos. Essas entidades também não dispõem de *know-how* e de estrutura para o exercício da arbitragem, a menos que elas se preparem e criem uma câmara de arbitragem, que passaria a ser então um órgão arbitral institucional. Projeta-se entretanto a formação de várias câmaras arbitrais, na maior parte criadas pelas entidades especializadas. Por diversas vezes fizemos referência às poucas câmaras de arbitragem.

Sendo nomeados vários árbitros, estes, por maioria, elegerão o presidente do tribunal. Não havendo consenso, será designado presidente o mais idoso. O árbitro ou o presidente do tribunal designará, se julgar conveniente, um secretário, que poderá ser um dos árbitros. Essas regras são estabelecidas pela lei e por isso devem ser seguidas sob pena de nulidade do julgamento.

6.3. Exigências para a função

Nossa lei impõe ao árbitro as mesmas exigências que impõe ao juiz togado, de ordem moral. Muito lógico que se exija do árbitro alta formação moral e intelectual, mais do que se deva exigir de um magistrado. Este obrigatoriamente terá uma formação acadêmica adequada para o exercício das funções jurisdicionais. É obrigado a submeter-se a concurso público, passando por exame de seleção, em que sua vida pregressa é levantada. O trabalho do juiz togado está sujeito à revisão da segunda instância e sua disciplina é acompanhada pela corregedoria. Enquanto isso, o árbitro está isento de poderes disciplinadores agindo sobre ele, malgrado goze de prerrogativas próprias de uma autoridade pública. Não será demais transcrever as garantias dadas pelos arts. 17 e 18 da Lei da Arbitragem:

> Art. 17
> Os árbitros, quando no exercício de suas funções ou em razão delas, ficam equiparados aos funcionários públicos, para os efeitos da legislação penal.
> Art. 18
> O árbitro é juiz de fato e de direito, e a sentença que proferir não fica sujeita a recurso ou homologação pelo Poder Judiciário.

Por todas essas e por outras razões, exige a lei que, no desempenho de sua função, o árbitro deverá proceder com imparcialidade, independência, competência, diligência e discrição. Ainda mais que o árbitro ou o tribunal arbitral poderá determinar às artes o adiantamento de verbas para despesas e diligências que julgar necessárias. Se tem o árbitro o direito de impor condições para o exercício de suas funções, terá a parte o direito de exigir do árbitro o cumprimento das funções dele com presteza e perfeição. As exigências em relação ao árbitro são semelhantes as dos juízes, mas a discrição exigida do árbitro deve ser bem maior. Os processos judiciais são públicos e qualquer pessoa pode examinar um processo; predomina normalmente o princípio da publicidade. A arbitragem porém caracteriza-se pelo sigilo: só podem tomar conhecimento do processo as partes e os árbitros, a menos que as próprias partes franqueiem o processo. Não há registro público dos processos arbitrais e ninguém fica sabendo da existência deles. A discrição é máxima. Informações delicadas e ultraconfidenciais poderão ser divulgadas se não houver máxima discrição, como fórmulas de produtos químicos, invenções industriais, segredos de fábrica, situação financeira de uma empresa.

As exigências sobre o comportamento funcional do árbitro não se resumem apenas no plano ético, mas a lei procura impedir sua colocação em estado psicológico crítico e inseguro. Procura colocá-lo em estado de impedimento e suspeição, como ficaria colocado o juiz de direito. Estão impedidas de funcionar como árbitros as pessoas que tenham com as partes em litígio que lhes for submetido, algumas das relações que caracterizam os casos de impedimento ou suspeição de juízes, aplicando-se-lhes, no que couber, os mesmos deveres e responsabilidades. Os impedimentos e suspeição quanto ao juiz são encontrados nos arts. 134 a 137 do Código de Processo Civil. O art. 14, § 1° da Lei da Arbitragem traz idêntica exigência para o árbitro que o art. 137 traz para o juiz: as pessoas indicadas para funcionarem como árbitros têm o dever de revelar, antes da aceitação da função, qualquer fato que denote dúvida justificada quanto à sua imparcialidade e independência.

Examinaremos pormenorizadamente os casos precisos em que uma pessoa estará impedida de exercer funções arbitrais conforme acontece com os juízes, com previsão do art. 134 do CPC. Em primeiro lugar, não é possível ser árbitro quem for parte na questão a ser julgada; segue o princípio tradicional do direito romano: *nemo esse judex in causa propria potest* = ninguém pode ser juiz em causa própria. O árbitro, como o juiz, tem que estar entre as partes e acima das partes, jamais se ombreando com elas, muito menos estar ombro a ombro com uma delas. Os casos de impedimentos são peremptórios, são proibitivos.

Também se incluem entre as proibições o relacionamento do árbitro com pessoas ligadas às partes, tais como, se for parente do advogado das partes, se for cônjuge ou afim, tanto em linha reta como colateral, até o 2° grau. Outro impedimento que poderá ocorrer é se, por exemplo, uma das partes for uma empresa da qual o árbitro seja sócio ou ocupe nela alguma posição de mando; neste caso o árbitro é um órgão da pessoa jurídica parte na causa. Fica ainda proibido de atuar como árbitro se uma das partes for pessoa física e seja ele cônjuge, parente, consanguíneo ou afim, de alguma das partes, em linha reta ou na colateral, até o terceiro grau.

O termo impedimento vem do verbo latino *impedire* (proibir, constranger, impedir). Tem o sentido mais forte do que obstacular, dificultar. É a determinação contida na lei para que uma pessoa não ocupe um cargo, exerça uma função ou pratique um ato. A suspeição é uma restrição mais suave, menos radical do que o impedimento. Não considera que o árbitro esteja impossibilitado de agir com imparcialidade, mas que poderá ser influenciado a tender para um lado.

65

7. DO PROCEDIMENTO ARBITRAL

7.1. Instituição da arbitragem

7.2. As exceções arbitrais

7.3. Passos do julgamento

7.4. Os princípios gerais do direito na arbitragem

7.5. A postulação

7.1. Instituição da arbitragem

A arbitragem é, em essência, um processo e uma jurisdição, envolvendo normas de caráter substancial e processual. Não se admira pois que antes da Lei 9.307/96 era ela regulamentada pelo Código Civil e pelo Código de Processo Civil. Por esse mesmo motivo está ela no CPC da Itália e da França. Para que ela se exerça, necessário se faz a constituição de um tribunal arbitral, para julgamento de uma lide, culminando com a sentença. Nota-se em nossa Lei de Arbitragem, embora substantiva, a incorporação de princípios e normas adotados pelo Direito Processual e muitos expressos em nosso CPC. Instaura-se então o juízo arbitral.

Considera-se instituída a arbitragem quando aceita a nomeação pelo árbitro, se for único, ou por todos, se forem vários. Instituída a arbitragem e entendendo o árbitro ou o tribunal arbitral que há necessidade de explicitar alguma questão disposta na convenção de arbitragem, será elaborado, juntamente com as partes, um adendo, firmado por todos, que passará a fazer parte integrante da convenção de arbitragem. O primeiro passo do juízo arbitral será pois o de examinar acuradamente o acordo arbitral, para que fique o processo em termos, antes de lhe dar andamento. Se houver algum ponto irregular ou duvidoso, o juízo arbitral chamará as partes em juízo, regularizando o processo desde o nascedouro, evitando assim que, no futuro, possa a sentença arbitral ser contestada.

Da mesma forma observada no processo judicial brasileiro, poderá o réu lançar mão da defesa indireta, opondo exceções processuais. A parte que pretender arguir questões relativas à competência, suspeição ou impedimento do árbitro ou dos árbitros, bem como de nulidade, invalidade ou ineficácia da convenção de arbitragem, deverá fazê-lo na primeira oportunidade que tiver de se manifestar após a instituição da arbitragem. Oferecem-se à parte demandada dois tipos de exceções: dilatórias e peremptórias.

7.2. As exceções arbitrais

De maior importância são as exceções dilatórias, que alongam o curso do procedimento arbitral, forjando decisões do juízo e suspendendo o processo; é o que ocorre com a exceção de competência, suspeição ou impedimento do árbitro ou dos árbitros. Não estatui a nossa Lei se a exceção transcorrerá em autos separados ou nos autos do próprio processo arbitral, ficando assim essa opção a cargo do próprio juízo. Também fica a cargo do juízo a suspensão do processo e a notificação da parte contrária ou a decisão *inaudita altera pars*.

Vamos examinar algumas hipóteses de exceções dilatórias, isto é, que exigir esclarecimento e decisão, mas não implicam a extinção do processo; visam apenas corrigir pontos duvidosos. Muitas vezes, essas exceções vêm em benefício do próximo processo e da parte contra quem seja arguida, uma vez que poderá corrigir um vício que implicará em possível anulação da sentença pelo Poder Judiciário. Por esta razão, esses vícios podem ser declarados *ex officio*, mesmo sem exceção arguida pelas partes. Por exemplo, digamos que um dos árbitros tenha o mesmo sobrenome do empresário dirigente de uma empresa parte da demanda e fique evidenciado serem eles parentes. Os casos de suspeição e impedimento dos árbitros estão previstos no art. 14, remetendo, porém, a questão ao CPC, dos quais fizemos comentários.

As exceções poderão ser arguidas por qualquer das partes, mesmo pela que requerer a arbitragem, pois terá ela sabido posteriormente da causa do impedimento, suspeição ou incapacidade subjetiva do árbitro, mas não absoluta; representa um obstáculo à parcialidade do árbitro, sem chegar ao extremo. Os casos de suspeição constam do art. 135 do CPC, como por exemplo, ser amigo ou inimigo de uma das partes. Esse fato pode comprometer a imparcialidade do árbitro, mas não de forma tão peremptória.

O impedimento é um fator mais forte e radical do que a suspeição. Não mais suspeita, mas convicção da parcialidade do árbitro, tal a força que o vincula a uma das partes. São os casos enumerados nos arts. 134 e 136 do CPC. Assim por exemplo, digamos que numa contenda entre duas empresas, o árbitro seja sócio de uma delas. Não haverá, neste caso, dúvida, suspeita ou desconfiança, mas evidente interesse do árbitro em que sua empresa seja beneficiada, portanto os benefícios recairão no interesse dele. Na arbitragem o poder do excipiente é maior do que na jurisdição oficial, pois o árbitro deve ser da confiança das partes, tanto que caberá a elas escolhê-lo.

A exceção de competência tem gama ampla de incidência, podendo ser arguida por qualquer das partes, ainda que tenham elas próprias escolhido os árbitros. Às vezes, certos fatores revelam-se no decorrer do próprio processo. O termo competência deriva do latino *competentia*, do verbo *competere* (ser capaz, ter aptidão). A competência é a capacidade jurídica do árbitro para o exercício de suas funções jurisdicionais. É a lei que lhe assegura o poder de julgar a questão, para exercer a autoridade dentro das normas e limites desse poder. É a aptidão outorgada legalmente para que o árbitro seja árbitro, que possa julgar a questão submetida ao seu julgamento.

Por exemplo, numa questão submetida ao julgamento arbitral, uma das partes é uma pessoa natural; esta falece, deixando seu patrimônio de herança a filhos menores. Ficam em discussão direitos de menores, que não poderão ser objeto de arbitragem. Tornou-se o árbitro incompetente *rationae materiae*, vale dizer, em razão da categoria da controvérsia em julgamento. Outro caso semelhante, seria o de aparecerem, no transcurso do procedimento arbitral, implicações com direitos não patrimoniais, como por exemplo, sobre imóvel situado numa zona de segurança.

Poderá também ser arguida a incompetência da arbitragem *rationae loci* (em razão do lugar). Por exemplo, se um contrato contém a convenção de arbitragem escolhendo o foro da sede de uma das partes, mas o juízo arbitral estabeleceu-se em outro local. Digamos também que seja um contrato internacional e diz que as divergências sejam solucionadas no local da lesão ao contrato, ou onde tiverem que ser executadas as obrigações dele decorrentes; entretanto o juízo arbitral instaurou-se no lugar da celebração do contrato.

A exceção de incompetência *rationae personae* ocorre quanto aos árbitros ou ao próprio tribunal. Assim, se o julgamento deva se dar por tribunal de três pessoas, um árbitro singular será incompetente para julgar. Pode ser que um árbitro seja incapaz por algum motivo pessoal, como por exemplo, se for interdito judicialmente. Digamos ainda que a convenção arbitral exija que os árbitros sejam engenheiros, tornando incompetente quem não o for. Esse tipo de competência é também chamado de "em razão da condição de pessoas". Não se refere porém à incapacidade das partes no procedimento arbitral; neste caso será ela arguida na defesa direta, pelas partes.

Acolhida a arguição de suspeição ou impedimento, será o árbitro substituído pelo substituto indicado na convenção arbitral. Se não houver essa indicação, poderão as partes escolherem novo árbitro. Se o procedimento processar-se perante órgão arbitral institucional, a substituição far-se-á nos termos de regulamento desse órgão. Não se encontrando na convenção de arbitragem ou no próprio âmbito do juízo arbitral a solução, ao ser reconhecida a incompetência do árbitro ou do tribunal arbitral, bem como a nulidade, invalidade ou ineficácia da convenção de arbitragem, serão as partes remetidas ao órgão do Poder Judiciário competente para julgar a causa.

7.3. Passos do julgamento

Não sendo acolhida a arguição, terá normal prosseguimento a arbitragem, até o julgamento da causa. Julgada a questão, poderá a parte excipiente, porém, requerer perante o Poder Judiciário a anulação da sentença, arguindo os mesmos motivos da exceção. O fato de o juízo arbitral não ter considerado procedente a exceção, será irrelevante para impedir a apreciação da sentença pela justiça comum.

Nossa legislação traça algumas regras e preconiza alguns princípios de como transcorrerá processualmente a arbitragem. Não há um esquema rigidamente estabelecido como faz o CPC, de tal modo que os ritos seguidos variam também de acordo com a vontade das partes. Para melhor compreensão do problema, convém examinar melhor as duas formas de execução de arbitragem: por um juízo *ad hoc* ou por um juízo de um órgão arbitral institucional.

O juízo *ad hoc* é exercido por um tribunal estabelecido pela convenção arbitral para examinar aquela questão. As partes dizem se funcionará apenas um árbitro ou um colegiado e quem serão os árbitros, onde e quando será o julgamento e o direito aplicável e os passos processuais adotados. Cabe a elas, ainda, adotar outras medidas. A arbitragem dar-se-á nas bases por elas estabelecidas, de forma livre. Com o julgamento, a arbitragem estará extinta. Se as mesmas partes tiverem outra divergência, poderão instituir outra arbitragem, com outro procedimento.

Digamos porém que as partes tenham encarregado na convenção arbitral, seja cláusula compromissória seja compromisso arbitral, o julgamento por um órgão arbitral institucional ou entidade especializada.

Órgão arbitral institucional é uma corte de arbitragem já organizada, com estatuto próprio, como é o caso das três primeiras organizadas em São Paulo: a Câmara de Mediação e Arbitragem de São Paulo, criada pela FIESP, a Câmara de Arbitragem da Câmara de Comércio Brasil-Canadá e a Corte Paulista de Arbitragem Empresarial, criada pelo Instituto Brasileiro de Direito Comercial "Visconde de Cairu". A "entidade especializada" de que fala a Lei de Arbitragem, não ficou apontada qual seja ou de que tipo. Cremos porém ser um órgão de categoria profissional ou ramo de atividade. Como exemplo, podemos indicar as câmaras de comércio, das quais muitas existem em São Paulo. A câmara de comércio é uma associação privada, formada por empresas de um determinado país e outras empresas que mantenham com elas e seu país alguma conexão. As câmaras de comércio realizam arbitragem, como é o caso da Câmara Francesa de Comércio, da Câmara de Comércio Ítalo-Brasileira e a Câmara Americana de Comércio, tendo um quadro de árbitros à disposição de seus membros. Delas porém, apenas a Câmara de Comércio Brasil-Canadá possui câmara de arbitragem devidamente organizada.

Outras entidades especializadas, com efetiva aplicação da arbitragem são as bolsas, como a BOVESPA – Bolsa de Valores Mobiliários do Estado de São Paulo, a Bolsa de Mercadorias de São Paulo, a Bolsa de Cereais e a Bolsa de Mercadorias & Futuros. Essas bolsas possuem longa tradição no emprego da arbitragem, embora de forma restrita: só entre seus membros e referente a questões sobre os contratos celebrados no âmbito da própria bolsa. As associações comerciais espalhadas por todo o país parecem ser entidades especializadas afeitas à criação de câmara de arbitragem. A Associação Comercial de São Paulo, por exemplo, há mais de 70 anos, em 1927, criou a Corte de Arbitragem de São Paulo, com participação da Câmara Italiana de Comércio, Câmara Portuguesa de Comércio, Câmara de Comércio Britânica e União de Feiras Teuto-Brasileiras. Em 1996, pouco antes da promulgação da Lei da Arbitragem, a Associação Comercial do Paraná criou em Curitiba sua câmara de arbitragem. Após a lei, várias associações comerciais vêm consultando as três câmaras anteriormente constituídas, solicitando orientação sobre a criação da arbitragem e a formação de árbitros.

A arbitragem obedecerá então ao procedimento estabelecido pelas partes na convenção de arbitragem, que poderá reportar-se às regras de um órgão arbitral institucional ou entidade especializada, facultando-se, ainda, às partes delegar ao próprio árbitro, ou ao tribunal arbitral, regular o procedimento. Não havendo estipulação acerca do procedimento, caberá ao árbitro ou ao tribunal arbitral discipliná-lo, podendo aplicar o direito nacional, como o Código Civil e o Código de Processo Civil, o CPC ou as convenções internacionais.

7.4. Os princípios gerais do direito na arbitragem

Serão sempre respeitados no procedimento arbitral os princípios do contraditório, da igualdade das partes, da imparcialidade do árbitro e de seu livre convencimento. Ainda que caiba às partes escolherem o direito aplicável ao julgamento da questão, há um direito universal, natural e imutável, que não pode ser arredado. São os princípios gerais do direito, que o próprio direito positivo acolhe e incorpora. Estão eles ínsitos em nosso Código de Processo Civil, Código Civil, Código Penal e vários outros diplomas jurídicos. Nossa Lei da Arbitragem fala só em quatro princípios gerais do direito: contraditório, igualdade das partes, imparcialidade do árbitro e livre convencimento, mas há muitos outros que não podem ser deixados de lado, como o da equidade (*ex aequo et bono*). Devemos falar um pouco sobre eles e seu amoldamento à arbitragem.

PRINCÍPIO DO CONTRADITÓRIO – Se alguém sofrer um processo perante o juízo arbitral precisa de ser notificado do que está acontecendo e convidado a vir integrar a relação processual, defendendo-se da acusação que lhe é feita. É um direito sagrado que lhe cabe. Tanto o processo judicial como o arbitral vinculam, duas partes, nominalmente chamadas de Autor e Réu; não pode haver processo com uma só parte. Quem se julga titular de direito poderá fazê-lo valer, pois a todo direito corresponde uma defesa. Por isso, ao ataque do Autor deve vir a resistência do Réu; é um direito autônomo, abstrato, subjetivo, de ordem pública.

A relação processual completa-se com a defesa do réu, em obediência ao princípio herdado do direito romano: *Nemo inauditus damnari potest* = Ninguém pode ser condenado à revelia. Pode o réu manter-se revel, ou seja, exerce o direito de não se defender, se quiser, mas a revelia não lhe tirou o direito de defesa. Por esta razão, a alínea "b" do art. 15 da Lei de Introdução ao Código Civil afirma que não será reconhecida no Brasil sentença estrangeira se não tiverem sido as partes citadas ou haver-se legalmente verificado a revelia. Esse critério é confirmado no art. 37-III, ao negar a homologação de sentença estrangeira, se tiver sido violado o princípio do contraditório.

PRINCÍPIO DA IGUALDADE DAS PARTES – Do princípio do contraditório origina-se o da igualdade das partes. Se o Autor tem o direito de formular uma pretensão, o Réu goza de igual poder, o de opor-se à pretensão. Todas as partes devem gozar de igualdade de condições na defesa de seu ponto de vista. É o que afirma o art. 125 do CPC, dando ao juiz a competência de assegurar às partes igualdade de tratamento. Destarte, se uma das partes tem o direito de apresentar até cinco testemunhas, por exemplo, a outra deve ter igual número; se for dado um prazo para uma delas, deve ser dado igual à outra.

PRINCÍPIO DA IMPARCIALIDADE – O árbitro, tanto quanto o magistrado, deve ser imparcial, colocando-se entre as partes e acima delas. Esse princípio inspirou inúmeras disposições legais e a própria organização judiciária. Por essa razão, é defeso ao juiz exercer outras atividades, como advogar, dirigir empresas ou ocupar outros cargos da administração judiciária, como ser juiz e promotor ou delegado de polícia ao mesmo tempo. A imparcialidade é um pressuposto da função jurisdicional e os institutos da suspeição e impedimento, previstos nos arts. 134 a 136 do CPC é o seu colorário. Inspirou também o art. 14 da Lei da Arbitragem, equiparando o árbitro ao juiz e remetendo as garantias de sua imparcialidade àquelas disposições do CPC.

Ao mesmo tempo que apresenta exigências de imparcialidade ao juiz, a lei procura dar-lhe independência de ação, para que possa garantir a imparcialidade e mantendo-o a salvo de pressões do Poder Executivo. É o caso da vitaliciedade do cargo garantido pela própria Constituição. Não pode o juiz ser afastado de seu cargo, a não ser por razões previstas por lei, nunca por suas decisões. Outros fundamentos, também previstos na Constituição, são os de inamovibilidade do cargo e irredutibilidade de vencimentos. Não pode um juiz ser destituído ou removido de seu cargo, em vista de sua atuação. Nem tampouco ver reduzido seu salário. Caso contrário, deveria o juiz desenvolver "relações públicas" para manter e valorizar seu cargo. Pelas mesmas razões, fica vedado ao juiz participar da política e candidatar-se a cargos eletivos. Como já falado, o árbitro é equiparado ao juiz e a Lei da Arbitragem lhe dá certos privilégios e, ao mesmo tempo, faz-lhe exigências, no sentido de assegurar a imparcialidade.

PRINCÍPIO DO LIVRE CONVENCIMENTO – O árbitro deve ter liberdade de formar sua convicção de haver bem julgado. O que fazem as partes é levá-lo à convicção de que cada um tem razão; esta é a luta de um advogado. Necessário porém que tenha ele liberdade em examinar os fatos relatados no processo arbitral e as provas que o tenham instruído. O "livre convencimento", ou seja, essa liberdade de interpretação e julgamento deve ser respeitada pelas partes. Liga-se à questão outro princípio: o da lealdade das partes. Não devem estas tumultuar a formação do convencimento do juiz, aduzindo sem provas nem lógica, juntando papelório inútil ou levantando questões incidentes irrelevantes à questão: em juízo pede quem quer, prova quem pode e arrazoa quem sabe. Não agindo dessa forma, não há advogado mas rábula.

Nosso CPC considera esse procedimento como "atentado à dignidade da justiça". O princípio do "livre convencimento" está incorporado em nosso direito positivo, como se vê no art. 131 do CPC:

> "O juiz apreciará livremente a prova, atendendo aos fatos e circunstâncias constantes dos autos, ainda que não alegados pelas partes; mas deverá indicar, na sentença, os motivos que lhe formaram o convencimento".

É sugestivo notar que, ao mesmo tempo em que concede ao juiz a liberdade de formar sua convicção, atribui-lhe o dever de justificar a forma pela qual formou esse convencimento. Por essa razão, a sentença arbitral será motivada, tanto quanto a sentença judicial. Cabe ao árbitro como ao juiz esclarecer os fundamentos fáticos e jurídicos em que se baseou para sua decisão. Assim sendo, o convencimento livre não é convencimento arbitrário.

7.5. A postulação

As partes poderão postular por intermédio de advogado, respeitada, sempre, a faculdade de designar quem as represente ou assista no procedimento arbitral. A Lei da Arbitragem fala que a parte "poderá" representar-se por advogado e não "deverá"; supõe-se então que seja prescindível a presença de advogado. Não há todavia conveniência dessa omissão. A arbitragem é uma instituição jurídica, uma jurisdição privada, imitando em muito a justiça comum. O procedimento arbitral exige a aplicação de normas consagradas no direito, como também dos princípios gerais do direito, dos quais acabamos de falar. A sensibilidade para interpretar as normas e princípios da arbitragem e o conhecimento delas requerem a formação do bacharel em ciências jurídicas e sociais. A condução do procedimento requer a habilidade de advogado de intensa militância.

Podemos tomar como paralelo o que acontece na Justiça do Trabalho, em que o reclamante não precisa representar-se por advogado. Essa prática contraria inteiramente a lógica judiciária. Mesmo para um advogado hábil e experiente é muito difícil orientar e esclarecer o reclamante, abrir processo e acompanhá-lo, como poderia se haver um trabalhador participando de um processo trabalhista sem advogado que o oriente? Idêntica situação será com a arbitragem, em que a parte irá interpretar juridicamente um contrato e criar convicção de que tem direitos que a lei desconhece. Somos pois de opinião de que a parte deverá comparecer ao procedimento arbitral com seu advogado e com uma pessoa que a represente, quando se tratar de uma empresa: o advogado para orientar e o representante legal para decidir.

Competirá ao árbitro ou ao tribunal arbitral, no início do procedimento tentar a conciliação das partes. Segue o vezo comum do próprio judiciário, que, no início das audiências, sempre procura encontrar um final suasório à pendência. Caso se chegue a acordo, as partes se compõem, extinguindo o processo; se desejarem, as partes pedirão a lavratura de sentença declaratória da extinção do processo pelo acordo.

Poderá o árbitro ou o tribunal arbitral tomar o depoimento das partes, ouvir testemunhas e determinar a realização de perícias ou outras provas que julgar necessárias, mediante requerimento das partes ou de ofício. O depoimento das partes e das testemunhas será tomado em local, dia e hora previamente comunicados, por escrito, e reduzido a termo, assinado pelo depoente, ou a seu rogo, pelos árbitros. O depoimento segue então a prática observada na justiça comum, mas a obrigação dos depoentes produz efeitos diferentes. Perante o Judiciário, às vezes, a recusa ao depoimento pode ser uma insubordinação e fatal para a parte faltosa. Vejamos o que diz o art. 343 do nosso CPC:

> "A parte será intimada pessoalmente, constando do mandado que se presumirão confessados os fatos contra ela alegados, caso não compareça ou, comparecendo, se recuse a depor.
> Se a parte intimada não comparecer, ou comparecendo, se recusa a depor, o juiz lhe aplicará a pena de confissão".

No tocante à arbitragem não se adota tal rigorismo, a menos que conste essa obrigatoriedade da convenção arbitral. A revelia pode ser da parte ou da testemunha. Em caso de desatendimento, sem justa causa, da convocação para prestar depoimento pessoal, o árbitro ou os árbitros levarão em consideração o comportamento da parte faltosa, ao proferir sua sentença. Assim sendo, a parte faltosa não aproveitará seu depoimento para agir em seu benefício e dará a impressão de que furtou-se ao depoimento para não deixar transparecer um comportamento negativo.

Depoimento sobre o que "ouviu dizer", sobre "comentários" ou opinião sobre o que poderia ter havido, carece de valor e tumultuam o procedimento. A capacidade para testemunhar pode ser extraída do art. 405 de nosso CPC.

> "Podem depor como testemunhas todas as pessoas, exceto as incapazes, impedidas ou suspeitas".

Portanto, a incapacidade de depor vai além da capacidade civil, atingindo as pessoas cujo depoimento carecem de credibilidade. Além de ser menor e interdito, poderá a testemunha ser ligada a uma das partes. Se a questão discutida contiver conhecimentos técnicos e a testemunha for leiga no assunto, seu depoimento será falho. Natural pois que a testemunha arbitral deva ser melhor selecionada do que a judicial, porquanto poderá retardar o feito, enquanto que em processos judiciais, esse retardamento é fato comum.

Se, durante o procedimento arbitral, um dos árbitros vier a ser substituído, fica a critério do substituto repetir as provas já produzidas. Essas provas serão comumente as testemunhas, visto que as documentais não precisam de ser repetidas, a menos que o árbitro substituto peça outros documentos. Ao julgar o feito em que entrou no final, o árbitro substituto poderá encontrar dúvidas no depoimento das testemunhas, dúvidas essas que seu antecessor não teve. Poderá pedir então a reinquirição de testemunhas, cujo depoimento lhe provoque dúvidas.

Poderá haver também testemunha que se furte a depor, o que trará as mesmas consequências da revelia da parte. Se uma parte arrola testemunha e esta não comparece, redundará em prejuízo da parte arrolante. O que não poderá entretanto o juízo arbitral é obrigar alguém a depor debaixo de força. Seria exceder seus poderes e arrebatar uma autoridade própria do Poder Judiciário. Todavia, se a ausência da testemunha devidamente intimada, tornar-se imprescindível, poderá o árbitro ou o presidente do tribunal arbitral requerer à autoridade judiciária que conduza a testemunha renitente, comprovando a existência da convenção de arbitragem.

No que tange à parte renitente, havendo necessidade de medidas coercitivas ou cautelares, os árbitros poderão solicitá-las ao órgão do Poder Judiciário que seria, originalmente, competente para julgar a causa. Pode pois o juízo arbitral obrigar partes e testemunhas a depor, desde que haja a obrigação delas assumidas na convenção arbitral, mas tais medidas só poderão ser tomadas pelo Judiciário, se requerida pelo juízo arbitral.

Como a Lei da Arbitragem não descreve a testemunha e seu depoimento, presume-se que sejam estabelecidos os critérios previstos no CPC e no CPP. Entretanto o elenco de causas provocadoras de possível anulação da sentença arbitral não traz entre elas um possível depoimento defeituoso de testemunhas. O que sói acontecer é que a prova testemunhal é fraca e até irrelevante, por causa das contradições e evasivas que caracterizam o depoimento. Por isso, deverá toda testemunha revelar cinco fatores primordiais, para que surtam efeito suas declarações:

1° – é uma pessoa natural e fala sempre em seu nome e não em nome de pessoa jurídica;

2° – é pessoa estranha ao processo;

3° – deve saber dos fatos sobre os quais falará. Por exemplo: sobre um contrato, se sabe que o contrato foi cumprido ou descumprido, não valendo o que "ouviu dizer", ou qual é a sua opinião sobre o fato;

4° – deve ser pessoa com capacidade jurídica para depor;

5° – deve ser arrolada e intimada para depor.

8. DA SENTENÇA ARBITRAL

8.1 A preparação da sentença

8.2. A estrutura da sentença

8.3. Contestações da sentença

8.4. A anulação do laudo

8.5. A reformulação

8.6. Os embargos à execução

8.1. A preparação da sentença

A sentença arbitral é também chamada de laudo arbitral, designação muito utilizada no Direito Internacional. Não é fácil dizer o que seja uma sentença, pois há muitas formas para defini-la. Preferimos então partir do conceito que lhe é dado pela nossa lei. Vamos encontrar no art. 162 do CPC:

> "Sentença é o ato pelo qual o juiz põe termo ao processo, decidindo ou não o mérito da causa".

A sentença é o objetivo do processo; o processo é uma série de atos logicamente encadeados, levando à sentença. É a solução do feito; após ela as partes pouco têm a fazer. Representa a opinião do juízo sobre a questão, pela própria origem etimológica da palavra *sentenzia* (decisão, parecer, opinião, modo de pensar). A sentença surge do julgamento, da solução dada ao feito. Sob outro aspecto, podemos dizer que a sentença é um documento escrito, expressando um julgamento.

A sentença arbitral tem mais ou menos a mesma estrutura da sentença judicial, mas se processa de forma diversa. A sentença arbitral será proferida no prazo estipulado pelas partes; nada tendo sido convencionado, o prazo para a apresentação da sentença é de seis meses, contado da instituição da arbitragem ou da substituição do árbitro. As partes e os árbitros, de comum acordo, poderão prorrogar o prazo estipulado. Eis aqui a primeira diferença entre elas: a sentença judicial não tem prazo para ser proferida, mas a sentença arbitral tem o prazo exigido pelas próprias partes. Ainda que as partes não tenham feito essa exigência, o prazo fica restrito a seis meses, a partir da instalação do juízo arbitral. Os árbitros terão assim prazo razoável para o julgamento; caso tenha havido substituição de árbitro, o prazo será contado a partir dessa substituição, a fim de que possa ele gozar de igual prazo. Uma das características da arbitragem é a celeridade; se não for estabelecido um prazo curto para a solução do feito, ficará ela com a mesma característica da morosidade judicial.

A decisão do árbitro ou dos árbitros será expressa em documento escrito. Quando forem vários árbitros, a decisão será tomada por maioria. Se não houver acordo majoritário, prevalecerá o voto do presidente do tribunal arbitral. O árbitro que divergir da maioria poderá, querendo, declarar seu voto em separado. Não vigora na arbitragem o princípio da moralidade; processo é essencialmente escrito e escrita deverá ser a sentença.

Sobrevindo no curso da arbitragem controvérsia acerca de direitos indisponíveis e verificando-se que de sua existência, ou não, dependerá o julgamento, o árbitro ou o tribunal arbitral remeterá as partes à autoridade competente do Poder Judiciário, suspendendo o procedimento arbitral. Resolvida a questão prejudicial e juntada aos autos a sentença ou acórdão transitado em julgado terá normal prosseguimento a arbitragem. Surge aqui um momento complicado, com a simbiose da arbitragem com a jurisdição normal: o procedimento é, a princípio, arbitral; em seguida passa para a jurisdição comum e depois volta para a arbitragem.

Digamos que um tribunal arbitral esteja discutindo divergência a respeito de um contrato entre duas empresas privadas. No transcorrer do procedimento arbitral constata-se que as partes estão discutindo interesses do INSS, portanto, problema que não pode ser alvo de arbitragem. Essa questão incidental exige solução prévia para que o laudo arbitral seja prolatado. O juízo arbitral suspenderá então o processo e transferi-lo-á para a Justiça Federal, jurisdição competente para esse tipo de lide. Ao surgir a sentença judicial daquele órgão judiciário, solucionando essa questão incidental, retornam os autos ao tribunal arbitral, para a solução definitiva.

8.2. A estrutura da sentença

A sentença arbitral é um documento formal, com vários requisitos exigidos pela lei, não se diferenciando muito da sentença judicial. Tem ela alguns requisitos obrigatórios, cuja falta poderá acarretar-lhe a nulidade. Desenrola-se em quatro fases: o relatório, a decisão, os fundamentos da decisão, o dispositivo. O relatório é a exposição do problema; diz o nome e qualificação das partes, quem tomou a iniciativa do pedido e que razões aduziu, a contestação da parte demandada e os documentos juntados. Faz um resumo do litígio, com os dados principais. Pode ser terminado com a frase notória e tradicional: "Eis o relatório e passamos a decisão".

A decisão diz claramente se as razões apresentadas pelo Autor são procedentes ou improcedentes. Poderá ser procedente em parte, mas deverá ficar bem esclarecido qual foi o ponto ou quais foram os pontos improcedentes e por qual motivo. A decisão é o julgamento da questão e expõe a opinião arbitral sobre ela. É uma fase importante, por encerrar o sentido capital do laudo, mas é curta.

84

Mais longa e complexa é a fase dos fundamentos da decisão, em que serão analisadas as questões de fato e de direito, mencionando-se, expressamente, se os árbitros julgaram por equidade. A esta altura, o juízo arbitral dará os motivos que inspiraram a sentença, tanto que se fala em sentença motivada. E o aspecto mais polêmico do laudo arbitral, uma vez que descreve o direito aplicado no julgamento e é nesse ponto que a parte sucumbente irá se basear para atacar a decisão. Os fundamentos constituem a justificativa do julgamento adotado. Diz qual foi o direito invocado, mas se não foi invocado o direito positivo, declinará a equidade (*ex aequo et bono*), como fundamento da decisão e o porquê de sua adoção.

Vem depois o dispositivo, em que os árbitros resolverão as questões que lhes forem submetidas e estabelecerão o prazo para o cumprimento da decisão, se for o caso. O dispositivo é a parte final da sentença, contendo o decisório, as cominações e as medidas a serem tomadas, como é a notificação da sentença arbitral às partes. O decisório encerra-se com a data e o local em que foi proferida a sentença, que será assinada por todos os árbitros. Caberá ao presidente do tribunal arbitral, na hipótese de um ou alguns dos árbitros não poder ou não querer assinar a sentença, certificar tal fato.

A sentença arbitral decidirá sobre a responsabilidade das partes acerca das custas e despesas com a arbitragem, bem como sobre verba decorrente de litigância de má-fé, se for o caso, respeitadas as disposições da convenção de arbitragem, se houver. Na justiça comum esses pormenores estão regulados na lei ou nas posturas judiciárias, como é o caso do regime de custas. Na arbitragem, entretanto, são assuntos decididos em cada processo.

Proferida a sentença arbitral, dá-se por finda a arbitragem, devendo o árbitro, ou o presidente do tribunal arbitral, enviar cópia da decisão às partes, por via postal ou por outro meio qualquer de comunicação, mediante comprovação do recebimento, ou, ainda, entregando-a diretamente às partes, mediante recibo. Conforme foi definida, a sentença é o ato judicial encerrando o processo; portanto, o laudo arbitral encerra a arbitragem, que se considera cumprida.

8.3. Contestações da sentença

Não há segunda instância na arbitragem, razão pela qual a sentença arbitral é irrecorrível. Todavia, pode ela sofrer três tipos de contestação: embargos de declaração, ação anulatória e embargo do devedor. No prazo de cinco dias, a contar do recebimento da notificação ou da ciência pessoal do laudo arbitral, a parte interessada, mediante comunicação a outra parte, poderá solicitar ao árbitro ou ao tribunal arbitral que corrija qualquer erro material da sentença, ou esclareça alguma obscuridade, dúvida ou contradição do laudo arbitral, ou se pronuncie sobre ponto omitido a respeito do qual devia manifestar-se a decisão.

Os embargos de declaração propriamente não constituem um recurso contra a sentença pois ela não será anulada ou modificada. Não têm os embargos de declaração esse objetivo, mas pretendem esclarecimentos e informações no sentido de torná-la mais clara e perfeita. Visa a um ponto certo e restrito, isto é, o trecho da sentença que estiver obscuro, incompleto ou ambíguo; necessita portanto de ser esclarecido. A sentença não sofrerá reparos, mas em documento à parte, como se fosse outra sentença, o árbitro ou o tribunal arbitral eliminará as dúvidas, no prazo de dez dias e as partes serão notificadas desse aditamento.

Outro ataque de que a sentença arbitral é passível é o de pedido de anulação requerida na justiça comum, como veremos adiante.

8.4. Anulação do laudo

O laudo arbitral (ou sentença arbitral) é um ato jurídico e um documento extrajudicial. Todo ato jurídico poderá ser anulado judicialmente, como também todo documento, se não apresentar a perfeição que a lei exige. É o que reza o art. 82 de nosso Código Civil:

> "A validade do ato jurídico requer agente capaz, objeto lícito e forma prescrita ou não defesa em lei".

Principalmente no que tange à forma, o laudo arbitral é passível de anulação por ser um ato extremamente formal e poderá ser anulado se for preterida alguma formalidade. E a lei prescreve para a sentença arbitral uma série de requisitos fundamentais. É nula a sentença arbitral se for nulo o compromisso. Se a arbitragem é instituída pelas partes por meio de um documento viciado, ficará viciado todo o procedimento, até a sentença. Já examinamos o compromisso e vimos que também se trata de um documento formal, com várias exigências, que não satisfeitas, ensejam a anulação dele.

86

De acordo com o art. 82, todo ato jurídico, para ser válido, requer agente capaz. Se a convenção de arbitragem foi assinada por quem era incapaz, será ela nula e nula será a sentença que dela advir. Se o árbitro que julgar a questão era incapaz, nulo será o julgamento. Na própria lei da arbitragem encontraremos essa condição logo no art. 1º:

> "As pessoas capazes de contratar poderão valer-se da arbitragem para dirimir litígios relativos a direitos patrimoniais disponíveis.
> "Com referência ao árbitro, diz o art. 13: "Pode ser árbitro qualquer pessoa *capaz* e que tenha a confiança das partes".

Será nula também a sentença que for proferida fora dos limites da convenção de arbitragem. Seria neste caso uma decisão *ultra petita*. As partes decidem submeter à arbitragem um certo e determinado problema e querem que este problema seja resolvido. Por isso, de forma clara, objetiva, na convenção arbitral, a matéria que será objeto da arbitragem deverá estar descrita de forma clara, objetiva e restrita. Se o juízo arbitral ultrapassar seus poderes, decidindo além do que fora encarregado, deturpou sua missão, submetendo a decisão à possibilidade de ser anulada.

O caso contrário também ensejará a nulidade do laudo arbitral, vale dizer, se ele não decidir todo o litígio submetido à arbitragem. A arbitragem não pode ser parcial, deixando de julgar algum ponto cuja solução estava prevista na convenção de arbitragem. Se assim não for, aquela ponta da questão precisará ser resolvida por outra arbitragem ou pela justiça comum e a nova sentença poderá afrontar a anterior.

Procedimento inidôneo inquinará também a sentença, com a pena de nulidade, caso ficar comprovado que foi proferida por prevaricação, concussão ou corrupção passiva. Segundo o art. 17 da Lei da Arbitragem, os árbitros, quando no exercício de suas funções ou em razão delas ficam equiparados aos funcionários públicos, para os efeitos da legislação penal. São pois os árbitros passíveis de serem acusados de crime de prevaricação, que é crime funcional. A prevaricação, com o nome oriundo de *prevaricari* (faltar ao dever) é a transgressão dolosa que um funcionário público pratica no exercício de suas funções; é o desempenho infiel de seu trabalho. De que forma poderia um árbitro prevaricar? Faltando a uma audiência para retardar o feito, pedindo diligências protelatórias, tomando decisões em contrariedade às normas para inquinar de vícios o procedimento e outros casos semelhantes, com má-fé e malícia.

A concussão é um tipo de extorsão, mas é também um crime funcional. Consiste num abuso de poder, pois o infrator de um cargo ou de autoridade pública, usa-os para ameaçar, constranger ou usar de outros artifícios para obter de alguém algo que não é devido. Se for constatado que um árbitro prevaleceu-se de seu cargo para exercer pressão sobre alguma pessoa, a fim de obter alguma vantagem financeira ou não, o processo estará viciado.

A corrupção ocorrerá se o árbitro recebe para si ou para outrem, direta ou indiretamente vantagem indevida para praticar ato que não deveria praticar ou não praticar ato que deveria praticar, em função de seu cargo. Trata-se de um suborno. O árbitro poderia influir na sentença, retardar ou acelerar o processo ou praticar qualquer ato que tumultue a arbitragem, em proveito de uma das partes, da qual estivesse auferindo alguma vantagem.

Outra falha grave da sentença arbitral, capaz de acarretar-lhe a nulidade é a de ter sido ela proferida fora do prazo. Na convenção arbitral, as partes normalmente estabelecem o prazo para que seja dada a sentença; se nada estipularem neste sentido, o prazo legal é de seis meses. Se constar um prazo e este vencer-se, poderão as partes prorrogá-lo; se não houver prorrogação, a parte interessada deve notificar o árbitro ou o presidente do tribunal arbitral, concedendo-lhe o prazo de dez dias para a prolação e apresentação da sentença arbitral. Passados esses dez dias, a sentença arbitral retardatária poderá ser anulada pela justiça comum.

Finalmente, o oitavo e último motivo causador da anulação da sentença arbitral, a inobservância dos quatro princípios gerais do direito exigidos pela Lei da Arbitragem, dos quais já falamos, mas vamos enunciá-los: contraditório, igualdade das partes, imparcialidade do árbitro e de seu livre convencimento.

8.5. A reformulação

A parte interessada poderá pleitear ao órgão do Poder Judiciário competente a decretação da nulidade da sentença nos casos previstos pela Lei da Arbitragem. A demanda para a decretação da nulidade da sentença seguirá o procedimento comum, previsto no CPC e deverá ser proposta no prazo de até 90 dias após o recebimento da notificação da sentença arbitral ou de seu aditamento.

A sentença que julgar procedente a ação poderá seguir dois caminhos, conforme a causa da anulação: decretará a nulidade da sentença arbitral ou então determinará que o juízo arbitral profira novo laudo. A sentença será anulada, anulando-se também o procedimento arbitral em cinco casos, que acabamos de ver:

– for nulo o compromisso;

– emanou de quem não podia ser árbitro;

– for comprovado que foi proferida por prevaricação, concussão e corrupção passiva;

– for proferida fora do prazo;

– forem desrespeitados os princípios de que trata o art. 21 § 2°: contraditório, igualdade das partes, imparcialidade e livre convencimento do árbitro.

Há três casos em que o laudo arbitral é anulado, mas não o processo, devendo então o juízo arbitral prolatar novo laudo. São eles:

– o laudo não contém todos os requisitos exigidos pela Lei da Arbitragem no art. 26;

– foi proferido fora dos limites da convenção de arbitragem (*ultra petita* ou *extra petita*);

– não decidiu todo o litígio submetido à arbitragem.

Nessas três últimas hipóteses, o processo está em forma, em ordem; transcorreu no rito preconizado pela lei. A sentença, porém, não está formalmente em ordem: a falha surgiu na sua elaboração, quando o processo já fora julgado. Há necessidade de ser ela reformulada, modificado para amoldar-se à lei. Como não é possível haver modificações no texto de uma sentença, elabora-se outra, sem os defeitos da sentença anulada.

Nos cinco primeiros casos, em que a sentença arbitral é anulada, tornando inútil todo o procedimento arbitral, há falha no processo, vale dizer, o vício já existia antes da sentença, inquinando de nulidade toda a questão. A sentença foi fruto de atos nulos e por isso seus efeitos também serão nulos: *quod nullum est nullum effectum producit*. Resta então à parte sucumbente, requerer a instauração de nova arbitragem, para solucionar a questão. Vamos dar um exemplo: o réu não compareceu, porque foi ele citado pelo correio, mas não recebeu a citação e demonstrou que seu domicílio não era aquele. Foi julgado à revelia e esta não foi legalmente verificada. Não adiantaria elaborar novo laudo arbitral, pois o processo já começara errado. Vamos examinar outro exemplo: constatou-se que o compromisso arbitral fora firmado por uma empresa, tendo assinado por ela pessoas não autorizadas.

É nulo esse compromisso arbitral, por ter sido celebrado por pessoas incapazes de praticar aquele ato e a arbitragem instaurou-se baseada nele e a sentença originou-se dele; nada disso pode ter valor.

8.6. Os embargos à execução

Há outra possibilidade de ser a sentença arbitral anulada judicialmente, sem ação anulatória. A decretação da nulidade da sentença arbitral também poderá ser arguida mediante embargos de devedor, se houver execução judicial. Trata-se, nesta hipótese, de ação indireta, atacando-se diretamente a execução da sentença e indiretamente ela própria.

Examinaremos uma ocorrência possível: uma sentença arbitral condenou determinada empresa a pagar determinado valor em dinheiro à outra parte. Como sentença arbitral equivale a título executivo extrajudicial, a parte vencedora entrou com ação de EXECUÇÃO POR QUANTIA CERTA CONTRA DEVEDOR SOLVENTE POR TÍTULO EXECUTIVO EXTRAJUDICIAL, para receber o valor que lhe é devido. Esse tipo de ação está regulada pelos arts. 646 a 731 do CPC e a defesa do executado pelos arts. 741 a 744. Como defesa, o executado opõe embargos contra a execução da sentença arbitral, alegando a nulidade dela, seja pelos cinco motivos que invalidam o processo arbitral, seja pelos três que invalidam só a sentença.

Traçaremos considerações mais pormenorizadas a este respeito, muito importante, uma vez que se trata de se colocar em prática o resultado da arbitragem. Se o juízo arbitral tomou uma decisão e prolatou uma sentença, a parte sucumbente deve acatar essa decisão, com base no princípio do *pacta sunt servanda* (os pactos são para serem cumpridos). E se a parte perdedora não cumpriu a prestação a que foi condenada? O tribunal arbitral não poderá decretar a falência dela. Não poderá também executar sua decisão, penhorando e leiloando os bens da devedora. A execução é um ato de força, uma agressão ao patrimônio do devedor, visando a excutir-lhe os bens, para saldar seus débitos. O tribunal arbitral não tem força para tanto; é uma jurisdição privada, destinada a dirimir uma dúvida de ordem civil, mas não exercer penhora, vender bens alheios em leilão ou medidas de força. Resta então ao titular dos direitos ínsitos na sentença requerer o aparelhamento do Estado para as medidas coercitivas.

O laudo arbitral é, para todos os efeitos legais, uma sentença não judicial, mas a ela equiparada. Vamos repetir o que nos diz o art. 18:

> "O árbitro é juiz de fato e de direito, e a sentença que proferir não fica sujeita a recurso ou a homologação pelo Poder Judiciário".

Assim sendo, a sentença arbitral é um título executivo e pode ser utilizado para instruir processo de execução ante a justiça comum. É uma decisão arbitral com execução judicial: é simbiose da arbitragem com o Poder Judiciário. Essa faculdade é assegurada claramente no art. 741 do CPC, no título: "Dos Embargos do Devedor", com o capítulo: "Dos Embargos à Execução Fundada em Sentença". Transcrevemos abaixo o art. 741:

> "Quando a execução se fundar em sentença, os embargos serão recebidos com efeito suspensivo se o devedor alegar:
> I – falta ou nulidade de citação no processo de conhecimento, se a ação lhe correu à revelia;
> II – inexigibilidade do título;
> III – ilegitimidade das partes;
> IV – cumulação indevida de execuções;
> V – excesso de execução ou nulidade desta até a penhora;
> VI – qualquer causa impeditiva, modificativa ou extintiva da obrigação, como pagamento, novação, compensação com execução aparelhada, transação ou prescrição, desde que supervenientes à sentença;
> VII – incompetência do juiz da execução, bem como suspeição ou impedimento do juiz".

Como se vê no disposto do art. 741 do CPC, os fundamentos para a execução da sentença são, mais ou menos, idênticos aos do laudo arbitral. Destarte, ao ser executado, o devedor deverá dar garantias ao juízo para o cumprimento da obrigação, a fim de evitar que a defesa seja mera medida protelatória. Poderá fazer um depósito em juízo, no valor da execução, ou oferecer um bem idôneo cujo valor garantirá o cumprimento da obrigação. Em seguida, entrará com Embargos à Execução, fazendo sua defesa, baseada em alguma falha da sentença. As falhas são as apontadas no art. 471 e na Lei da Arbitragem.

Na maior parte das vezes, a sentença condena ao pagamento de um valor em dinheiro, ensejando a execução. É possível, porém, que não seja a parte condenada a pagar um valor em dinheiro, mas ao cumprimento de outro tipo de obrigação, como de fazer ou não fazer, ou de entregar alguma coisa, como mercadorias, ou prestar algum serviço. Não deixa entretanto de ser um processo de execução e o devedor poderá defender-se por embargos do devedor, fulcrando sua defesa nas causas de possível anulação da sentença arbitral executada. Considerados procedentes os embargos à execução, a sentença arbitral estará anulada.

9. DO RECONHECIMENTO E EXECUÇÃO DE SENTENÇAS ARBITRAIS ESTRANGEIRAS

9.1. A legislação pertinente

9.2. A aplicação do direito estrangeiro no Brasil

9.3. A homologação e suas exceções

9.1. A legislação pertinente

É um dos pontos mais vibrantes da arbitragem, regulamentada no Brasil bem antes da Lei da Arbitragem, mas atualizada por ela. Há uma sugestiva gama de diplomas jurídicos a este respeito e deles falaremos em todo este trabalho. No direito interno, conservou-se o sistema previsto nos arts. 483 e 484 e também o art. 282 do CPC e outros artigos invocados quando necessários. Os passos processuais ainda se submetem ao Regimento Interno do Supremo Tribunal Federal. A Lei de Introdução ao Código Civil já previa a questão em 1916, no art. 15. Atualmente, os arts. 34 a 40 da Lei da Arbitragem asseguram a execução da sentença arbitral estrangeira no Brasil, conservando as disposições antigas do Código Civil e do Código de Processo Civil. Amolda-se ainda às várias convenções internacionais sobre o assunto, das quais traçaremos algumas considerações.

Considera-se sentença arbitral estrangeira a que tenha sido proferida fora do território nacional. Esta sentença será reconhecida ou executada no Brasil de conformidade com os tratados internacionais com eficácia no ordenamento interno e, na ausência, estritamente de acordo com os termos da Lei da Arbitragem. Apenas para rememorar, vamos indicar os principais tratados internacionais sobre a arbitragem:

1923 – Protocolo de Genebra Relativo a Cláusulas de Arbitragem;

1927 – Convenção de Genebra para a Execução das Sentenças Arbitrais Estrangeiras;

1958 – Convenção de Nova York para o Reconhecimento e Execução das Sentenças Arbitrais Estrangeiras;

1961 – Convenção Europeia sobre Arbitragem Comercial Internacional;

1978 – Lei modelo da UNCITRAL – United Nations Commission on International Trade Law – ou CNUDCI – Comissão das Nações Unidas sobre o Direito Comercial Internacional;

1975 – Convenção Interamericana sobre Arbitragem Comercial Internacional;

1988 – Regulamento da Corte Internacional de Arbitragem, da Câmara de Comércio Internacional – CCI.

Nem todas essas convenções foram subscritas ou ratificadas pelo Brasil, mas é patente a influência sobre nosso direito. Basta reparar em vários artigos da Lei 9.307/96 para se notar a semelhança, até da linguagem, com essas convenções.

Para ser reconhecida ou executada no Brasil, a sentença arbitral estrangeira está sujeita, unicamente, à homologação do Superior Tribunal de Justiça. A aplicação de decisões estrangeiras ou do direito estrangeiro no Brasil deve assim passar pelo crivo de nossa Magna Corte e nem poderia ser diferente. O país que aplicar o direito estrangeiro em seu território transformado em direito nacional, aceitando como lei decisões de autoridades estrangeiras. Essa transformação do *jus extraneum* em direito nacional não pode ser livre ou ficar ao arbítrio de nenhuma autoridade executiva ou judiciária. Terá de submeter-se a um ritual que preserve a soberania nacional e o direito brasileiro, que poderia ser superado pelo estrangeiro em pleno território nacional. Poderá ainda a decisão arbitral estrangeira chocar-se com a lei nacional.

9.2. A aplicação do direito estrangeiro no Brasil

Um país que permitir a aplicação da lei estrangeira em seu território transforma o direito estrangeiro em direito nacional, no seu direito. A aplicação do direito estrangeiro no Brasil poderá, contudo, provocar novo conflito, não só com a lei nacional, mas com a própria soberania nacional; não se sabe até que ponto a lei estrangeira, ao ser aplicada no Brasil, possa significar a submissão da justiça brasileira ao *jus extraeum*.

Característica primordial do Estado é a sua soberania; esta soberania exerce-se principalmente na imposição de sua lei e de sua jurisdição ao povo e ao território ocupado pelo Estado. Por isso, o ilustre mestre de direito paulista, Prof. Gabriel Rezende Filho, definiu a jurisdição desta forma: "Jurisdição é uma função da soberania do Estado; é o poder de declarar o direito aplicável aos fatos".

A soberania do Estado tem, todavia, o limite pessoal e territorial; aplica-se apenas aos seus cidadãos que se encontrem em seu território ou fora dele. Por outro lado, a soberania de um Estado só se exerce em seu território e sobre as pessoas que nele se encontrem. Assim, a jurisdição, a lei, as decisões judiciais, só produzirão os peculiares efeitos de direito, nas lindes das fronteiras em que o Estado exercer sua soberania. Além dessas fronteiras em que o Estado exercer sua soberania, vigora a soberania de outro Estado, em que impera outro direito.

Todo Estado soberano exige respeito às instituições jurídicas e por isso não pode aceitar indiscriminadamente a aplicação do direito estrangeiro em seu território. A justiça brasileira, por exemplo, reconhece o *jus extraneum* e o aplica em seu território; adota, porém, determinadas restrições, algumas exceções e submete os atos jurídicos estrangeiros ao crivo de sua análise e aprovação.

Embora se fale tradicionalmente em conflito de leis, o que existe é uma conciliação entre o *jus indigenum* e o *jus extraneum*. A justiça soberana do Brasil, no uso de sua competência jurisdicional, decide aplicar no Brasil o direito estrangeiro, dentro das condições que o direito brasileiro permite. A exterritorialidade da lei é portanto o reconhecimento por um Estado, da necessidade de aplicar uma lei promulgada fora de seus limites territoriais e jurisdicionais.

A aplicação do direito estrangeiro no Brasil não é arbitrária, mas é obrigada a observar certos requisitos, principalmente o reconhecimento das sentenças estrangeiras. Está, portanto, sujeita a determinadas normas estabelecidas no Brasil por vários estatutos, que serão inicialmente nomeados: a Constituição, o art. 15 da Lei de Introdução ao Código Civil, os arts. 483 e 484 do CPC, os arts. 110 a 224 do Regimento Interno do Supremo Tribunal Federal, os arts. 34 a 40 da Lei da Arbitragem, e agora o Dec. 4.311/02.

Genericamente, homologação quer dizer confirmação, conformidade, anuência, concordância, reconhecimento. Processualmente, a homologação é um sistema judicial, pelo qual a justiça aprova uma convenção particular, transformando-a numa decisão judicial. Tomemos por exemplo, uma convenção entre marido e mulher estabelecendo o divórcio, nos termos escolhidos por eles. Submetem porém essa convenção particular à apreciação da justiça, requerendo sua homologação. Desde que o juiz homologue aquele acordo, passará a ter eficácia de uma sentença judicial.

Pela homologação, uma decisão particular é transformada em decisão judicial. É o caso de uma sentença que homologa uma partilha, um acerto credor-devedor. É o mesmo que acontece com a decisão da justiça estrangeira, submetida à análise da justiça brasileira; desde que esta a homologue, passa a ter a mesma eficácia que teria uma decisão da justiça brasileira.

A homologação não é adotada em vários países e em outros tem efeitos diferentes. Formaram-se dois tipos de reconhecimento de atos judiciais estrangeiros: da revisão e da delibação. O sistema de revisão submete as decisões judiciais estrangeiras a ampla revisão, examinando-as tanto nos aspectos formais como substanciais. É o sistema francês, de aplicação em poucos países, como a França e a Bélgica.

O Brasil adota porém o sistema italiano da delibação, nos moldes divulgados pelo insigne processualista Enrico Tullio Liebman, que tanta influência exerceu no direito brasileiro, mormente no nosso atual CPC. Pelo sistema de delibação, os atos judiciais estrangeiros submetem-se à homologação pela justiça nacional. O processo de homologação examina alguns aspectos da decisão estrangeira, mas não se aprofunda a ponto de se considerar uma revisão. O sistema de delibação examina os aspectos formais da decisão alienígena, tal como previsto no art. 15 da Lei de Introdução ao Código Civil. Não entra no mérito da questão, antes de reconhecê-la, como faria no Brasil o tribunal de segunda instância.

9.3. A homologação e suas exceções

A homologação de sentença arbitral estrangeira será requerida pela parte interessada, ao Superior Tribunal de Justiça, em petição inicial, tal como é regulamentada pelo art. 297 do CPC. Obrigatoriamente, será a petição inicial instruída com o original da convenção de arbitragem ou cópia devidamente certificada, acompanhada da tradução oficial. O processo de homologação seguirá o rito previsto nos arts. 110 a 224 do Regimento Interno do Supremo Tribunal Federal. Essas decisões da Excelsa Corte são normalmente publicadas nas revistas especializadas.

Obtendo a homologação do laudo arbitral, a parte requerente poderá executá-lo perante o juízo da comarca em que estiver domiciliado o executado. Poderá entretanto o Supremo indeferir o pedido de homologação, por razões extrínsecas ao processo, geralmente por vícios da documentação ou falta de algum documento. Contudo a denegação da homologação para o reconhecimento ou execução da sentença arbitral estrangeira, por vícios formais, não obsta que a parte interessada renove o pedido, uma vez sanados os vícios apresentados.

A Lei 9.307/96 restringe entretanto a denegação a motivos especificados. Alguns motivos são levantados pelo réu, ao apresentar oposição ao pedido do autor, outros motivos são levantados pelo Supremo. A primeira gama de razões está no art. 38 e a segunda no art. 39.

Somente poderá ser negada a homologação para o reconhecimento ou a execução de sentença arbitral estrangeira, quando o réu demonstrar que havia um dos seis motivos, indicados em seis incisos do art. 38. O ônus da prova cabe ao réu. Em primeiro lugar, poderá o réu demonstrar que as partes na convenção de arbitragem eram incapazes. Por exemplo, uma empresa assinou convenção de arbitragem por intermédio de pessoas que não eram dotadas de poderes jurídicos para assinar em nome dessa empresa. Ou então, quem celebrou a convenção arbitral era uma empresa pública, e a legislação da maioria dos países proíbe a empresa pública de recorrer à arbitragem, a não ser que seja regida pelas normas do direito privado. Poderá entretanto surgir uma dúvida: as partes eram incapazes perante a lei do país em que o compromisso arbitral se deu ou no país em que a sentença será executada? Ao nosso modo de ver, a incapacidade da parte deverá estar prevista na lei do país em que o compromisso arbitral foi celebrado, uma vez que vigora no Direito Internacional Privado a norma de que um documento deve ser elaborado de acordo com a lei do local em que for celebrado e assinado.

O segundo argumento levantado pelo réu contra a homologação é o de que a convenção de arbitragem não era válida segundo a lei à qual as partes a submeteram, ou, na falta de indicação, em virtude da lei do país em que a sentença arbitral foi proferida. Será difícil acontecer que seja a arbitragem realizada num país, com observância da lei de outro país, obrigando os árbitros a manipularem um direito estranho. Por exemplo, se, no Brasil duas partes celebram acordo para ser dirimida uma lide no Brasil, é natural que o direito aplicado seja o brasileiro. Só em algum caso especial e raríssimo, um juízo arbitral brasileiro irá resolver uma questão nos termos de lei estrangeira. Mesmo que se trate de tratado internacional, se for ratificado pelo Brasil, considera-se lei nacional.

Por essa razão será conveniente assinalar a legislação de alguns países a este respeito:

Itália – Está prevista nos arts. 806 a 840 do Código de Processo Civil, reformulados por lei de 5.1.94;

França – Está normatizada pelos arts. 1.442 a 1.507 do CPC (Code de Procedure Civile), com normas de direito substantivo nos arts. 2.059 a 2.061 do Código Civil;

Espanha – Lei 36/1988 - Lei da Arbitragem;

EUA – United States Arbitration Act e Uniform Arbitration Act.

Contudo, não apenas vigora a lei nacional desses países, mas certos diplomas jurídicos esparsos, que não constituem lei, mas são aceitos por muitos países e por empresas que exigem a aplicação dessas normas. Estamos falando, neste trabalho, de arbitragem essencialmente empresarial, ou seja, entre uma empresa e um seu cliente ou fornecedor, ou então entre duas empresas. Grande parte das empresas multinacionais pedem a aplicação da Convenção de Nova York (1958), subscrita pelo Brasil. Inúmeros países a ela aderiram, até mesmo os Estados Unidos. Este país sempre se revelou avesso a convenções internacionais; participa frequentemente delas, mas não adere a elas. Todavia, aderiram à Convenção de Nova York, sobre o reconhecimento e execução de sentenças estrangeiras.

Podemos citar ainda o Regulamento da AAA-American Arbitration Association, da CCI, da UNCTAD e da UNCITRAL.

O terceiro fundamento para contestar a homologação é o de não ter sido o réu notificado da designação do árbitro ou do procedimento da arbitragem, ou tenha sido violado o princípio do contraditório, impossibilitando a ampla defesa. Antes mesmo da Lei da Arbitragem, o art. 15 da Lei de Introdução ao Código Civil diz que será executada no Brasil a sentença proferida no estrangeiro, desde que tenham sido as partes citadas ou legalmente verificado a revelia.

Em quarto lugar vem o defeito da sentença arbitral ter sido fora dos limites da convenção de arbitragem e não foi possível separar a parte excedente daquela submetida a arbitragem. Uma das exigências para a elaboração da convenção de arbitragem, tanto da cláusula compromissória como do compromisso arbitral, é a de ser devidamente esclarecido e delimitado o objeto da arbitragem, a matéria a ser discutida e o direito a ser aplicado. Pelo direito invocado pode-se esclarecer melhor a matéria que será objeto da arbitragem. O julgamento deverá ser feito nos exatos termos da convenção: não poderá ser parcial, deixando de considerar alguma questão, ou decidir além do que estava determinado; seria neste último caso um julgamento *ultra petita*.

Como quinto fundamento de contestação à sentença arbitral estrangeira em processo de homologação, figura o de ter sido a instituição de arbitragem em desacordo com a cláusula compromissória ou o compromisso arbitral, enfim a convenção de arbitragem. Por exemplo: se for fora de prazo, se houve mudança de árbitro, se foi realizada por árbitro singular e não por tribunal, se o direito aplicado tiver sido outro.

O sexto e último motivo de possível impugnação da sentença arbitral estrangeira é o de a mesma não ter ainda se tornado obrigatória para as partes, ou tenha sido anulada, ou ainda, tenha sido suspensa por órgão judicial do país onde tenha sido ela prolatada. Em outras palavras, seria uma sentença sem trânsito em julgado. A disposição do art. 15, alínea "c" da Lei de Introdução ao Código Civil exige: ter passado em julgado e

100

estar revestida das formalidades necessárias para a execução no lugar em que foi proferida. De forma ainda mais precisa e radical, a Súmula 420 do Supremo Tribunal Federal interpreta a norma:

> "Não se homologa sentença proferida no estrangeiro sem prova do trânsito em julgado".

Após havermos examinado as seis justificativas para que o réu possa contestar a homologação da sentença arbitral estrangeira, examinaremos os casos em que o próprio Supremo, *ex officio* não a homologará. São dois esses casos, previstos no art. 39 da Lei de Arbitragem. Também será denegada a homologação para o reconhecimento ou execução da sentença arbitral estrangeira se o Supremo Tribunal Federal constatar que segundo a lei brasileira, o objeto do litígio não é suscetível de ser resolvido por arbitragem e a decisão ofende a ordem pública nacional. Essas duas hipóteses abrem um leque muito vasto de incidências, que irão se amoldar nas restrições à aplicação do direito estrangeiro no Brasil, sobre as quais falamos já neste trabalho.

No campo de Direito Empresarial não parece haver muitos problemas, dado ao caráter de onerosidade, disponibilidade e profissionalidade das empresas. Entende-se, porém, como questões não suscetíveis de resolução arbitral os direitos não disponíveis. Ao nosso ver, os direitos devem ser disponíveis tanto no país em que for exarada a sentença, como no Brasil. Resta ao réu provar que o direito decidido por arbitragem era disponível no país de origem da sentença, o que não será tão fácil, porquanto não há uniformidade entre os países quanto aos direitos indisponíveis. Tomemos por exemplo o que diz o art. 806 do Código de Processo Civil italiano, integrado no capítulo da arbitragem:

Le parti possono far decidere da arbitri le controversie tra di loro insorte, tranne quelle che riguardano questione di stato e di separazione personale tra coniugi e le altre che non possono formare oggeto di transazione.	As partes podem decidir por árbitros as controvérsias entre elas surgidas, exceto as que se referem a questões de estado e de separação pessoal entre cônjuges e outras que não possam ser objeto de transação.

Interpretaremos essa disposição, reconhecendo que expressamente declara insuscetível a arbitragem direitos referentes a estado civil e separação.

Alongamos a aplicação aos direitos de personalidade, como nome, capacidade e semelhantes. São direitos pessoais e não de direitos recíprocos, sobre os quais as duas partes possam discutir. Em seguida, são colocados em indisponibilidade direitos que não possam ser objeto de transação. A transação é prevista nos arts. 1.965 a 1.976 do Código Civil italiano, estando regulada nos arts. 1.025 a 1.036 do Código Civil brasileiro. Fala ainda aquele artigo sobre direitos em cuja discussão judicial é exigida a intervenção do Ministério Público, como o de alimentos e outras questões de família: separação, investigação de paternidade, adoção e qualquer discussão de direito de menores. Outro ramo do direito nas mesmas condições é o Direito Falimentar; o Ministério Público interfere em quase todos os atos processuais importantes. Concluiremos então que não se aplica a arbitragem para as questões falimentares.

O segundo caso de recusa da homologação pelo Supremo é para a decisão arbitral que ofenda a ordem pública nacional. Aliás não só em questões de ordem pública, mas em aspectos afins, como a soberania nacional, bons costumes, fraude à lei, instituições desconhecidas. Sobre esses aspectos fizemos considerações no estudo sobre a Convenção Interamericana sobre Arbitral Comercial Internacional.

Não será considerada ofensa à ordem pública nacional a efetivação da citação da parte residente ou domiciliada no Brasil, nos moldes da convenção de arbitragem ou da lei processual do país onde se realizou a arbitragem, admitindo-se, inclusive, a citação postal como prova inequívoca de recebimento, desde que assegure a parte brasileira tempo hábil para o exercício do direito de defesa.

10. DA SOLUÇÃO JUDICIAL PARA A ARBITRAL

O estabelecimento da arbitragem faz-se por meio da convenção arbitral, assim considerados a cláusula compromissória e o compromisso arbitral. Este último, por seu turno pode ser judicial e extrajudicial. O compromisso arbitral judicial é não só o acordo das partes para o estabelecimento da arbitragem destinada à resolução de uma lide já existente na justiça comum, mas também uma das formas de extinção de um processo. Extingue-se o processo judicial para passar do judicial para o processo arbitral. São passos processuais bem regulamentados pela Lei da Arbitragem, provendo a justiça e as partes contendentes, de mecanismos ensejadores do apelo à solução arbitral.

Além de revogar os capítulos do Código Civil e do Código de Processo Civil que previam a arbitragem, a Lei 9.307/96 introduziu novas disposições no Código de Processo Civil, com a adoção da arbitragem. O art. 267 aponta as diversas formas de extinção de processos, sem julgamento do mérito, mais precisamente, onze formas. O inciso VII registra como forma de extinção do processo a convenção de arbitragem, juntada a ele ou feita por termos nos autos.

No capítulo referente à defesa do réu, isto é, a contestação, o art. 301 aponta onze alegações facultadas ao réu, antes de discutir o mérito da questão. Entre elas, no inciso IX, está previsto o apontamento da existência de convenção arbitral, o que impedirá então o prosseguimento do processo.

O art. 584 relaciona as cinco espécies de título executivo judicial, cujos incisos transcrevemos:

I – a sentença condenatória proferida no processo civil;

II – a sentença penal condenatória transitada em julgado;

III – a sentença homologatória de transação, de conciliação ou a sentença arbitral;

IV – a sentença estrangeira, homologada pelo Supremo Tribunal Federal;

V – a formal e a certidão de partilha.

Destarte, ao ser julgada a questão arbitral, a parte sucumbente está compelida ao cumprimento das obrigações impostas pela sentença arbitral. Se não houver esse cumprimento, cabe à parte vencedora promover a execução na justiça comum, instruindo o processo com a sentença. Nota-se que a sentença arbitral é colocada na mesma posição da sentença homologatória da transação ou de conciliação, que também é título executivo. Quanto à sentença estrangeira, podemos incluir não só a sentença arbitral estrangeira, mas também a prolatada pelo judiciário de outro país.

O quarto artigo do CPC a sofrer alteração foi o 520, apontando cinco incisos em que o recurso de apelação será recebido só no efeito devolutivo e não suspensivo. Foi adicionado o inciso VI, declarando que a sentença que julgar procedente o pedido de arbitragem, se vier a sofrer recurso de apelação, esta só será recebida no efeito devolutivo, podendo portanto ter continuidade o processo, com carta de sentença. Não se poderá pois utilizar-se do tribunal de segunda instância para a protelação de feitos baseados em sentenças arbitrais.

11. A CONVENÇÃO INTERAMERICANA SOBRE ARBITRAGEM COMERCIAL INTERNACIONAL

Se foi de lamentar a omissão do Brasil ante a Convenção de Nova York, de 1958, sobre o reconhecimento e execução de sentenças arbitrais estrangeiras, promovida pela ONU e reconhecida por inúmeros países, ficou amenizada a situação com o Decreto Legislativo nº 90, de 6.6.95, que aprovou o texto da CONVENÇÃO INTERAMERICANA SOBRE ARBITRAGEM COMERCIAL INTERNACIONAL. Foi ela concluída em 30.9.75, na cidade do Panamá, promovida pela OEA-Organização dos Estados Americanos. A Convenção Interamericana corresponde, no âmbito interamericano, à Convenção Europeia sobre Arbitragem Comercial Internacional, de 1961, no âmbito europeu. Pelo próprio nome desta convenção, nota-se o sentido restrito: vigora só entre os países americanos membros da OEA e no campo da arbitragem comercial internacional, ou seja, não se inclui a arbitragem no próprio país, nem fora da área empresarial. Aplica-se pois a divergências entre empresas de dois ou mais países, sobre negócios mercantis que envolvam Direito Internacional, ou outras questões que ultrapassam as fronteiras de um país.

A Convenção Interamericana abriu o caminho da arbitragem no direito brasileiro, preparando o terreno para a Lei da Arbitragem, que viria um ano depois. Reconhece a Convenção como válido o acordo das partes em virtude do qual se obrigam a submeter à decisão arbitral as divergências que possam surgir ou que hajam surgido entre elas com relação a um negócio de natureza mercantil. O respectivo acordo constará do documento assinado pelas partes ou de troca de cartas, telegramas ou comunicações por telex. É mais liberal a Convenção do que a legislação interna de vários países; não é imprescindível um instrumento público ou particular com testemunhas, mas pode ser estabelecido por via epistolar. No plano interno seria justificável a exigência da convenção de arbitragem, no caso mais específico, do compromisso arbitral, por meio de documento solene; duas empresas de São Paulo, por exemplo, teriam facilidades de seguir esta norma; no campo internacional, bem mais amplo, com empresas situadas em vários países, haveria necessidade de se alargar as formas de comunicação.

Os árbitros poderão ser nacionais ou estrangeiros, o que nos parece óbvio, pois cada empresa poderá indicar árbitro de seu país. Não ficou restrita a escolha apenas à nacionalidade do país da parte, mas o árbitro poderá ser de outra nacionalidade. A nomeação dos árbitros será feita na forma em que convierem as partes. Sua designação poderá ser delegada a um terceiro, seja este pessoa física ou jurídica. Vamos exemplificar: uma empresa paraguaia e outra uruguaia poderão indicar como árbitro um brasileiro, ou um órgão arbitral institucional no Brasil. É a expressão da autonomia da vontade.

Na falta de acordo expresso entre as partes, a arbitragem será efetuada de acordo com as normas de procedimento da CIAC-Comissão Interamericana de Arbitragem Comercial. Esse órgão foi criado em 1933, na Conferência dos Estados Americanos, em Montevidéu, promovida pela OEA. Ao subscreverem a Convenção do Panamá (1975), o Brasil e demais Estados oficializaram a CIAC, transformando o estatuto desta em lei aplicável nos países subscritores da Convenção. O *bureau* central da CIAC sedia-se em Nova York, na própria sede da AAA. No Brasil, a CIAC tem sua versão nacional no Centro Brasileiro de Arbitragem, fundado pela Associação Comercial do Rio de Janeiro, em 1967.

A mais importante disposição da Convenção do Panamá e da moderna legislação dos vários países é a obrigatoriedade e eficácia da sentença ou laudo arbitral. As sentenças arbitrais não impugnáveis, segundo a lei ou as normas processuais aplicáveis terão força de sentença judicial definitiva. Sua execução ou reconhecimento poderá ser exigido da mesma maneira que as sentenças proferidas por tribunais ordinários ou estrangeiros, segundo as leis processuais do país onde forem executadas e o que for estabelecido a tal respeito por tratados internacionais.

A situação apresenta-se de formas diversas. A sentença arbitral de natureza internacional pode ser proferida em um país e ser executada em outro, ou então proferida e executada num só país. Assim sendo, se o laudo arbitral foi proferido no Brasil e aqui for executado, a parte interessada poderá entrar com execução em nossa justiça comum diretamente. Tem esse laudo força executiva; é um título executivo judicial como as sentenças judiciais surgidas dos juízes togados. A parte executada poderá opor-se a essa execução, por embargos, segundo receitua o Código de Processo Civil.

Se porém for o laudo exarado por juízo arbitral estrangeiro, poderá ser pedido o reconhecimento pelo Brasil, segundo as regras judiciárias do Brasil. A este respeito, nosso país tem regras bem definidas e faremos amplas considerações a este respeito. Cada país tem também suas regras e a Convenção do Panamá as leva em consideração. O reconhecimento da sentença arbitral poderá ser contestado perante a justiça do país em que for ela executada, segundo as normas desse país. A Convenção do Panamá, entretanto, estabelece normas às quais o direito interno de cada país membro dela deverá conformar-se e delas faremos exposição em seguida.

Somente poderão ser denegados o reconhecimento e a execução da sentença por solicitação da parte contra a qual for invocada, se esta provar perante a autoridade competente do Estado em que forem pedidos o reconhecimento e a execução algumas irregularidades que tenha descoberto posteriormente.

Em primeiro lugar poderá demonstrar e comprovar que as partes do acordo estavam sujeitas a alguma incapacidade em virtude da lei que lhes é aplicável, ou que tal acordo não é válido perante a lei a que as partes o tenham submetido, ou se nada tiver sido indicado a este respeito, em virtude da lei em que tenha sido proferida a sentença. Neste caso, poderá ela ser anulada porque o acordo que instituiu a arbitragem estaria também anulado. Disposição idêntica adotada no Brasil, conforme o art. 32 da Lei 9.307/96:

> "É nula a sentença arbitral se:
> I – for nulo o compromisso".

Tais critérios são internacionais e são encontrados em várias outras convenções e o que fez o Brasil foi incorporar no seu direito essa norma consagrada no Direito Internacional. Analisaremos melhor esta questão se examinarmos uma hipótese de enquadramento na norma. Digamos que no compromisso, tenham as partes convencionado que o julgamento arbitral fosse feito com base no direito de certo país. O Direito Societário desse país estatui que a questão submetida à arbitragem deve contar com a assinatura de todos os sócios da empresa signatária do compromisso. Contudo o compromisso foi assinado apenas por um dos sócios. Digamos ainda que o acordo arbitral instituindo a arbitragem e indicando o direito a ela aplicável esteja em desacordo com esse próprio direito, contra a lei que o rege e este desacordo tenha sido detectado posteriormente. A arbitragem transgrediu, portanto, a lei do país em que foi realizada.

A segunda objeção ao reconhecimento de sentença arbitral é a comprovação de que a parte contra a qual esta sentença for invocada não foi devidamente notificada da designação do árbitro ou do processo de arbitragem ou não pôde, por qualquer outra razão, fazer valer seus meios de defesa. Teria neste caso, havido o arredamento de um princípio já consagrado pelo direito romano, aceito por nosso direito, pelo Direito Internacional e pelo direito interno de todos os países conhecidos: *Nemo inauditus damnari potest* = Ninguém pode ser condenado sem ser ouvido. Nosso país já adotara essa exigência antes mesmo que a Lei 9.307/96 a confirmasse. A Lei de Introdução ao Código Civil, que é de 1916, junto com o Código Civil, diz que só será executada no Brasil a sentença estrangeira em que as partes tenham sido citadas ou haja legalmente verificado a revelia (art. 15 -b).

A terceira objeção é a de que a sentença se refere a uma divergência não prevista no acordo das partes de submissão ao processo arbitral; não obstante, se as disposições da sentença que se referem às questões submetidas à arbitragem puderem ser isoladas das que não foram submetidas à arbitragem, poder-se-á dar reconhecimento e execução às primeiras. O compromisso arbitral ou a cláusula compromissória, para ser aplicado tem que precisar o objeto da arbitragem, a matéria a ser discutida. A sentença deve julgar estritamente aquela questão, não saindo fora dela, nem para mais nem para menos. Se deixar de lado algum ponto estará incompleta e poderá ser anulada; se decidir além do que fora previsto, terá decidido *ultra petita*. Todavia, se houver decisão *ultra petita*, devidamente discriminada da questão principal, será possível homologar a sentença apenas na parte prevista na convenção arbitral, deixando de lado a decisão em excesso.

A quarta causa possível do não reconhecimento do laudo arbitral decorre de vício na constituição do juízo ou no funcionamento dele, ou seja, o procedimento transcorreu em desacordo com o combinado entre as partes. A sentença poderá ter a homologação denegada se a constituição do tribunal arbitral ou o processo arbitral não se ajustar ao acordo celebrado entre as partes ou, na falta de tal acordo, que a constituição do tribunal arbitral ou o processo arbitral não se ajustar à lei do Estado onde se efetuou a arbitragem. Teria havido, neste caso, contrariedade à vontade das partes, com falha processual grave, como aconteceria com alguma causa julgada por juiz incompetente. A competência dos juízes é conferida pelo acordo entre as partes e se eles não se ativerem a essa competência, terão decisões ineficazes.

Finalmente, será motivo de recusa da homologação se a sentença não for ainda obrigatória para as partes ou foi anulada ou suspensa por uma autoridade competente do Estado em que, ou de conformidade com cuja lei, foi proferida a sentença. Em outras palavras, trata-se de uma sentença sem trânsito em julgado, portanto, não adquiriu eficácia.

Vimos então cinco motivos oferecidos à parte contra a qual será a sentença executada, para que esta se oponha ao reconhecimento do laudo arbitral. Outros porém existem, não a serem levantados pela parte, mas por iniciativa do próprio tribunal encarregado da homologação. Poder-se-á também denegar o reconhecimento e a execução de uma sentença arbitral, se a autoridade competente do Estado em que se pedir o reconhecimento e a execução verificar que, segundo a lei desse Estado, o objeto da divergência não é suscetível de solução por meio da arbitragem. No Brasil, por exemplo, será o caso de direitos não patrimoniais e indisponíveis, como o de menores e interditos, direitos estatais, questões criminais ou de família.

Outra hipótese ocorre quando o reconhecimento ou a execução da sentença contrariar a ordem pública do mesmo Estado. Fazemos várias referências sobre isto neste trabalho, mas ressaltamos que a ordem pública abrange área muito vasta de incidência, como a segurança nacional, interesse nacional, fraude à lei, bons costumes e instituição desconhecida. Convém pois fazer algumas considerações a respeito dessas instituições, expondo opiniões mais ou menos aceitas por muitos juristas.

SOBERANIA NACIONAL – Essa expressão tem significado muito abrangente no Direito Público, mas no sentido que aqui examinamos liga-se principalmente aos problemas de segurança nacional. Por exemplo, alguma sentença estrangeira que dê direitos a qualquer Estado sobre imóvel no Brasil, a não ser aquele que esteja instalada sua embaixada, afrontará a soberania nacional. Da mesma forma, os direitos de uma empresa estrangeira sobre imóveis junto às fronteiras ou junto a instalações militares.

ORDEM PÚBLICA – Há marcante diferença entre a ordem pública nacional e a internacional, mesmo porque esta última sofre um conceito controvertido. A ordem pública internacional compõe-se de princípios gerais que, não sendo observados, afetam a paz social, o ordenamento jurídico e a consciência nacional. É a aplicação dos verdadeiros princípios de ética e de uma sadia estruturação do Estado, inarredáveis para a sobrevivência desse Estado.

Esses princípios básicos devem ser de tal forma necessários, que impedem a aplicação do direito estrangeiro, ainda que haja regras de Direito Internacional Privado para a solução do conflito de leis. A inobservância dos princípios de ordem pública fere as tradições e a consciência de um povo.

BONS COSTUMES – O direito brasileiro não define nem esclarece o que sejam soberania nacional, ordem pública e bons costumes. Para muitos não há diferença entre eles. Eles são móveis e momentâneos, mas o critério dos bons costumes parece mais vago, quer no tempo, quer no espaço. Os bons costumes são o comportamento costumeiro de um povo, dentro de elevados padrões éticos e de sadia convivência social.

FRAUDE À LEI – É a prática de atos legítimos em sua forma, mas a intenção do agente obter um resultado odioso e legalmente condenável. É preciso, pois, examinar as consequências dos atos jurídicos, se elas provocaram prejuízos a inocentes e lucros a espertalhões.

Vamos citar um exemplo. A lei proíbe que um pai faça doação de imóvel a um filho, preterindo outros. Entretanto, o pai vende o imóvel a uma interposta pessoa; tempos depois, a interposta pessoa vende esse imóvel ao filho do primeiro vendedor. Os atos podem ser válidos, com a venda realizada por instrumento público e recibos em ordem. Porém, como efeitos desses atos, diversas pessoas foram lesadas e uma foi beneficiada indevidamente.

Fato muito comum ocorre com empresas multinacionais, que são compradas e vendidas, transferindo-se os débitos a grupos insolventes. Já foram observadas diversas publicações nos jornais a este respeito.

INSTITUIÇÃO DESCONHECIDA – É a aplicação, no Brasil, de uma instituição não prevista no nosso direito, o que viria a instituir uma prática estranha. É o caso de um cidadão oriundo de um país árabe requerendo a homologação de dois casamentos que tenha feito em seu país. Se o Brasil reconhecer ambos os atos, estará aplicando o instituto da poligamia, que nosso direito desconhece.

INTERESSE NACIONAL LESADO – É um princípio de aplicação muito precária, pois adota discriminação contra estrangeiros, ferindo outro princípio tradicional, de que todos são iguais perante a lei. Esta exceção à aplicação do direito estrangeiro vem em proteção ao interesse nacional, quando se conflitar com o interesse alienígena. É o que se vê no art. 10, § 1°, da Lei de Introdução ao Código Civil.

É conveniente lembrar que a Convenção do Panamá é lei nacional também, pois foi aprovada pelo Congresso Nacional, por meio do Decreto-lei 90, de 6.6.1995 e promulgada pelo Decreto 9.902, de 9.5.96. A transformação de um tratado internacional em lei nacional opera-se desta maneira: com o decreto legislativo aprovando o tratado internacional e com o decreto do Poder Executivo, formalizando-o como lei interna.

12. A CONVENÇÃO INTERAMERICANA SOBRE EFICÁCIA EXTRATERRITORIAL DAS SENTENÇAS E LAUDOS ARBITRAIS ESTRANGEIROS

Duas semanas após o Decreto Legislativo n° 90, de 6.6.95, aprovando a Convenção do Panamá, de 1975, surge o Decreto Legislativo n° 93, de 20.6.95, desta feita com o Congresso Nacional aprovando o texto da CONVENÇÃO INTERAMERICANA SOBRE EFICÁCIA EXTRATERRITORIAL DAS SENTENÇAS E LAUDOS ARBITRAIS ESTRANGEIROS, concluída em Montevidéu, em 8.5.1979. A Convenção de Montevidéu completa a Convenção do Panamá, esta realizada em 1975 e aquela em 1979. As duas convenções, aprovadas pelo Congresso Nacional, suprem a nossa deficiência internacional, por haver nosso país ratificado tardiamente a Convenção de Nova York (1958). Insistimos porém na conveniência da ratificação da Convenção de Nova York, a qual aderiu considerável número de países. Além disso, a Convenção de Montevidéu é regional, enquanto a de Nova York é mundial.

A Convenção de Montevidéu foi promovida pela Organização dos Estados Americanos (OEA), visando atualizar a Convenção de Genebra de 1927 e a Convenção de Nova York, malgrado seja aplicada apenas pelos Estados-membros da OEA e aderentes à convenção. No considerando da Convenção, fica esclarecido que a administração da justiça nos Estados americanos requer sua cooperação mútua, a fim de assegurar a eficácia extraterritorial das sentenças e laudos arbitrais proferidos em suas respectivas jurisdições territoriais.

Ao nosso parecer, o nome da Convenção poderá ensejar dúvidas, levando algum desavisado a supor que sentença seja diferente de laudo. Na verdade, a Convenção refere-se a dois tipos de sentenças: a judicial e a arbitral. No Brasil, como em outros países, a sentença arbitral é também chamada de laudo arbitral. O nome da Convenção deveria ser pois de "sentenças judiciais e laudos arbitrais". Abrange então a Convenção as sentenças judiciais, ou seja, proferidas pela justiça ordinária de um país, para ser executada em um outro país. Cobre ainda os laudos arbitrais estrangeiros, isto é, as sentenças proferidas por juízo arbitral de um país, mas deverão ser executadas em outro.

Dedica-se a Convenção de Montevidéu (1979) a sentenças judiciais e laudos arbitrais proferidos em processos civis, comerciais ou trabalhistas em um dos Estados-membros da OEA. Nota-se que fala em sentenças de processos trabalhistas, uma vez que se alastra no mundo todo a aplicação da arbitragem no Direito do Trabalho e julgamos esta questão digna do maior interesse no Brasil. Qualquer país participante da Convenção de Montevidéu poderá fazer reserva expressa a respeito de algum artigo. Poderá também declarar, no momento da ratificação, que se aplica também às decisões que ponham termo ao processo, às tomadas por autoridades que exerçam alguma função jurisdicional e às sentenças penais naquilo em que digam respeito à indenização de prejuízos decorrentes do delito.

Diz ainda o art. 1° que as normas da Convenção aplicar-se-ão, no tocante a laudos arbitrais, em tudo o que não estiver previsto na Convenção Interamericana sobre Arbitragem Comercial Internacional de 1975. Procura assim ratificar e complementar a Convenção do Panamá. Esta porém possui um caráter mais genérico, estabelecendo normas de caráter mais substantivo. A Convenção de Montevidéu é específica e restrita, cuidando da execução de sentenças estrangeiras, arbitrais ou judiciais. É um sucedâneo da Convenção de Genebra de 1927 e da Convenção de Nova York de 1958, sobre o mesmo assunto.

Essa convenção é a confirmação da exterritorialidade da lei, garantindo a eficácia de decisões arbitrais ou judiciais proferidas em um país, a serem executadas em outro. A exterritorialidade já está prevista em nosso direito e agora confirmada pela Lei da Arbitragem. Devemos pois remeter esta análise da Convenção de Montevidéu para o capítulo deste compêndio, denominado "Do Reconhecimento e Execução de Sentenças Arbitrais Estrangeiras". Embora seja a Convenção de Montevidéu um tratado internacional é também lei nacional, que foi transformada pelo Decreto Legislativo 90/95. Aliás, no tangente à arbitragem, não é tão fácil estabelecer fronteiras entre o direito interno e o direito externo.

O art. 2° da Convenção expõe as restrições às decisões estrangeiras, quando tiverem de ser executadas em outro país. Apresenta oito exigências, congruentes com as previstas em nossa lei: o art. 15 da Lei de Introdução ao Código Civil, o Regimento Interno do Supremo Tribunal Federal e a Lei da Arbitragem, nos seus arts. 38 e 39. Até a linguagem é mais ou menos semelhante, o que faz nosso direito amoldar-se muito bem às normas costumeiras do Direito Internacional referente à arbitragem. As sentenças judiciais, os laudos arbitrais e demais decisões judiciais proferidas num país terão eficácia extraterritorial nos países membros da Convenção de Montevidéu, se reunirem as seguintes condições:

a – se virem revestidos das formalidades externas necessárias para que sejam considerados autênticos no Estado de onde provieram;

b – se a sentença, o laudo, a decisão judicial e os documentos anexos que forem necessários, de acordo com a Convenção, estiverem devidamente traduzidos para o idioma oficial do Estado onde devam surtir efeito;

c – se o juiz ou tribunal sentenciador tiver competência na esfera internacional para conhecer do assunto e julgá-lo de acordo com a lei do Estado onde devam surtir efeito;

d – se forem apresentados devidamente legalizados de acordo com a lei do Estado onde devam surtir efeito;

e – se o demandado tiver sido notificado ou citado na devida forma legal, de maneira substancialmente equivalente àquela admitida pela lei do Estado onde a sentença, laudo e decisão judicial devam surtir efeito;

f – se se tiver assegurado a defesa das partes;

g – se tiverem o caráter de executáveis ou, conforme o caso, se tiverem passado em julgado no Estado que tiverem sido proferidas;

h – se não contrariarem manifestamente os princípios e as leis de ordem pública no Estado em que se pedir o reconhecimento ou o cumprimento.

A eficácia e a executabilidade das sentenças judiciais, laudos arbitrais e outras decisões judiciais serão requeridas pela parte interessada ao órgão competente do país em que forem executados. No Brasil, o órgão competente para tanto é o STF-Supremo Tribunal Federal. O pedido deverá estar instruído obrigatoriamente com os documentos capazes de demonstrar a executabilidade das decisões, tais como: cópia autenticada da sentença judicial, laudo arbitral, ou outra decisão judicial a ser cumprida no país em que estiver sendo requerida. Necessário é que seja juntada cópia autenticada do ato que declara ter a decisão judicial o caráter de executável ou de coisa julgada. A este respeito, vamos repetir aqui a Súmula 420 de nossa Magna Corte:

> "Não se homologa sentença proferida no estrangeiro sem prova do trânsito em julgado".

A terceira exigência é a juntada de documentos certificadores de que a decisão judicial ou arbitral esteja revestida das formalidades exigidas pela Convenção. Essas formalidades são também exigidas pela maioria dos países americanos, como é patente na lei brasileira. É preciso a comprovação de que o demandado foi comunicado do processo: se foi citado ou notificado, ou ficou comprovadamente sabendo que estava respondendo a processo. Neste caso, a contestação do demandado é prova segura do cumprimento dessa formalidade.

Se não contestar a ação, o mandado de citação por ele assinado, ou o cumprimento do mandado de acordo com a lei do país em que tenha corrido o processo será documento hábil para tanto. Enfim, são documentos comprovantes da observância do princípio consagrado no direito romano: *Nemo inauditus damnari potest* = Ninguém pode ser condenado sem ser ouvido. É o que também consta do art. 15-b da Lei de Introdução ao Código Civil, de que os documentos devem provar:

> "...terem sido as partes citadas ou haver-se legalmente verificado a revelia".

Se a decisão estrangeira não puder ter eficácia na sua totalidade, o Judiciário poderá admitir sua eficácia parcial mediante pedido de parte interessada.

13. A ARBITRAGEM INTERNACIONAL

13.1. Características da arbitragem internacional

13.2. A evolução da arbitragem pelo tempo

13.3. O Brasil e a arbitragem

13.4. A lei-modelo da UNCITRAL

13.5. A AAA - American Arbitration Association

13.1. Características da arbitragem internacional

É muito ampla a aplicação da arbitragem, sendo ela de direito público e de direito privado, de direito nacional ou de direito internacional. Tornou-se ela mais famosa perante o Direito Internacional por várias razões, a principal delas a de não haver um Poder Judiciário internacional. Pelas mesmas razões, foi ela exaltada mais no direito público do que no privado, pois é difícil estabelecer um judiciário para os Estados. Existe atualmente a CIJ-Corte Internacional de Justiça, órgão judiciário de direito internacional público, sediado em Haia, na Holanda, destinado a dirimir controvérsias entre Estados. É porém um órgão recente e um tanto restrito. Pode ser referido como um poder judiciário internacional. Anteriormente, porém, quase todas as divergências internacionais eram resolvidas por arbitragem.

Há muitas diferenças entre a arbitragem internacional e a nacional, como veremos pouco a pouco. No plano interno, a arbitragem é uma instituição de caráter eminentemente privado, com maior incidência na área empresarial; sua vocação é solucionar litígios entre empresas. Na área internacional, a arbitragem está se realçando e desenvolvendo no campo privado, mas foi no público que teve maior proeminência. A razão primordial já foi revelada: no plano interno a arbitragem é um sucedâneo da jurisdição oficial, mas no plano externo não existe essa jurisdição oficial, motivo pelo qual impera a arbitragem. Eis porque há um século foi criada, em 1899, a Corte Permanente de Arbitragem, sediada em Haia, para dirimir contendas entre países enquanto a CIA-Corte Internacional de Arbitragem da CCI-Câmara de Comércio Internacional, de direito privado, surgiu apenas em 1923. Hoje, porém, é no direito privado que a arbitragem apresenta maior desenvolvimento.

A causa está no enorme desenvolvimento do *trade* (comércio internacional). Não se resume na transferência de dinheiro ou movimento de exportação. Hoje, o *trade* é um complexo de operações de toda ordem, envolvendo empresas multinacionais, *trading companies*, *joint ventures*, projetos de colonização e industrialização, pesquisas tecnológicas e transferência de tecnologia, financiamentos variados e complexos como o crédito documentário, feiras e exposições, convenções internacionais, investimentos externos, mercado comum e união alfandegária, movimentação do mercado de capitais, novos contratos e tantas operações novas e complexas.

Quanto mais aumenta o volume e a complexidade dos negócios internacionais, o *trade*, avolumam-se os problemas. E estes exigem solução rápida, fácil e pacífica. Não se admite mais brigas e rompimento de relações no moderno *trade*. Uma empresa não pode brigar e romper com o banco que a atende para pagar mais a outro banco, nem o banco pode perder um bom cliente para outro. A moderna mercadologia não admite que a empresa rompa relações com seu fornecedor só porque este eventualmente deu-lhe um mau atendimento. Na economia internacional deixou de existir "honra ferida", agora o que há são interesses a tratar. Eis porque os litígios, problemas, mal-entendidos e outras perturbações do relacionamento empresarial devem ser resolvidos sem causar prejuízos às partes e sem fazê-las perder operações vantajosas no futuro. Exigem-se soluções sigilosas, rápidas, seguras, mas acima de tudo com a prevalência do bom senso e não do sentimento.

Esta nova ordem econômica internacional está se refletindo no plano interno dos países. A arbitragem vem atender a este *desideratum* e por isso vem seguindo a uniformidade verificada no direito externo e no interno. É a arbitragem, como já vimos, a solução rápida, sigilosa, eficiente e tranquila dos problemas. Age sem causar comoções e estremecimento para o futuro.

Outra diferença que se nota no Direito Internacional e na prática internacional é o de ser a arbitragem instituição típica do Direito Comercial, ou como é chamado modernamente, Direito Empresarial. Basta dizer que o principal órgão arbitral institucional, a CIA-Corte Internacional de Arbitragem, da CCI-Câmara de Comércio Internacional, só realiza arbitragem entre empresas. Assim ocorre também na Corte de Arbitragem de Paris e de Zurique e em várias outras. O Regulamento da CIA e a lei-modelo da UNCITRAL revelam a tendência mercantil da arbitragem.

No plano interno, é patente a índole processualista da arbitragem. Na Itália e na França, a arbitragem está regulada no CPC-Código de Processo Civil. Nos outros países em que a arbitragem está prevista em lei especifica, também é patente a natureza processualista de todas elas. Sente-se em nossa Lei da Arbitragem alguma influência italiana e também a francesa, tanto que a estrutura da nossa lei é muito semelhante à do capítulo do CPC da Itália, referente à arbitragem. A nossa lei é quase um capítulo do CPC tal é o teor e o conteúdo processualista por ela apresentado. É obra própria de uma comissão constituída só de processualistas; nenhum comercialista. Não constituem essas considerações qualquer crítica aos elaboradores da atual Lei de Arbitragem, sobre cujo trabalho só traçamos encômios neste livro. É porém o que acontece também na lei interna de vários países, entre os quais os antigos componentes da "Cortina de Ferro".

13.2. A evolução da arbitragem pelo tempo

O termo "arbitragem" é de origem latina (*arbitrer* = juiz, avaliador). Acredita-se porém que o termo latino venha do grego, mesmo porque a palavra "árbitro" já era utilizada na Grécia antiga. A arbitragem já era conhecida e cultivada entre os gregos, tanto que diversos pensadores fizeram referência a ela, como Platão, Aristóteles e Demóstenes. Há notícia da prática de um juízo arbitral 3.200 anos antes de Cristo.

Entre os romanos, a arbitragem era cultivada paralelamente à jurisdição comum. O *jus civilis*, o direito romano, era aplicado apenas aos cidadãos romanos, aos "civites" ou "quirites", uma minoria da população romana. Só eles podiam ter direito à prestação jurisdicional; a justiça só existia para eles e só eles podiam ser magistrados. Os demais componentes da população, os outros habitantes de Roma tiveram então que criar uma jurisdição deles, paralela com a do Estado romano; e foi assim criada a arbitragem em Roma. Até então o *arbiter* era o juiz da justiça estatal: *arbiter* era sinônimo de *judex*.

Com o desenvolvimento de Roma e o aumento da população, o que fez Roma transformar-se no centro do mundo ocidental, houve necessidade de se criar para os habitantes de Roma, os *peregrinii*, magistrados que pudessem coordenar aquela justiça privada, a arbitragem. Foi então criada a figura do "pretor peregrino", uma versão do "pretor urbano", como era chamado o juiz dos "quirites" ou "patrícios". E assim a arbitragem foi reconhecida no direito romano.

O pretor peregrino não podia impor aos peregrinos e plebeus o direito romano, o *jus civilis*, não só por ser ele privativo dos patrícios, mas por ser um direito muito formal, sofisticado e complexo. Assim sendo, os plebeus escolhiam o direito a ser-lhes aplicado, podendo eleger até o *jus civilis*. É uma característica da arbitragem, que nos vem da antiguidade: as partes escolhem o direito a ser-lhes aplicado. Por outro lado, o *arbiter* não era uma autoridade do Estado, mas era particular; o Estado romano não dava esse direito de cidadania aos plebeus: um juiz remunerado pelo Estado. Quem iria remunerar o *arbiter* seriam as partes e, por isso, assistia a elas o direito de escolhê-los. Outra característica da arbitragem que nos vem da antiguidade: a escolha dos juízes pelas próprias partes.

A arbitragem, ou seja, a jurisdição privada, antecedeu à jurisdição pública. A formação do Poder Judiciário pressupõe a existência de um Estado organizado e desenvolvido. Antes porém que o Estado chegue ao estágio de poder formar judiciário, os cidadãos necessitam de algum tipo de justiça. Desta necessidade nasceu a arbitragem, que se constituía então na solução de um problema. Posteriormente, o Estado organizado e desenvolvido encampou a arbitragem, transformando-a numa atividade estatal: assim nasceu o judiciário. O Estado, no entanto, nunca tolheu a arbitragem, permitindo que ela continuasse, como um sucedâneo da jurisdição oficial.

Assim aconteceu com as nações europeias emergentes da Idade Média. Custaram os atuais países europeus a formar-se e no final da Idade Média não possuíam ainda o Poder Judiciário. Por esta razão, a arbitragem predominava em toda a Europa e assim que se formavam os novos países e estes se estruturavam juridicamente, constituíam seu judiciário, fazendo diminuir a importância da arbitragem. A própria Itália era um mosaico de nações independentes: ducados, condados, repúblicas independentes, Estados papais. Só em 1870 o país consolidou-se com a atuação decisiva do combatente Giuseppe Garibaldi e sua mulher, a brasileira Anita Garibaldi.

13.3. O Brasil e a arbitragem

A arbitragem pode ser de direito nacional e de direito internacional e neste último caso, pode ser de direito público e de direito privado. E principalmente de direito público e nesse aspecto o Brasil contou com a arbitragem para resolver seus problemas e até ajudou na solução de problemas de outros países. Examinaremos os problemas causados pela nossa independência. Proclamado o Brasil, em 7.9.1822, como país independente, houve necessidade de incluí-lo no concerto universal das nações. Portugal entretanto relutou em aceitar a nova situação. O Norte e o Nordeste do Brasil apresentaram focos de resistência. Principalmente na Bahia, onde tropas sob o comando do Gal. Madeira não se submeteram ao novo poder, declarando-se subordinados a Portugal. Relutaram muito os demais países em reconhecerem o direito do Brasil, na sua pretensão de país soberano. Houve acordo entre D. João VI e D. Pedro I, decidindo entregar a questão à arbitragem do Rei da Inglaterra. Este decidiu a favor do Brasil, tendo nosso país obtido o reconhecimento por Portugal e demais países.

Séria contenda houve entre Brasil e Inglaterra, quando em 1862 naufragou em nossa costa um barco inglês. Na mesma ocasião, alguns marinheiros ingleses de um navio ancorado no Rio embebedaram-se e promoveram choques, tendo sido presos. O embaixador inglês no Brasil, William Christie, protestou contra arbitrariedades da polícia brasileira na prisão dos três marinheiros e acusou a população do Rio Grande do Sul de saquear o barco que lá afundara, exigindo indenização e medidas. Levantou-se a opinião pública de todo o país, levando o Brasil a romper relações diplomáticas com a Inglaterra. O poeta Fagundes Varela compôs vibrantes poesias contra esse "diplomata", ficando o conflito conhecido como "Questão Christie". Os dois países decidiram submeter o problema à arbitragem do Rei Leopoldo da Bélgica, que deu ganho de causa ao Brasil, em 1863. Posteriormente, o rei de Portugal exerceu a mediação entre os dois países e em 1865 a Inglaterra restabeleceu relações diplomáticas com o Brasil.

O Brasil recorreu à arbitragem com referência ao Território do Acre, que pertencia à Bolívia. A região foi paulatinamente invadida por brasileiros, a tal ponto de tomar conta da região. A Bolívia exigiu a retirada dos invasores, criando mal-estar generalizado. O problema foi submetido ao núncio apostólico (embaixador do Vaticano) no Brasil, decidindo este em nosso favor. Pelo Tratado de Petrópolis, em 1903, o Acre foi incorporado ao território brasileiro. O advogado do Brasil junto ao juízo arbitral foi o Barão do Rio Branco, tendo sido dado seu nome à capital do Acre.

Difícil problema do Brasil foi o do estabelecimento de nossas fronteiras com os países vizinhos. O mais complexo deles era com a Argentina, principalmente com o território das Missões, criando um clima quente entre os países disputantes. Convencionaram eles entregar o litígio à solução arbitral do Presidente Cleveland, dos EUA, que decidiu a favor do Brasil. Firmaram-se então nossas fronteiras no Sul. Os argentinos não se conformam até agora com a decisão do Presidente Cleveland, que está homenageado em São Paulo com a Alameda Cleveland e com a cidade de Clevelândia, no Paraná.

Outro problema que provocou demoradas discussões entre o Brasil e a França foi o da fronteira com a Guiana Francesa. O Tratado de Utretch (1713) estabeleceu um rio navegado por Vicente Pinzon, como o limite entre as possessões de Portugal e da França na América. O Brasil dizia que era o rio Oiapoque e os franceses o rio Amazonas, o que daria a eles uma região enorme. Os dois países recorreram à arbitragem pelo Presidente Hauser, da Suíça, que decidiu a favor do Brasil. Mais uma vitória do nosso advogado, o Barão do Rio Branco.

Houve uma questão arbitral de que o Brasil não saiu vitorioso. Foi na questão dos limites com a Guiana Inglesa. Brasil e Inglaterra encarregaram o Rei da Itália, Vittorio Emanuele II, que decidiu a favor da Inglaterra, em 1904. Consta que a coletividade italiana de São Paulo realizou o enforcamento simbólico desse árbitro na Praça da República. Neste juízo arbitral porém não atuou o Barão do Rio Branco como advogado do Brasil, louvando-se entretanto nosso patrono, outro notável homem público, Joaquim Nabuco.

Por outro lado, o Brasil exerceu as funções arbitrais na solução de conflitos entre outros países. Um litígio entre EUA e Inglaterra, sobre o navio Alabama, foi submetido a um tribunal arbitral de que o Brasil fez parte. O Brasil ainda participou do julgamento arbitral numa questão entre EUA e Inglaterra, sobre a pesca de focas no mar de Bhering; entre Argentina e Chile, sobre fronteiras entre os dois países; e diversos outros casos.

13.4. A lei-modelo da UNCITRAL

Sugestivo passo no desenvolvimento da arbitragem foi dado em 1985 com a apresentação da lei-modelo elaborada e apresentada pela UNCITRAL – United Nations Commission on Trade Law, também conhecida entre nós como CNUDCI-Comissão das Nações Unidas sobre o Direito Comercial Internacional. A UNCITRAL é um órgão da ONU, criado em 1966. Entre os vários encargos da UNCITRAL, figura a uniformização do Direito Comercial Internacional, procurando assim a elaboração de um Código Comercial Internacional. Encargo importante levado adiante pela UNCITRAL foi a elaboração da lei-modelo de arbitragem, visando a uniformizar a prática da arbitragem no mundo todo, inspirando também a lei nacional de cada país.

Apesar de ser um órgão da ONU, vale dizer, de direito público, a UNCITRAL age em louvável conexão com a Câmara de Comércio Internacional e a AAA. A lei-modelo surgiu graças ao trabalho conjunto dos três órgãos. Às vezes, atua em conjunto com eles outro órgão da ONU, a UNCTAD (United Nations Conference on Trade and Development), ou CNUCDI (Conferência das Nações Unidas sobre o Comércio Internacional e Desenvolvimento). Sendo a arbitragem uma instituição aplicada internacionalmente, imperiosa é a necessidade de se estabelecer critérios uniformes; caso contrário, cada órgão arbitral adotaria princípios diferentes e critérios díspares, que comprometeriam a estabilidade da instituição.

Outra preocupação da UNCITRAL e da CCI era a adoção da lei-modelo também para as leis nacionais, respeitando-se naturalmente as peculiaridades de cada país, mas preservando pelo menos os princípios básicos. Esse *desideratun* tem sido até agora atingido e está sendo notada muita semelhança na legislação de vários países. Por outro lado, inúmeras convenções internacionais orientaram-se neste sentido. E muitas são essas convenções, das quais estamos falando constantemente e a influência delas está patente em nossa Lei da Arbitragem, que incorporou os princípios e normas universais sobre a arbitragem, expressas nessas convenções. Entre elas, ressaltamos duas que já fazem parte de nosso direito interno e se projetaram na nossa Lei da Arbitragem e das quais fazemos um estudo especial: a Convenção do Panamá (1975) e a Convenção Montevidéu (1979).

Vamos então encontrar essa semelhança com a legislação de vários países. Na França está regulamentada pelos arts. 1.442 a 1.507 do CPC e na Itália pelos arts. 806 a 840 do CPC. Na Espanha pela Lei 36/1980; no México pelo Decreto de 22.7.93; na China pela Lei da Arbitragem de 31.8.94; em Portugal pela Lei 31, de 29.8.86. Em toda essa legislação e nela pode ser inserta a da China e da antiga União Soviética e outros países da Cortina de Ferro, sente-se a ação uniformizadora da lei-modelo da UNCITRAL e do Regulamento da CIA da CCI. Podemos ainda incluir o Brasil, com a nova Lei de Arbitragem.

Apesar dessa influência, a lei-modelo é aplicável a arbitragem comercial internacional. É, por isso, mais liberal do que as leis internas de cada país. Haverá fatalmente uma discriminação entre a arbitragem internacional e a arbitragem nacional, pois a regulamentação internacional terá que amoldar-se ao direito interno do país que adotar a lei-modelo.

Evitaremos fazer uma análise mais profunda da lei-modelo da UNCITRAL, porquanto suas normas e princípios já foram comentados nos estudos de nossa lei. É porém de inestimável valor conhecê-la e, por isso, adicionamos como anexo o texto já traduzido desta convenção, cuja leitura recomendamos aos interessados no Direito Internacional. Devemos porém realçar alguns aspectos mais externos dela, porquanto deles poderemos extrair várias noções doutrinárias.

Aspecto atrativo é a conceituação de vários termos, começando pelas palavras que compõem o nome: arbitragem, comercial, internacional. Define ainda "convenção de arbitragem", que é seguida pelo direito de muitos países.

13.5. A AAA-American Arbitration Association

É de alta conveniência conhecermos um pouco dessa associação, cuja importância nos EUA projeta-a como um exemplo. Mesmo sendo uma associação nacional possui tamanha repercussão internacional, que podemos incluí-la neste capítulo. Muitos juristas brasileiros estão discutindo a fundação de uma entidade semelhante e com os mesmos objetivos da AAA, nos moldes dela, e a existência desta entidade mostra-se imperiosa entre nós. Trata-se de uma associação de direito privado, sem fins lucrativos, fundada em 1926, portanto há mais de 70 anos. Tem sua sede em Nova York, 140 W 51st Tel. (212) 484-4000 e FAX (212) 765-4874. Possui entretanto escritórios regionais em duas dezenas de cidades.

Promove estudos, pesquisas e seminários sobre a arbitragem, realiza palestras nas universidades e outras entidades. Lança publicações diversas para o aprimoramento constante da arbitragem e edita um jornal trimestral especializado em arbitragem: o ARBITRATION JOURNAL. Importante iniciativa sua foi a edição das COMMERCIAL ARBITRATION RULES (Regras da Arbitragem Comercial), baseadas no regulamento da CCI. As "Rules" têm validade para todo o país, mas vários Estados norte-americanos elaboraram sua lei de arbitragem. Os EUA promulgaram o UNITED STATES ARBITRATION ACT, a lei federal baseada nas "Rules", o mesmo fazendo a ABA-American Bar Association (a OAB deles), quando elaborou a Lei Uniforme sobre Arbitragem, em 1956.

A AAA não realiza arbitragem nem tem corte arbitral, mas assessora e estimula a criação de cortes em todo o país. Uma de suas finalidades é a formação de árbitros, tarefa hercúlea e básica, garantindo o sucesso da arbitragem nos EUA. Recruta candidatos a árbitro em todo o país e no exterior, formando-os em cursos especializados e treinando constantemente, em cursos de reciclagem profissional. Forma também mediadores; estes constituem com os árbitros uma categoria profissional. Consegue assim manter um cadastro constante de 30.000 árbitros e mediadores em todo o país, espalhados em quase 2.000 cidades dos EUA. É ela frequentemente consultada para a indicação de árbitros, quando tiver que ser constituído um tribunal arbitral. A formação dos árbitros processa- se em áreas diferentes, em cinco segmentos:

– empresarial;
– trabalhista;
– responsabilidade civil (mormente acidentes de trânsito);
– comércio exterior;
– comércio interamericano.

Dada à larga disseminação da arbitragem por todos os estados americanos, com a lei federal, o United States Arbitration Act e lei estadual na

130

maioria dos Estados, muitos outros centros de arbitragem foram sendo criados nos EUA, mas é clara a inspiração da AAA. Como esta, os novos centros, mesmo sendo órgãos de direito privado interno, possuem conotações internacionais. Procuraremos apontar alguns deles, de sugestiva atuação.

Essas associações, em sua maioria, empreendem publicações especializadas, formando nos EUA rica literatura sobre a arbitragem. Essas publicações varrem o mundo, fazendo com que os EUA sejam o cadinho em que se funde, se baseia e se forma o direito de vários países. Naturalmente, a influência americana encontra muitas limitações e barreiras, devido as características peculiares da educação americana e de seu *modus vivendi*. O direito é o reflexo da civilização de um povo, razão por que o direito de cada país constitui um sistema próprio, diferente dos demais.

Mesmo nos EUA, o United States Arbitration Act tem que conviver com a Lei de Arbitragem de cada estado, pois a maioria deles tem lei própria regulamentando o assunto, o que revela ter o direito e a prática da arbitragem sua peculiaridade em cada estado americano, apesar da ação da AAA e da vigência de uma lei nacional.

INTERNATIONAL CENTER FOR SETTLEMENT OF INVESTIMENT DISPUTES – Washington 1818 NW – Tel. (202) 477-1234 – FAX: (200) 477-1269.

Fundado em 1966 por iniciativa do BIRD-Banco Internacional de Reconstrução e Desenvolvimento, cuida da solução de problemas relacionados a investimentos de um país em outro, geralmente entre países, ou seja, é órgão de direito internacional público. Foi instituído por convenção realizada em Washington, concluída em 18.3.65, mas entrou em vigor em 1966, chamada CONVENÇÃO PARA SOLUÇÃO DE CONTROVÉRSIAS EM MATÉRIA DE INVESTIMENTOS ENTRE ESTADOS E CIDADÃOS DE OUTROS ESTADOS. Declarou essa convenção a necessidade de cooperação internacional para o desenvolvimento econômico e a importância dos investimentos estrangeiros. Foi firmada pelos países membros do BIRD, entre eles o Brasil. O estatuto do International Center for Settlement of Investment Disputes (Centro internacional para a Solução de Controvérsias sobre Investimentos), em 74 artigos, traça regras minuciosas sobre o procedimento da conciliação e arbitragem, constituição do tribunal arbitral e outros passos do funcionamento do Centro. Prevê o estatuto um quadro de conciliadores e de árbitros.

. . .

AMERICAN BAR ASSOCIATION-STANDING COMMITEE ON DISPUTE RESOLUTION.

É formada por advogados, magistrados e outros profissionais da área jurídica.

. . .

SOCIETY OF MARITIME ARBITRATORS – Nova York 61 – Broadway, st. 1650.

Conforme o nome indica, é restrita a questões de Direito Marítimo, quer nacionais quer internacionais. Segundo o critério norte-americano, como também o brasileiro e de outros países, quando se fala em Direito Marítimo, não se refere apenas ao transporte no mar, mas em águas: rios, lagos, baías. Esse transporte é muito comum nos EUA, como o transporte fluvial nos rios Mississipi, São Lourenço e outros e o transporte lacustre nos Grandes Lagos, na fronteira com o Canadá.

. . .

INSTITUTE FOR MEDIATION AND CONFLIT RESOLUTION – Nova York – Tel. (202) 966-3660.

É especializada na solução de conflitos na comunidade, envolvendo partes constituídas de várias pessoas.

. . .

INTER-AMERICAN COMMERCIAL ARBITRATION COMISSION (I-ACAC) – Washington 1889 NW – Tel. (202) 458- 3444 FAX: (202) 828-0157.

É formada por empresas, bancos, advogados, investidores, empresários. Atua no âmbito da OEA, como órgão internacional, procurando resolver litígios entre os países membros da OEA.

. . .

ALTERNATIVE DISPUTE RESOLUTION COMMITEE – Chicago – Tel. (312) 988-5584.

É câmara de arbitragem especializada no Direito de Família, o que é surpreendente.

. . .

SOCIETY OF PROFESSIONALS IN DISPUTE RESOLUTION – Washington 1730 – Rhode Island Avenue NW ste. 512.

Trata-se de uma sociedade formada por árbitros e mediadores profissionais, para exercício da arbitragem e aperfeiçoamento dela. Há nos EUA árbitros profissionais e escritórios de árbitros e mediadores, como seria entre nós um escritório de advocacia.

. . .

NATIONAL ACADEMY OF CONCILIATORS – Dallas (Texas) – Tel. (214) 638-5633.

Fundado em 1979, é formado por mediadores do Estado do Texas. No sistema americano de arbitragem, como se vê, é forte a incidência da mediação e os mediadores constituem categoria paralela à dos árbitros.

. . .

INTERNATIONAL COUNCIL FOR DISPUTE RESOLUTION – Washington Tel. (202) 775-9172.

É mais utilizado no campo do direito público internacional, solucionando conflitos entre países.

14. A CORTE INTERNACIONAL DE ARBITRAGEM

14.1. Aspectos conceituais da Corte

14.2. A regulamentação da Corte

14.3. Vantagens da arbitragem internacional

14.4. A Corte e a Convenção de Nova York

14.5. Função da Corte

14.6. A cláusula compromissória padrão

14.7. O compromisso arbitral

14.8. Terminologia adotada pelo regulamento

14.9. Estrutura da Corte

14.10. As comunicações da Corte

14.11. O procedimento arbitral

14.12. O Tribunal arbitral

14.13. A sentença arbitral

14.14. As custas da arbitragem

14.1. Aspectos conceituais da Corte

Necessário sempre se torna realçar a importância da CCI – Câmara de Comércio Internacional no tocante ao aprimoramento e uniformização do Direito Empresarial dos países e às operações internacionais promovidas pelas empresas. Entre as muitas contribuições dessa organização internacional de direito privado, formada por empresas de todo o mundo, avulta a mais importante: a Corte Internacional de Arbitragem. Constituída em 1919, a CCI logo cogitou de criar uma Corte arbitral, dar-lhe uma regulamentação e promovê-la para todo o mundo.

Surgiu então, em 1923, a Corte, a pioneira na aplicação das fórmulas alternativas de resolução de litígios entre empresas. Desde sua criação, nos 77 anos de atuação no século XX, a Corte tem exercido forte influência na aceitação internacional da arbitragem, como a melhor maneira de se resolver pendências entre empresas e manter entre elas relacionamento eficaz. É ela chamada internacionalmente como "The ICC International Court of Arbitration", comumente chamada apenas de "Corte", como doravante a chamaremos.

Mais de dez mil arbitragens foram executadas pela Corte no século XX, envolvendo empresas de 170 países. O recurso a ela aumenta gradativamente ano a ano e hoje é mais comum haver nos contratos internacionais a cláusula compromissória, elegendo a Corte como órgão encarregado de dirimir controvérsias jurídicas entre elas ou então por qualquer outro órgão arbitral, mas observando as regras da Corte, expressas numa publicação denominada "Reglement d'Arbitrage de la CCI".

Os mecanismos de resolução de controvérsias desenvolvidos pela Corte foram concebidos especificamente para a área empresarial, ou seja, lides entre empresas ("business disputes"). É a Corte, portanto, uma organização internacional de direito privado, mais precisamente de Direito Empresarial, nomenclatura hoje adotada comumente para o Direito Comercial. As partes são usualmente de nacionalidade diferente, de idioma diverso e de variados sistemas jurídicos. Essas são dificuldades junto a muitas outras, como por exemplo, a longa distância entre o domicílio de uma parte e o da outra, a serem enfrentadas pela arbitragem.

A sede da Corte encontra-se na sede da CCI, em Paris, no seguinte endereço:

38, Cours Albert 1er, 75008 – m Paris – France

Tel.– 33 1 49 53 28 28 – Telefax: 33 1 49 53 29 02

Internet WWW.ICC.WBO.ORG

E-mail ARB@ICC.WBO.ORG.

Está localizada bem no centro da capital francesa, sendo essa rua na marginal direita do Rio Sena, junto a uma das famosas pontes sobre o Rio Sena, denominada "Pont de l'Alma".

14.2. A regulamentação da Corte

A CCI edita várias publicações, também chamadas "brochuras", regulamentando contratos, práticas empresariais e outros. Desde 1923 o funcionamento da Corte está regulamentado por publicação que vem se modernizando por novas edições. Atualmente, está em vigor a Publicação CCI.581, de 1.2.88, estabelecendo vários regulamentes, a saber:
1 – Regulamento de Arbitragem da CCI;
2 – Regulamento de Conciliação da CCI;
3 – Estatuto da Corte Internacional de Arbitragem da CCI;
4 – Regulamento Interno da Corte Internacional de Arbitragem da CCI;
5 – Custos de Arbitragem e Honorários.

14.3. Vantagens da arbitragem internacional

A Corte aponta seis vantagens apresentadas pela arbitragem e outras fórmulas alternativas de solução de conflitos internacionais entre empresas. Essas vantagens não coincidem exatamente com as apresentadas pela arbitragem nacional, tendo em vista as diferenças entre os dois tipos de arbitragem, mas há certo paralelismo. São as seis referidas a seguir:

1. Sentenças eficazes
Enquanto vários mecanismos podem ajudar as partes a uma resolução amigável, como por exemplo, a conciliação de acordo com o Regulamento de Conciliação da CCI, todos eles dependem da cooperação das partes. As sentenças arbitrais da Corte apresentam maior grau de execução, por serem prolatadas por órgão reconhecido universalmente, ainda que em certos países, como o Brasil, devam conformar-se com a legislação interna.

2. Reconhecimento internacional
A execução de sentenças arbitrais da Corte gozam de reconhecimento internacional, segundo várias convenções internacionais, entre as quais se so-

138

bressai a "Convenção sobre o Reconhecimento e Execução de Sentenças Arbitrais Estrangeiras", celebrada em Nova York, em 1958, promovida pela ONU. Esse tratado internacional é conhecido como Convenção de Nova York", Infelizmente, o Brasil é um dos poucos países importantes que não subscreveram a Convenção de Nova York, mas os contratos celebrados entre empresas brasileiras e de outros países ficam submetidos a essa convenção. Por outro lado, o Brasil celebrou a Convenção Interamericana sobre Eficácia Extraterritorial das Sentenças e Laudos Arbitrais Estrangeiros, celebrada em 1979, de Montevidéu. Essa convenção foi aprovada pelo Decreto Legislativo 93/95, de Congresso Nacional.

3. Neutralidade

Nos procedimentos arbitrais da Corte, as partes têm ampla flexibilidade na escolha das bases do processo e julgamento, principalmente em cinco pontos chaves:

1. Lugar da arbitragem – 2. Língua utilizada – 3. Procedimentos ou regras aplicadas – 4. Nacionalidade dos árbitros – 5. Representação legal.

A arbitragem pode ser realizada em qualquer país, em qualquer idioma e com árbitros de qualquer nacionalidade. Com esta flexibilidade, é geralmente possível estruturar procedimento neutro, oferecendo vantagens para ambas as partes, de forma equitativa.

4. Competência especializada dos árbitros

Os sistemas judiciais não permitem às partes a escolha dos juízes. Em contraste, a arbitragem oferece às partes a oportunidade de designar pessoas de sua escolha, como árbitros, desde que sejam eles independentes. Isto possibilita às partes terem elas seus litígios resolvidos por pessoas de competência especializada em determinados assuntos.

5. Rapidez e economia

A arbitragem é mais rápida e menos custosa do que disputas judiciais. Enquanto uma controvérsia internacional complexa pode exigir grande quantidade de despesas e tempo para a solução, a arbitragem oferece clara vantagem nesse sentido. Além do mais, evita que as partes sejam estranguladas por custosos e prolongados recursos. Outrossim, oferece às partes a flexibilidade de conduzir o procedimento de forma mais facilitada e econômica, conforme as circunstâncias permitirem, sem os rígidos passos processuais normalmente exigidos para os procedimentos judiciais.

6. Confidencialidade

As audiências arbitrais não são públicas e apenas as partes recebem cópias das sentenças. Os autos do procedimento arbitral não ficam liberados a exame de terceiros.

14.4. A Corte e a Convenção de Nova York

A Corte promoveu o movimento para a realização da Convenção de Nova York sobre o reconhecimento e execução de sentenças arbitrais estrangeiras e sua adoção por todos os países. Essa convenção, celebrada em 10.6.1958, é o mais importante tratado multilateral, a respeito da arbitragem internacional. Teve esse tratado a adesão dos países do Mercosul: Argentina, Uruguai e Paraguai e os potenciais participantes, Chile e Bolívia, e outros 130 países. Assim sendo, as sentenças arbitrais reconhecidas pela Corte poderão ser executadas em todos os países participantes da Convenção de Nova York.

14.5. Função da Corte

Recapitulando o que fora já exposto, a Corte é um órgão de caráter judicial, destinado a dirimir pendências jurídicas empresariais, com a aplicação das Regras de Arbitragem e das Regras de Conciliação da CCI, tendo todos os poderes necessários para tal fim.

É um órgão pertencente à CCI-Câmara de Comércio Internacional e está sediada no mesmo edifício da CCI. É entretanto organização autônoma, desempenhando suas funções de forma independente da CCI; seus membros são também independentes da CCI.

A função da Corte é a de solucionar lides empresariais de natureza internacional. Suas normas não proíbem que sejam submetidas a ela questões nacionais ou que tratem de assuntos não mercantis. É entretanto, essencialmente, um órgão internacional, ou seja, para cuidar de controvérsias internacionais. É também um órgão de natureza mercantil, de Direito Empresarial, vale dizer, para tratar de litígios entre empresas. De forma mais restrita e precisa ainda, são questões contratuais mercantis.

Não é bem a Corte que exerce a arbitragem mas os árbitros. O papel da Corte é elaborar as normas do funcionamento arbitral e mantê-las atualizadas.

Também é sua função formar e atualizar árbitros e manter um cadastro deles, de tal maneira que, se alguém a consultar, fornece ela uma relação de árbitros mais próximos. As partes poderão entender-se com os árbitros, independentemente da Corte. O que a Corte exige, entretanto, é que a arbitragem seja realizada de acordo com seu regulamento. Se for questão contratual, o contrato deverá conter a cláusula compromissória padrão, adotada pela Corte.

14.6. A cláusula compromissória padrão

A escolha da arbitragem para solucionar qualquer litígio surgido em decorrência da interpretação ou execução de um contrato deverá constar de uma cláusula compromissória no próprio contrato. Essa cláusula tem um padrão elaborado pela CCI, em doze idiomas.

CLAUSE TYPE D'ARBITRAGE DE LA CCI

La CCI recommande à toutes les parties désirant faire référence à l'arbitrage de la CCI dans leurs contrats d'y insérer la clause type suivante.

Il est rappelé aux parties qu'il peut être dans leur intérêt de stipuler dans la clause d'arbitrage elle-même le droit régissant le contrat, le nombre des arbitres, le lieu de l'arbitrage et la langue de la procédure. Le libre choix par les parties du droit applicable, du lieu de l'arbitrage et de la langue de la procédure n'est pas limité par le Règlement d'arbitrage de la CCI.

L'attention des intéressés est attirée sur le fait que, selon la législation de certains pays, la clause d'arbitrage doit être acceptée expressément par les parties ou même doit être stipulée dans des formes particulières.

Français

«Tous différends découlant du présent contrat ou en relation avec celui-ci seront tranchés définitivement suivant le Règlement d'arbitrage de la Chambre de commerce internationale par un ou plusieurs arbitres nommés conformément à ce Règlement.»

Anglais
«All disputes arising out of or in connection with the present contract shall be finally settled under the Rules of Arbitration of the International Chamber of Commerce by one or more arbitrators appointed in accordance with the said Rules.»

Allemand
«Alle aus oder in Zusammenhang mit dem gegenwärtigen Vertrag sich ergebenden Streitigkeiten werden nach der Schiedsgerichtsordnung der Internationalen Handelskammer von einem oder mehreren gemäß dieser Ordnung ernannten Schiedsrichtern endgultig entschieden.»

Arabe
« »

Bulgare
« »

Chinois
« »

Espagnol
«Todas las desavenencias que deriven de este contrato o que guarden relación con éste serán resueltas definitivamente de acuerdo con el Reglamento de Arbitraje de la Cámara de Comercio Internacional por uno ó más árbitros nombrados conforme a este Reglamento.»

Grec
« »

Hongrois
«A jelem szerződésből eredő vagy azzal összefuggésben keletkező minden vitát a Nemzetközi Kereskedelmi Kamara Választottbírósági Szabályzatának megfelelően kell véglegesen rendezni az említett szabályzat szerint kijelölt egy vagy több választottbíró útján.»

Italien
«Tutte le controversie derivanti dal presente contratto o in relazione con lo stesso saranno risolte in via definitiva secondo il

Regolamento d'arbitrato della Camera di Commercio Internazionale, da uno o più arbitri nominati in conformità di detto Regolamento.»

Japonais

« »

Russe

« »

Não há versão dessa cláusula em português; por isso vamos apresentar tradução dela:

> "Todas as controvérsias derivadas deste contrato ou em relação a ele serão resolvidas definitivamente segundo o Regulamento de Arbitragem da Câmara de Comércio Internacional, por um ou mais árbitros nomeados conforme este Regulamento."

Não é obrigatório este padrão, podendo a cláusula ser mais completa, indicando qual será o árbitro ou o órgão arbitral institucional ou entidade especializada, o local da realização da arbitragem, o idioma a ser usado, qual o direito a ser aplicado, e outros pormenores. A livre escolha, pelas partes, da lei que regerá o contrato, e o lugar ou língua da arbitragem não é limitada pelas Regras de Arbitragem da CCI.

A Corte chama a atenção para o fato de a lei de certos países exigirem a aceitação da cláusula compromissória pelas partes, algumas vezes de uma maneira precisa e particular. Assim, por exemplo, a Lei Arbitral brasileira exige que nos contratos de adesão a cláusula compromissória seja inserida com maior realce; poderá ser adicionada ao contrato em documento à parte, ou, se estiver no próprio contrato, em letras bem salientes.

14.7. O compromisso arbitral

O compromisso arbitral opera-se, mais ou menos, nos moldes estabelecidos pela nossa Lei da Arbitragem, mas os efeitos que ele produz tem os matizes ditados pela sua natureza de internacional e empresarial. Quando as partes tiverem concordado em recorrer à arbitragem conforme o Regulamento de Arbitragem da CCI, deverão considerar que estarão submetidas "ipso fato", a este Regulamento, em vigor na data do início dos procedimentos arbitrais, a não ser que tenham convencionado se submeter ao Regulamento em vigor na data do compromisso arbitral. Lembre-se de que o Regulamento em vigor é de 1988.

Se o requerido (como é chamado o réu) não apresentar defesa (contestação), ou se uma das partes levantar uma ou mais objeções à existência, validade ou escopo do compromisso arbitral, a Corte poderá decidir, sem prejuízo da admissibilidade ou mérito da objeção ou das objeções, que a arbitragem deverá prosseguir se esta for "prima facie" satisfeita por qualquer arbitral, conforme o Regulamento.

Se a Corte não tomar essa decisão, as partes serão notificadas de que a arbitragem não poderá prosseguir. Nesse caso, qualquer parte tem o direito de procurar a justiça comum, ou outro tribunal arbitral, para discutir a validade do compromisso arbitral.

Se uma das partes se recusar ou se abstiver de participar da arbitragem, ou de qualquer de suas etapas, a arbitragem poderá prosseguir, apesar dessa recusa ou omissão.

A não ser que tenha sido acertado em contrário, o Tribunal Arbitral não cessará sua jurisdição, devido a alguma alegação de que haja pretendida nulidade ou inexistência do contrato, se o próprio tribunal já houvera considerado válido o compromisso arbitral.

14.8. Terminologia adotada pelo Regulamento

É interessante observar a terminologia adotada pelo Regulamento, afastando-se da terminologia adotada pelo código de processo da maioria dos países.

Em vez de "autor", chama o Regulamento de "requerente". Em vez de "réu", chama de "requerido". Considera autor e réu como palavras essencialmente judiciais e lembra a natural agressividade dos procedimentos judiciais. A expressão "requerente" refere-se a um ou mais requerentes da arbitragem. "Requerido" é o réu ou os réus.

Tribunal Arbitral é o juízo arbitral, mas pode ser constituído por um ou mais árbitros. Essa designação é diferente da nossa e dos países europeus. Na França e na Itália, a justiça de 1ª instância é chamada de "tribunal" e a de 2.ª instância de "corte". O critério da Corte, porém, afasta-se do nosso e dos países europeus.

Quando o Regulamento fala em "sentença", não dá a ela o mesmo sentido do Direito Processual. Alarga-se a um número maior de decisões. "Sentença" inclui "inter alia" uma decisão interlocutória, e pode ser parcial ou final. A Corte adota também a expressão "laudo arbitral", que é preferida em alguns países e consta na legislação, como na lei brasileira.

A contestação recebe o nome de "resposta", considerada palavra mais suave. Adota porém "reconvenção". "Pedido" é a petição inicial, requerendo abertura do procedimento arbitral.

14.9. Estrutura da Corte

A Corte consiste de um Presidente, Vice-Presidente, membros e suplentes (conjuntamente denominados "membros"). Em seus trabalhos é assistida por sua Secretaria. O Presidente é eleito pelo Conselho da CCI, por recomendação da Diretoria da mesma. Os Vice-Presidentes são nomeados pelo Conselho da CCI por proposta dos Comitês Nacionais, sendo um membro para cada Comitê. Por proposta do Presidente da Corte, o Conselho poderá nomear normas suplentes.

O mandato de cada membro é de três anos. Se um dos membros estiver impossibilitado de exercer suas funções, seu sucessor será nomeado pelo Conselho da CCI para o restante do mandato.

O Presidente e os membros da Secretaria da Corte não poderão atuar como árbitros. Eles poderão, contudo, ser indicados para árbitro, por uma ou ambas as partes, sujeitos à confirmação pela Corte.

Se o Presidente, Vice-Presidente, ou um membro da Corte ou da Secretaria estiver envolvido, de qualquer forma, em arbitragem em andamento perante a Corte, terá ele de comunicar esse envolvimento ao Secretário-Geral da Corte. Esse envolvido deverá se abster de participar de discussões ou decisões da Corte em relação ao processo, não devendo estar presente nas discussões sobre o assunto. Não deverá também receber qualquer documentação, material ou informação relativos a esse caso.

Os membros da Corte são independentes dos comitês nacionais da CCI, embora tenham eles feito sua indicação. Ademais, devem eles considerar qualquer informação relativa a casos individuais dos quais tenham tomado conhecimento por serem membros da Corte, como confidenciais, a não ser que sejam solicitados pelo Presidente da Corte ou por seu Secretário-Geral a fornecer informação específica aos seus respectivos comitês nacionais.

Fica estabelecido o Comitê da Corte. Os membros desse comitê são um presidente e, no mínimo, dois outros membros. O Presidente da Corte atua como Presidente do Comitê. Se estiver ausente, o Presidente, poderá ele designar um vice-presidente da Corte ou, em casos excepcionais, outro membro da Corte para atuar como presidente do comitê.

Os outros dois membros do Comitê são nomeados pela Corte dentre os vice-presidentes ou outros membros da Corte. A cada sessão plenária, a Corte nomeia os membros que deverão comparecer às reuniões do Comitê. O Comitê se reúne na ocasião prevista pelo seu Presidente, com o "quorum" constituído por dois membros. Suas decisões são tomadas por unanimidade.

14.10. As comunicações da Corte

Todos os memoriais e demais comunicações escritas da Corte, apresentadas pelas partes, bem como os documentos anexados, deverão ser acompanhados por um número de cópias necessário para suprir cada uma das partes, cada árbitro e a Secretaria. Uma cópia da comunicação do tribunal arbitral às partes deverá ser enviada à Secretaria.

Todas as notificações ou comunicações da Secretaria ou do Tribunal Arbitral serão remetidas ao último endereço da parte ou de seu representante, a que elas se destinarem, conforme tenham sido informados por uma parte ou pela outra. Essa notificação ou comunicação poderá ser entregue contra recibo, carta registada, fax, telex ou qualquer outro meio de telecomunicação, cujo envio possa ser provado.

A notificação ou comunicação será considerada efetuada no dia em que foi recebida pela própria parte ou por seu representante, ou no dia em que deveria ter sido recebida.

Os prazos especificados, ou os que forem determinados de acordo com Regulamento da Corte, serão contados a partir do dia seguinte àquele em que a notificação ou comunicação tenha sido considerada como entregue. Se o dia seguinte for feriado, ou não útil, o prazo começará a correr no primeiro dia útil seguinte. Feriados oficiais e dias não úteis são incluídos no cálculo do prazo.

14.11. O procedimento arbitral

O Regulamento da Corte descreve com precisão os passos processuais da arbitragem internacional entre empresas. Assim, também faz a lei brasileira. É um aspecto importantíssimo, pois a inobservância dessas normas poderá acarretar a nulidade do processo. A lei brasileira faz remissão ao Código de Processo Civil, aumentando o formalismo e a observância dos princípios gerais do direito.

As regras estabelecidas no Regulamento da CCI são menos formais, porém minuciosas, seguindo os passos mais ou menos previstos no Direito Processual do Brasil e da maioria dos países.

PEDIDO – O pedido é a petição inicial, chamada também exordial, sendo preferida a expressão diferente das utilizadas nas demandas judiciais. A parte desejosa de recorrer à arbitragem, segundo o Regulamento, deverá apresentar o seu Pedido à Secretaria, que comunicará o Requerido. A data do recebimento do Pedido pela Secretaria deverá ser considerada como a data do início do processo de arbitragem. O Pedido deverá conter, "inter alia", os seguintes dados:

A – qualificação completa das partes (nome, endereço, etc.);

B – descrição da natureza e das circunstâncias da disputa que deram causa ao processo;

C – indicação do objeto do Pedido, e, se possível, das importâncias demandadas;

D – os contratos relevantes, especialmente a "convenção de arbitragem";

E – todas as minúcias relativas ao número de árbitros e sua escolha, bem como qualquer indicação de árbitro;

F – as observações relativas ao local da arbitragem, às normas jurídicas aplicáveis e ao idioma da arbitragem.

O Requerente do Pedido deverá apresentá-lo com as cópias necessárias e pagará antecipadamente os gastos administrativos, de acordo com a tabela de preços. Se o Autor do Pedido omitir qualquer dos requisitos, a Secretaria poderá fixar um prazo para o cumprimento do requisito faltante. Se não houver o cumprimento no prazo fixado, o processo será arquivado, sem prejuízo de Requerente, de apresentar posteriormente novo Pedido, com as mesmas pretensões.

Uma vez recebido o Pedido com número exigido de cópias, e a antecipação do pagamento, a Secretaria remeterá ao Requerido a comunicação, cópia do Pedido e documentação anexa, a fim de que possa apresentar sua defesa.

Se uma parte apresentar um Pedido referente a uma relação jurídica sobre a qual já exista um procedimento arbitral entre as mesmas partes e regido pelo Regulamento, a Corte, a pedido de uma das partes, poderá acumular aquele processo com o que estiver sendo apresentado.

RESPOSTA – Entende-se por "Resposta" a contestação do Requerido (o Réu). Nos 30 dias seguintes ao recebimento da comunicação, o Requerido deverá apresentar sua Defesa, que deverá conter, "inter alia":

A – sua qualificação completa (nome, qualidade com que intervém no processo, etc.);

B – seus comentários sobre a natureza e circunstâncias da controvérsia que tenha provocado o processo de arbitragem;

C – sua resposta às pretensões do Requerente;

D – comentários com relação ao número de árbitros e a eleição deles, à luz das propostas formuladas pelo Requerente;

E – comentários referentes à sede da arbitragem, ao direito aplicável e o idioma a ser usado.

Além da Defesa, que às vezes é chamada de Resposta, pode o Requerido apresentar Reconvenção, juntamente com a Resposta. A Reconvenção deverá conter a descrição da natureza e circunstâncias da controvérsia, que tenham provocado a Reconvenção, bem como a indicação do objeto da pretensão, e, se possível, o valor reclamado.

SENTENÇA ARBITRAL – A sentença arbitral é normalmente chamada de LAUDO ARBITRAL, que parece ser o termo preferido. O prazo para o Tribunal Arbitral proferir sua decisão final é de 6 (seis) meses. Se o Tribunal for constituído por vários árbitros, a sentença será proferida por decisão da maioria. Se não houver maioria, pelo Presidente. Deverá o laudo arbitral internacional expor os motivos em que se fundamentou. Se as partes chegarem a um acordo, por solicitação delas e com a concordância do Tribunal Arbitral, poderá esse acordo ser homologado na forma de sentença por mútuo consenso.

Antes que o laudo seja assinado, o Tribunal Arbitral deverá apresentar a minuta dele à Corte, que poderá prescrever modificações quanto ao aspecto formal, sem afetar a liberdade de decisão do Tribunal Arbitral. Nenhum laudo arbitral poderá ser proferido sem ser aprovado pela Corte, nos seus aspectos formais.

O original da sentença ficará na Secretaria e cópias serão entregues apenas para as partes. Todas as sentenças serão obrigatórias para as partes. Ao submeter a questão à solução arbitral, pelo Regulamento da CCI, as partes se comprometeram a cumprir corretamente a solução arbitral. Pressupõe-se que, ao recorrer à arbitragem, as partes renunciaram à solução judicial e outras vias de recurso. A arbitragem internacional é pois uma opção das partes e se elas assim optaram, deverão seguir o princípio geral do direito de PACTA SUNT SERVANDA.

14.12. O Tribunal arbitral

O Regulamento chama de Tribunal Arbitral o juízo formado para a arbitragem, mas que poderá ser constituído de um só árbitro, ou mais, em número ímpar. Portanto, as questões submetidas a um tribunal ligado à Corte, poderão ser decididas por um ou mais árbitros. Árbitro algum poderá ter vínculos com as partes. Antes de ser nomeado, o potencial árbitro deverá subscrever uma declaração de independência e dar a conhecer por escrito qualquer fato ou circunstância, suscetíveis de pôr em dúvida sua imparcialidade. A secretaria deverá fornecer esses informes às partes, para que elas se pronunciem. Deverá ainda o árbitro observar esse mesmo procedimento, se, no decorrer do processo, surgirem fatos ou circunstâncias de natureza similar. Aceitando sua indicação, o árbitro compromete-se a desempenhar sua função até o final e nos termos do Regulamento.

Se as partes convencionarem que a questão será solucionada por um só árbitro, poderão elas, por acordo mútuo, designá-lo. Se houver omissão delas na designação do árbitro, o árbitro único será designado pela Corte, após o prazo de 90 dias.

Se a solução estiver a cargo de um tribunal colegiado, geralmente formado por três, cada parte poderá indicar um árbitro, que será confirmado pela Corte. Se a parte se abstiver da indicação, será o árbitro indicado pela Corte. O terceiro árbitro, que será o presidente do tribunal, será também indicado pela Corte, a não ser que tenha havido convenção em contrário pelas partes.

Ao nomear ou confirmar um árbitro, a Corte deverá ter em conta a nacionalidade, domicílio ou qualquer outra relação que tenha ele com os países das partes ou dos demais árbitros, assim como sua disponibilidade ou aptidão para conduzir a arbitragem de conformidade com o

Regulamento. Da mesma maneira procederá o Secretário-geral quando couber a ele essa nomeação.

O Secretário-geral poderá confirmar como co-árbitros, árbitros únicos e presidente dos tribunais arbitrais pessoas nomeadas pelas partes, ou conforme convenção arbitral celebrada pelas partes.

Se houver múltiplas partes, como Requerentes ou como Requeridas, os litígios serão resolvidos por três árbitros. Fica estipulado que os múltiplos Requerentes, conjuntamente, ou os múltiplos Requeridos, da mesma forma, deverão designar um árbitro. Na ausência de nomeação conjunta e quando as partes não conseguirem concordar com um método para a constituição do tribunal arbitral, a Corte nomeará todos os membros do mesmo e designará um deles como presidente.

A impugnação de um árbitro por suposta falta de independência ou por quaisquer outros motivos, deverá ser feita por escrito, à Secretaria, precisando todos os dados e circunstâncias em que se basear a impugnação. Para ser admissível, a impugnação deverá ser apresentada pela parte interessada dentro de 30 dias seguintes à data em que foi feita a comunicação da nomeação do árbitro. A Corte se pronunciará sobre a admissibilidade e ao mesmo tempo, se for o caso, sobre o mérito da impugnação, depois que a Secretaria tiver concedido ao árbitro em questão ou a outras partes e outros membros do tribunal arbitral, a oportunidade de apresentar suas considerações por escrito. Essas considerações serão comunicadas às partes e aos árbitros.

Um árbitro será substituído quando falecer, ou quando renunciar, ou for aceita sua impugnação, ou quando todas as partes assim solicitarem. Um árbitro poderá também ser substituído por iniciativa da Corte, se ela decidir que ele esteja impedido "jure" ou "de jure" de exercer suas funções. Igualmente, se ele não estiver desempenhando suas funções em desacordo com o Regulamento ou dos limites de tempo prescritos.

Estando em termos o processo, a Secretaria remeterá os autos ao tribunal arbitral, tão logo este tenha sido constituído e pagas as custas. O local da arbitragem será fixado pela Corte, se não tiver sido já convencionado pelas partes. Segue esse procedimento também quanto ao idioma adotado na arbitragem.

Depois de estudar todas as petições das partes e todos os documentos pertinentes, o tribunal arbitral ouvirá as partes pessoalmente em audiência, se alguma delas o exigir e por iniciativa própria do tribunal. Poderá também ouvir testemunhas, peritos nomeados pelas partes ou qualquer outra pessoa, na presença ou na ausência das partes ou qualquer outra pessoa, que tenham sido previamente convocadas.

As partes deverão ser notificadas com razoável antecedência da realização de audiência; caso uma das partes, tendo sido notificada, deixar de comparecer sem justo motivo, o tribunal arbitral poderá prosseguir com a audiência. Nas audiências, as partes poderão comparecer pessoalmente, ou por seus representantes devidamente autorizados. Poderão também levar assistentes seus.

Completados os passos processuais, a Corte dará por encerrado o processo. Em seguida apresentará à Corte a minuta do laudo arbitral.

14.13. A sentença arbitral

A sentença arbitral é normalmente chamada de laudo arbitral, que parece ser o termo mais preferido. O prazo para o Tribunal Arbitral proferir sua decisão final é de seis meses (prazo esse adotado também pela maioria das legislações, inclusive pela Lei Arbitral brasileira). Se o Tribunal Arbitral for constituído por vários árbitros, a sentença será proferida por decisão da maioria. Se não houver decisão, pelo seu Presidente. Deverá o laudo arbitral internacional expor os motivos em que se fundamentou, no que não difere do direito interno dos países, como a sentença prevista em nosso Código de Processo Civil. Se as partes chegarem a um acordo, por solicitação delas e com a concordância do Tribunal Arbitral, poderá esse acordo ser homologado na forma de sentença por mútuo consenso.

Antes que o laudo seja assinado, o Tribunal Arbitral deverá apresentar a minuta dele à Corte, que poderá prescrever modificações quanto ao aspecto formal, sem afetar a liberdade de decisão do Tribunal Arbitral. Nenhum laudo arbitral poderá ser proferido sem ser aprovado pela Corte, nos seus aspectos formais.

O original da sentença ficará na Secretaria e cópias serão entregues apenas para as partes. Todas as sentenças serão obrigatórias para as partes. Ao submeter sua questão à solução arbitral pelo Regulamento da CCI, as partes se comprometeram a cumprir corretamente a solução arbitral. Pressupõe-se que, ao recorrer à arbitragem, as partes renunciaram à solução judicial e outras vias de recurso. A arbitragem internacional é pois uma opção das partes e se elas optaram, deverão seguir o princípio geral do direito de PACTA SUNT SERVANDA.

14.14. As custas da arbitragem

Cada requerimento para a instauração do juízo arbitral consoante o Regulamento deverá contar com o pagamento antecipado de US$ 2.500,00, relativo a despesas administrativas. Esse pagamento não é reembolsável, e deverá ser creditado como adiantamento à parcela de custas do Requerente. A Corte fixará os honorários do árbitro em conformidade com a tabela de "Honorários do Árbitro", exposta adiante, ou, quando a quantia não for declarada, a seu critério.

Ao estabelecer os honorários do árbitro, a Corte levará em consideração a diligência do árbitro, o tempo gasto, a rapidez do processo e a complexidade do litígio, de forma a chegar a uma importância dentro dos limites fixados. Em casos excepcionais, a um valor acima ou abaixo daqueles limites.

Quando um caso for submetido a mais de um árbitro, a Corte, a seu critério, terá o direito de elevar o montante dos honorários a um máximo, o qual, normalmente, não excederá o triplo dos honorários de um árbitro. Os honorários dos árbitros e as despesas serão fixados exclusivamente pela Corte. Entendimentos separados entre as partes e o árbitro são contrários às regras.

A Corte estabelecerá as despesas administrativas de cada arbitragem de acordo com a tabela que é vista em seguida. Quando a soma em litígio não for determinada, ficará a critério da Corte a avaliação. Em casos excepcionais, a Corte fixará despesas administrativas em valor maior ou menor do que aquele que resultaria da aplicação da tabela, desde que essa despesa não exceda o valor máximo indicado na tabela.

Appendice III du Règlement d'arbitrage de la CCI

A. FRAIS ADMINISTRATIFS

Pour un montant et litige (en Dollars US)			Frais administratifs (*)
Jusqu'à		50 000	$ 2 500
de	50 001	à	100 000	3,50%
de	100 001	à	500 000	1,70%
de	500 001	à	1 000 000	1,15%
de	1 000 001	à	2 000 000	0,60%
de	2 000 001	à	5 000 000	0,20%
de	5 000 001	à	10 000 000	0,10%
de	10 000 001	à	50 000 000	0,06%
de	50 000 001	à	80 000 000	0,06%
au-dessus de		80 000 000	$ 75 800

(*) A titre d'exemple seulement, le tableau page suivante indique les frais administratifs en $ US résultant de calculs corrects.

B. HONORAIRES D'UN ARBITRE

Pour un montant et litige (en Dollars US)			Honoraires (**)	
			minimum	maximum
Jusqu'à		50 000	$ 2 5000	17,00%
de	50 001	à	100 000	2,00%	11,00%
de	100 001	à	500 000	1,00%	5,50%
de	500 001	à	1 000 000	0,75%	3,50%
de	1 000 001	à	2 000 000	0,50%	2,50%
de	2 000 001	à	5 000 000	0,25%	1,00%
de	5 000 001	à	10 000 000	0,10%	0,55%
de	10 000 001	à	50 000 000	0,05%	0,17%
de	50 000 001	à	80 000 000	0,03%	0,12%
de	80 000 001	à	100 000 000	0,02%	0,10%
Au-dessus de		100 000 000	0,01%	0,05%

(**) A titre d'exemple seulement, le tableau page suivante indique les honoraires d'arbitre en $ US résultant de calculs correts.

MONTANT EN LITIGE (en Dollars US)			A. FRAIS ADMINISTRATIFS (*) (en Dollars US)			
Jusqu'à		50 000	2 500			
de	50 001 à	100 000	2 500	+ 3,50 % du mont.	sup. à	50 000
de	100 001 à	500 000	4 250	+ 1,70 % du mont.	sup. à	100 000
de	500 001 à	1 000 000	11 050	+ 1,15 % du mont.	sup. à	500 000
de	1 000 001 à	2 000 000	16 800	+ 0,60 % du mont.	sup. à	1 000 000
de	2 000 001 à	5 000 000	22 800	+ 0,20 % du mont.	sup. à	2 000 000
de	5 000 001 à	10 000 000	28 800	+ 0,10 % du mont.	sup. à	5 000 000
de	10 000 001 à	50 000 000	33 800	+ 0,06 % du mont.	sup. à	10 000 000
de	50 000 001 à	80 000 000	57 800	+ 0,06 % du mont.	sup. à	50 000 000
de	80 000 001 à	100 000 000	75 800			
au-dessus de		100 000 000	75 800			

(*) *Voir page précédente.*

B. HONORAIRES D'UN ARBITRE (**)
(en Dollars US)

Minimum		Maximum	
2 500		17,00% du montant en litige	
2 500+ 2,00 % du mont. sup. à	50 000	8 500+ 11,00%du mont. sup. à	50 000
3 500+ 1,00 % du mont. sup. à	100 000	14 000+ 5,50% du mont. sup. à	100 000
7 500+ 0,75 % du mont. sup. à	500 000	36 000+ 3,50% du mont. sup. à	500 000
11 250+ 0,50 % du mont. sup. à	1 000 000	53 500+ 2,50% du mont. sup. à	1 000 000
16 250+ 0,25 % du mont. sup. à	2 000 000	78 500+ 1,00% du mont. sup. à	2 000 000
23 750+ 0,10 % du mont. sup. à	5 000 000	108 500+ 0,55% du mont. sup. à	5 000 000
28 750+ 0,05 % du mont. sup. à	10 000 000	136 000+ 0,17% du mont. sup. à	10 000 000
48 750+ 0,03 % du mont. sup. à	50 000 000	204 000+ 0,12% du mont. sup. à	50 000 000
57 750+ 0,02 % du mont. sup. à	80 000 000	240 000+ 0,10% du mont. sup. à	80 000 000
61 750 + 0,01% du mont. sup. à	100 000 000	260 000+ 0,05% du mont. sup. à	100 000 000

(**) *Voir page précédente*

15. UM CÓDIGO DE ÉTICA PARA OS ÁRBITROS

15.1. O árbitro perante a arbitragem

15.2. A contribuição norte-americana

15.3. A contribuição argentina

15.4. Um código brasileiro

15.5. A ética prevista pela Lei Arbitral

15.1. O árbitro perante a arbitragem

O sucesso e a eficácia da arbitragem está em íntima conexão com o comportamento profissional do árbitro. Assim aconteceu em todos os países e não seria diferente no Brasil, país ainda incipiente em matéria de arbitragem. O primeiro passo da garantia para o sucesso tinha que ser a formação do árbitro e, em seguida, aprimoramento, a reciclagem e a especialização deles. Não basta porém a formação técnica do árbitro para que a arbitragem tenha crédito perante um país que atravessa grave crise de credibilidade.

Impõe-se então a elaboração de um código de ética para reger o comportamento dos árbitros brasileiros. Não é tarefa fácil, porquanto há vários tipos de árbitros e de arbitragem, cada um com peculiaridades. Não se pode estabelecer um código universal; cada povo tem características próprias, seu "modus vivendi", sua filosofia de vida. Por isso, muitos códigos têm aplicação restrita.

Mesmo assim, procuraremos expor algumas contribuições que poderão ser aproveitadas por quem pretender estabelecer um conjunto de princípios informadores do comportamento do árbitro. Como o juiz, o advogado, o promotor, o árbitro é um colaborador da Justiça. Todos eles estão submetidos a deveres e responsabilidade que seu ofício lhes impõe, e o árbitro, mais do que todos, necessitará de normas disciplinadoras. O juiz sofre o controle do Código de Processo Civil, nos arts. 125 a 133, prevendo sugestiva gama de responsabilidade e deveres para ele. Em dispositivos esparsos de várias leis vão surgindo outras regras de comportamento.

O juiz porém pertence a uma complexa estrutura, com disciplina estabelecida. Tem uma supervisão constante e suas decisões poderão passar sob o crivo de um poder superior. Além disso, passa o juiz por rigoroso esquema de seleção, submetendo-se a concurso público e sua profissão exige dele aperfeiçoamento permanente para elevação no quadro de carreira.

Não é o que acontece com o árbitro. As exigências para o ingresso nessa profissão apresentam-se bem mais suaves, pelo menos na fase inicial em que se encontra o sistema arbitral. Por enquanto, não está obrigado a concurso. São razões suficientes para que seja elaborado para ele um conjunto de princípios éticos, baseados nos mesmos princípios aplicados ao juiz togado, mas atendendo às peculiaridades do árbitro, cuja função difere, mas ainda revela outros requisitos.

Cada órgão arbitral institucional ou entidade especializada que se organizar no Brasil, poderá adotar seu código de ética. Poderá encontrar no levantamento que estamos fazendo neste trabalho os subsídios necessários. Obrigatória se torna no entanto a observância do art. 5.º da Lei Arbitral e os capítulos referentes aos impedimentos e suspeições. Apesar deste código de ética já constar da Lei Arbitral, nada obsta que seja elaborado outro código pelas entidades especializadas, ou mesmo pela OAB, desde que respeitados os preceitos legais.

Poderá ainda o árbitro estar sujeito a outros princípios éticos se pertencer a outras corporações. Digamos que um árbitro não seja advogado, mas um médico especializado no julgamento de questão referente a problemas médicos-cirúrgicos. Neste caso, ficará ele submetido também às normas éticas da medicina. Também ocorrerá se alguém atuar como mediador. O mediador que poderá ser um profissional de outra área, como um psicólogo, um sociólogo, um comunicólogo, um psicoterapeuta, regidos por outros preceitos éticos, que deverão amoldar-se aos da arbitragem.

Outro aspecto da complexidade da função de árbitro é o de que existem vários tipos de arbitragem e de árbitros. Esclarecendo melhor esta questão, podemos distinguir os árbitros em dois tipos gerais. Um é aceito pelas partes, outro é indicado para elas. Se a arbitragem for realizada por um órgão arbitral institucional ou entidade especializada, o árbitro é um componente do cadastro dessa entidade. Assim por exemplo, a Associação Brasileira de Arbitragem-ABAR tem um vasto cadastro de árbitros, que é colocado à disposição das partes para a escolha delas. Caso elas se eximam da escolha, o árbitro é indicado pela ABAR, mas seu nome é submetido à aprovação de ambas as partes, que poderão impugnar a indicação. Este árbitro é então aprovado pela parte se não houver impugnação.

Entretanto, se lhes for mostrada uma relação de árbitros, a parte poderá escolher um deles. Neste caso, não é o árbitro aceito, mas aprovado. A outra parte poderá aceitar esse árbitro ou então poderá exigir a formação de um tribunal com vários árbitros, cabendo o direito de indicar outro árbitro para a formação desse tribunal. Se for um tribunal de três árbitros, será formado por dois árbitros, cada um indicado por uma das partes. São os chamados "árbitros das partes". Os dois árbitros das partes deverão escolher um terceiro para presidente do tribunal e que poderá dar o voto de Minerva, pois haverá necessidade de número ímpar formando o tribunal. Este último árbitro não é um "árbitro da parte", mas um neutro, com a aceitação tácita delas. É bom citar que nunca um árbitro será imposto à partes, mas deverá contar, o mínimo, com a concordância delas.

Seja porém o árbitro de que tipo for, estará ele submetido ao mesmo código de ética. A Lei Arbitral, ao prescrever o modo de comportamento do árbitro, não faz distinção entre um e outro, exigindo deles os cinco predicados básicos: imparcialidade, independência, competência, diligência, discrição. Malgrado tenham sido propostos pelas partes, cada árbitro coloca-se na posição de juiz e não de representante ou defensor da parte que o indicou.

Os árbitros exercem verdadeira jurisdição, com a mesma força jurídica que os juízes togados. Devem assim reunir idênticas qualidades no que tange à imparcialidade e independência de critério perante as partes. Os princípios que norteiam o comportamento dos árbitros surgem, às vezes, do conjunto de normas escritas e preceitos legais, mas surgem como um conjunto de normas implícitas ou subentendidas.

Algumas entidades especializadas elaboraram, com base na experiência prática, alguns códigos de ética dos árbitros, como um guia prático para o melhor e mais seguro cumprimento de seus deveres. Procuram esses códigos envolver os aspectos do comportamento dos árbitros que não estejam regulados pela lei ou pela convenção arbitral. O objetivo deles é apontar a confiabilidade e eficácia do sistema arbitral, garantindo certos princípios elementares, inerentes a toda a atividade jurisdicional.

Os princípios gerais retromencionados não se referem apenas a árbitros autônomos ou isolados, mas também aos que formam um tribunal em que uma parte escolhe um árbitro e a outra parte escolhe árbitro de sua preferência, sendo considerados em certos países como "árbitro da parte". O "árbitro da parte" deve ser um juiz, justo e imparcial. Não é representante nem defensor da parte que o escolheu ou indicou. Como juiz de fato e de direito, no sentido estrito do termo, está amoldado nos deveres e responsabilidades próprios da missão na qual foi investido.

15.2. A contribuição norte-americana

A arbitragem implantou-se vigorosamente nos EUA por volta de 1930 e hoje domina inteiramente a solução de controvérsias (90% dos litígios na órbita jurídica são resolvidos por arbitragem), ficando reservada à justiça estatal 10% dos casos, estes de conveniência para a justiça pública, quando se trata de anulação de ato jurídico, interpretação da lei e outros que necessitem de um pronunciamento oficial. Com esse longo período de atuação e a enorme incidência de aplicação arbitral, seria lógico que o direito americano tenha podido apresentar sugestiva contribuição à arbitragem e à formação e capacitação de árbitros.

Inúmeras dificuldades encontraram os EUA na implantação da arbitragem, dificuldades essas que se repetem em vários países. No Brasil, muito cedo esses problemas se revelaram. O maior deles tem sido a atuação do árbitro; acreditamos que em nosso país a solução desse problema exigirá inúmeros esforços e por largo tempo.

A relevância do problema repousa no fato de ser o árbitro a pedra angular sobre a qual repousa a arbitragem. Sua importância na arbitragem é maior do que a do juiz togado. O magistrado é peça também importante na estrutura judiciária, mas pertence ele a um esquema fortemente traçado, com disciplina previamente estabelecida. As decisões do juiz estão condicionadas a uma possível revisão por órgão judiciário superior. Está ele submetido a rígido código normativo de seu comportamento, com supervisão constante.

Não é o que acontece com o árbitro, com situação bem liberal. Está sujeita essa função a ser executada por pessoas inabilitadas, capazes de comprometer o êxito da arbitragem. Foi o que aconteceu nos EUA, nos demais países, e dentro em breve o fenômeno se repetirá também no Brasil. Por esta razão, cuidaram os americanos de elaborar códigos de ética para os árbitros e somos obrigados a levar em consideração o que eles fizeram nesse sentido.

Entre as inúmeras contribuições, podemos citar a elaboração de um código de ética para os árbitros, em trabalho conjunto da AAA-American Arbitration Association com a ABA-American Bar Association. Esta última entidade é correspondente à nossa OAB. Houve também alguma participação da IBA-Internacional Bar Association, que também elaborou seu código, mas este é aplicável apenas à arbitragem internacional. Essa comissão elaborou o THE CODE OF ETHICS FOR ARBITRATORS IN COMMERCIAL DISPUTES (Código de Ética para Árbitros em Controvérsias Empresariais), que nos parece o mais importante, pois consideramos a arbitragem como instituição mais ligada ao Direito Empresarial, em vista de serem os litígios empresariais os mais sugestivos.

Esse código vem sendo atualizado constantemente e, ao nosso ver é aplicável não só na área empresarial e não só nos EUA, mas pode ser bastante generalizado. Desenvolve-se na consideração de sete princípios ou enunciados, que eles chamam de "canon". Antes de descrevermos esses enunciados, normas, que chamaremos de princípios, vamos ressaltá-los.

I. O árbitro deve manter a integridade e a honestidade no processo arbitral;

II. O árbitro deve revelar qualquer interesse ou relacionamento capaz de afetar a imparcialidade ou que possa criar aparência de parcialidade ou inclinação;

III. O árbitro, em contatos com as partes, deve evitar impropriedade ou aparência de impropriedade no seu comportamento;

IV. O árbitro deve conduzir o processo de forma justa e diligente;

V. O árbitro deve tomar decisões de maneira justa, independente e ponderada;

VI. O árbitro deve ser fiel em relação à confiança e confidencialidade inerente à sua função;

VII. Considerações éticas relacionadas ao árbitro indicado por uma parte.

CÓDIGO DE ÉTICA PARA ÁRBITROS EM CONTROVÉRSIAS EMPRESARIAIS

O Código de Ética para Árbitros em Controvérsias Empresariais foi preparado em 1977 por uma comissão dupla, consistindo de uma comissão da AAA-American Arbitration Association e outra especial da ABA-American Bar Association. Foi ele aprovado e recomendado por ambas as associações.

Preâmbulo:

O uso da arbitragem empresarial para resolver larga variedade de conflitos cresceu extensivamente e forma significativa parte do sistema de justiça com que conta nossa sociedade. As pessoas que atuam como árbitros empresariais assumem sérias responsabilidades perante o público como também perante as partes. Essas responsabilidades incluem importantes obrigações éticas.

Poucos casos de comportamento aético por árbitros empresariais foram detectados. Não obstante, a AAA e a ABA acreditam ser de interesse público estabelecer padrões de comportamento ético geralmente aceitos, para a orientação dos árbitros e das partes envolvidas em controvérsias empresariais. Ao estabelecer este código, seus empreendedores esperam ter contribuído para a manutenção do alto nível e contínua confiança no sistema arbitral.

Há muitos tipos de arbitragem empresarial. Alguns casos são dirigidos de acordo com as regras de arbitragem estabelecidas por várias organizações e associações empresariais, enquanto outras são dirigidas sem tais regras. Muitos casos ainda são arbitrados conforme a convenção arbitral voluntária das partes. Certos tipos de conflitos são submetidos à arbitragem em razão de leis específicas.

Este código pretende aplicar a todos esses procedimentos em que as controvérsias ou pretensões são submetidas à decisão de um ou mais árbitros, indicados na maneira prevista por um acordo das partes, pela aplicação das normas arbitrais ou pela lei. Em todos esses casos, as pessoas com poder decisório deverão observar padrões fundamentais de ética. Neste código todas as pessoas são chamadas de "árbitros", embora possam ter outros títulos.

Vários aspectos comportamentais dos árbitros, incluindo-se alguns tratados neste código, podem ser orientados por acordo das partes, pelas normas arbitrais aceitas pelas partes ou pela lei aplicável. Este código não substitui ou se sobrepõe a esses acordos, normas ou leis e não estabelece novas bases para exame judicial ou julgamento arbitral.

Enquanto este código pretende apresentar orientação ética para todo tipo de arbitragem, não fará parte das regras de arbitragem da AAA ou de qualquer outra organização. Não se destina também à mediação ou conciliação. A arbitragem trabalhista é orientada pelo Código de Responsabilidade Profissional dos Árbitros de Controvérsias Trabalhistas, mas não por este código.

Os árbitros, da mesma forma que os juízes, têm o poder de decidir casos. Contudo, de forma diferente dos juízes, os árbitros dedicam-se normalmente a outras atividades, antes, durante e depois que o árbitro tenha exercido sua função. Frequentemente os árbitros são escolhidos para a arbitragem no mesmo ramo de atividades das partes, no pressuposto de que ele tenha conhecimento mais aprofundado da questão a ser decidida. Este código reconhece fundamentais diferenças entre árbitro e juiz.

Em alguns tipos de arbitragem há três ou mais árbitros. Em tais casos, acontece, às vezes, o costume de cada parte, agindo por si, indicar um árbitro e o terceiro árbitro ser indicado pelos dois árbitros da parte ou por um órgão arbitral institucional ou entidade especializada. Os elaboradores deste código acreditam que seja preferível para as partes acertarem que os árbitros devam seguir os mesmos padrões éticos.

Entretanto, reconhece-se que seja prática há muito estabelecida em alguns tipos de arbitragem, que os árbitros que tiverem sido apontados por uma parte, por si mesmos, agirem de acordo com especiais considerações éticas. Essas considerações são estabelecidas no último item deste código, intitulado "Considerações Éticas Relacionadas aos Árbitros Apontados por uma Parte".

Embora seja este código elaborado pela AAA e a ABA, seu uso não é limitado às arbitragens administradas pela AAA ou para os casos em que os árbitros sejam advogados. Antes, é apresentado como um serviço público para proporcionar orientação a todos os tipos de arbitragem empresarial.

Princípio I – O árbitro deve manter a integridade e a honestidade no processo arbitral.

1. Processos justos e honestos para a resolução de controvérsias são indispensáveis à mesma sociedade. A arbitragem empresarial é um importante método para se decidir muitas modalidades de controvérsias. Para que a arbitragem seja eficaz, deverá haver ampla confiança pública na integridade e honestidade do processo. Portanto, o árbitro tem responsabilidade não só para com as partes mas também para com o próprio processo de arbitragem e deve observar elevados padrões de comportamento para que a integridade e honestidade do processo seja preservada. Consequentemente, o árbitro deve reconhecer a responsabilidade para com a coletividade, as partes cujos direitos estejam sendo decididos, e outros participantes do procedimento. As provisões deste código devem ser elaboradas e aplicadas para concretizar aqueles objetivos.

2. É incompatível com a integridade do procedimento arbitral potenciais árbitros solicitarem a nomeação para eles próprios. Contudo, poderá manifestar seu desejo para servir como árbitro, mas não para uma questão específica.

3. As pessoas podem aceitar a nomeação como árbitro só se acreditarem na possibilidade de serem úteis prontamente para conduzir o procedimento arbitral.

4. Após aceitar a nomeação e enquanto atuar como árbitro uma pessoa deve evitar de estabelecer algum relacionamento financeiro, co-

mercial, profissional, familiar ou social, ou manter alguma transação financeira ou pessoal, capaz de afetar a imparcialidade ou que possa criar razoável aparência de parcialidade ou inclinação.

Princípio II

O árbitro deve revelar qualquer interesse ou relacionamento capaz de afetar a imparcialidade ou que possa criar aparência de parcialidade ou inclinação.

Este código reflete o relevante princípio de que o árbitro deva revelar a existência de interesses ou relacionamento capazes de afetar sua imparcialidade ou possa razoavelmente criar aparência de que ele esteja inclinado contra uma parte ou a favor de outra. As provisões deste código devem ser aplicadas realisticamente de modo que a revelação de pormenores não fique radicalizada a ponto de tornar-se impraticável ou prejudicial para pessoas do mundo de negócios, que venham a tornar-se árbitros. Em vista disso, poderão as partes ser privadas dos serviços de muitos que poderiam ser melhor qualificados para decidir alguns tipos de arbitragem.

Este código não limita a liberdade das partes em escolher quem quer que seja para ser árbitro. Quando as partes, conhecendo o interesse ou relacionamento das pessoas, entretanto desejarem que elas sejam árbitros, é porque essas pessoas lhes inspiram confiança.

Revelação

A. As pessoas escolhidas para atuarem como árbitros, antes de aceitarem a nomeação, devem revelar:

1. Algum interesse financeiro direto ou indireto no resultado da arbitragem;
2. Algum relacionamento financeiro, mercantil, profissional, familiar ou social, anteriormente existente, capaz de criar a aparência de parcialidade ou inclinação. A pessoa escolhida como árbitro deve revelar algum desses relacionamentos que ela tenha pessoalmente com alguma parte ou seu advogado, ou que as partes tenham indicado como testemunhas. Devem também revelar relacionamento envolvendo membros diretos de sua família, empregados ou sócios empresariais com as partes.

B. As pessoas convidadas a aceitar a indicação como árbitros deverão aplicar razoável esforço para inteirar-se, elas próprias, a respeito de interesses e relacionamentos descritos no item anterior.

C. A obrigação de revelar interesses e relacionamentos descritos no item precedente é um dever contínuo para quem haja aceito a indicação como árbitro, de revelar em qualquer estágio do procedimento arbitral, alguns desses interesses e relacionamentos que possam aparecer, ou ser recordado ou descoberto.

D. A revelação deve ser feita às partes, a menos que outros modos de revelação sejam previstos pelo órgão arbitral institucional ou entidade especializada, que esteja encarregado de administrar a arbitragem. Quando mais de um árbitro for nomeado, cada um deverá informar os outros do interesse ou relacionamento cuja revelação tenha se tornado necessária.

E. No caso de um árbitro ser solicitado por todas as partes para afastar-se, deverá ele atender ao desejo das partes. No caso de ser ele solicitado a afastar-se só por alguma ou algumas das partes por causa de alegada dependência ou inclinação, o árbitro deverá atender ao pedido, a não ser que haja circunstâncias desfavoráveis ao afastamento, como as descritas a seguir:
1. Se um acordo entre as partes, ou as regras da arbitragem aceita pelas partes, estabelecerem procedimentos para determinados julgamentos especializados dos árbitros, devem elas ser seguidas.
2. Se o árbitro, após examinar cuidadosamente a questão, determinar que a razão para um julgamento especializado não seja substancial, e que ele possa decidir todavia a questão imparcialmente e corretamente, e que o afastamento possa causar injusto atraso ou despesa à outra parte ou possa ser contrário ao objetivo da justiça.

Princípio III

O árbitro, em contato com as partes, deve evitar impropriedade ou aparência de impropriedade no seu comportamento.

A. Se uma convenção arbitral, ou as regras de aplicação de arbitragem combinadas nessa convenção, estabelecerem a forma ou o conteúdo de contatos entre o árbitro e as partes, o árbitro deverá seguir o que estiver estabelecido, não obstante alguma provisão em contrário, conforme exposto nos parágrafos B e C.

B. A menos que tenha sido previsto nas regras de aplicação da arbitragem ou na convenção arbitral, o árbitro não pode debater a questão com alguma parte sem a presença da outra, a não ser nas considerações seguintes:

1. Podem ser mantidos os contatos com uma parte a respeito da designação da data, horário e local das audiências ou outros acertos sobre a condução do procedimento arbitral. Entretanto, o árbitro deve informar prontamente cada parte sobre os contatos e não deve estabelecer decisão final sobre o assunto tratado, sem dar à parte ausente a oportunidade para exprimir seu ponto de vista.
2. Se uma parte faltar à audiência após ter sido efetivamente notificada, o árbitro poderá discutir a questão com a parte que estiver presente.
3. Se as partes requererem ou consentirem, qualquer discussão poderá ser levantada.

C. A não ser que tenha sido previsto pelas normas da aplicação da arbitragem ou na convenção arbitral, toda vez que o árbitro se comunicar por escrito com uma parte, deve o árbitro remeter cópia dessa comunicação imediatamente à outra parte. Sempre que o árbitro receber alguma comunicação de uma parte, deve dar conhecimento dessa comunicação à outra, caso esta a desconheça.

Princípio IV

Um árbitro deve conduzir o processo de forma justa e diligente.

A. O árbitro deve conduzir o processo de maneira imparcial e tratar todas as partes com equidade e justiça em todas as fases do processo.

B. O árbitro deve desempenhar seus deveres diligentemente e concluir a questão de maneira mais rápida como as circunstâncias razoavelmente permitir.

C. O árbitro deve ser paciente e cortês para com as partes, com os advogados delas e com as testemunhas e deve estimular o mesmo comportamento a todos os envolvidos no processo.

D. A menos que tenha sido combinado de forma diferente pelas partes na convenção arbitral, o árbitro deve conceder a todas as partes o direito de comparecer pessoalmente e de ser ouvido após a notificação da hora e local da audiência.

E. O árbitro não deve negar a qualquer das partes a oportunidade de ser representada por advogado legalmente constituído.

F. Se uma parte faltar após ser notificada, o árbitro deve prosseguir com a arbitragem quando autorizado pela convenção das partes ou pela lei. Entretanto, o árbitro assim agirá apenas após saber que seguramente a notificação tenha sido feita à parte ausente.

G. Quando o árbitro determinar que mais esclarecimentos forem necessários, além dos que forem apresentados pelas partes, para a decisão do feito, será próprio para o árbitro tomar depoimentos, chamar testemunhas, e pedir documentos ou outras evidências.

H. Não será impróprio também para o árbitro sugerir às partes que elas discutam a possibilidade de uma conciliação, ou de submeter a questão à justiça pública. Entretanto, o árbitro não deverá participar desses entendimentos, a menos que seja solicitado por todas as partes. Não poderá também exercer pressão ou induzir uma das partes a aceitar modificações na questão discutida, respeitando a plena vontade delas.

I. Nada neste código pode ser interpretado como proibição a alguém para agir como mediador ou conciliador em um feito em que tenha sido indicado como árbitro, caso tenha sido requerido por todas as partes ou quando autorizado pelas normas da arbitragem.

J. Quando houver mais do que um árbitro, devem eles envidar todos os esforços para dar oportunidade aos seus pares para aspectos do procedimento.

Princípio V

O ÁRBITRO DEVE TOMAR DECISÕES DE MANEIRA JUSTA, INDEPENDENTE E IMPARCIAL.

A. O árbitro deve, após cuidadosa deliberação, decidir todas as questões submetidas à sua apreciação. Não poderá decidir sobre questões não submetidas à sua alçada.

B. O árbitro deve decidir todas as questões de modo justo, exercendo julgamento independente, e não permitindo pressões externas que possam afetar as decisões.

C. Não poderá o árbitro delegar suas atribuições a nenhuma outra pessoa.

D. No caso em que todas as partes concordarem sobre o julgamento de uma questão em litígio e requeiram que o árbitro inclua algum tópico não referido na convenção arbitral, poderá ele atendê-las. Deve porém o árbitro esclarecer às partes que a arbitragem seja realizada nos estritos termos da convenção arbitral.

Princípio VI

O ÁRBITRO DEVE SER FIEL EM RELAÇÃO À CONFIANÇA E CONFIDENCIALIDADE INERENTE À SUA FUNÇÃO.

A. O árbitro é pessoa de confiança das partes, conforme a própria lei e os princípios gerais da arbitragem prescrevem. Não deve, em momento algum, usar as informações confidenciais adquiridas durante o procedimento arbitral para obter vantagens pessoais ou para terceiros, ou que possa despertar o interesse de estranhos à questão.

B. A menos que tenha sido combinado de forma diferente pelas partes, ou estabelecido pelas normas aplicáveis ao feito ou pela lei, o árbitro deve guardar confidencialidade sobre todos os pormenores relacionados ao procedimento arbitral e à decisão deles.

C. Não é conveniente, em tempo algum, a um árbitro antecipar suas decisões a alguém, antes do prazo concedido a todas as partes. No caso em que houver mais do que um árbitro, não é conveniente para um deles, em nenhum momento, revelar para outrem as deliberações dos árbitros. Depois que a solução arbitral tiver sido dada, não será conveniente para o árbitro ter qualquer atuação em questões pós-arbitrais, exceto no que for estabelecido pela lei.

D. Em alguns processos arbitrais é costume o árbitro atuar sem pagamento. Entretanto, em outros casos, é costumeiro o fato de o árbitro receber compensação pelo seu serviço e reembolso de suas despesas. No caso em que esses pagamentos tenham sido feitos, todos os executores da arbitragem devem se orientar pelos mesmos padrões elevados de integridade e lealdade que aplicariam em suas outras atividades dessa natureza.

E. Em consequência, essas pessoas devem evitar escrupulosamente barganhas com as partes a respeito dos pagamentos ou confabular com elas sobre esses pagamentos, que possam criar aparência de coação e outras inconveniências. Na ausência de normas previstas na convenção arbitral ou na lei, certas práticas, relacionadas a pagamentos, são reconhecidas como preferenciais, a fim de preservar a integridade e lisura no procedimento arbitral. Essas práticas incluem as seguintes:

1. É preferível que antes da aceitação da incumbência pelo árbitro, as bases do pagamento sejam estabelecidas e todas as partes sejam esclarecidas por escrito sobre essas bases.
2. Nos casos processados de acordo com as regras administrativas de órgão arbitral institucional ou entidade especializada, que sejam aplicáveis aos acertos referentes aos pagamentos, estes podem ser administrados por essas entidades, para evitar a necessidade de acertos diretos entre os árbitros e as partes, concernentes a este assunto.
3. Nos casos em que não haja órgão arbitral institucional ou entidade especializada para administrar os pagamentos, será preferível que as discussões com os árbitros, no tocante ao pagamento de taxas e remuneração seja feita com a participação de todas as partes.

Princípio VII

CONSIDERAÇÕES ÉTICAS RELACIONADAS AO ÁRBITRO INDICADO POR UMA PARTE.

Em alguns casos de arbitragem em que houver três árbitros, é comum cada parte indicar um árbitro. O terceiro árbitro é indicado de várias formas:

A – pode constar da convenção arbitral essa indicação;

B – pode ser escolhido pelos dois árbitros indicados pelas partes;

C – pode ser indicado por órgão arbitral institucional ou entidade especializada;

D – em última instância, podem as duas partes ou uma delas requerer ao juiz da jurisdição em que seja realizada a arbitragem, para apontar um árbitro. Essa última hipótese está prevista também na lei brasileira, a Lei 9.307/96.

Neste tipo de arbitragem, todos os árbitros são considerados neutros e independentes e espera-se que observem o mesmo padrão de comportamento ético. Contudo, há também, algumas arbitragens tripartites em que os dois árbitros indicados pelas partes não são considerados neutros e estão obrigados a observar o padrão de comportamento ético do terceiro árbitro, mas não totalmente. Para este código, o árbitro indicado por uma parte, que não esteja obrigado. É conveniente citar que, nas arbitragens fora dos EUA, a legislação arbitral exige que os árbitros sejam neutros, ainda que sejam escolhido pelas partes. Assim sendo, nas arbitragens realizadas fora dos EUA ou em que estejam envolvidas partes de outro país, a lei desse país deve ser considerada.

OBRIGAÇÕES DECORRENTES DESSES PRINCÍPIOS

Obrigações decorrentes do Princípio I

Os árbitros indicados pelas partes devem observar todas as obrigações do Princípio I, mantendo a integridade e a lisura do procedimento arbitral, submetido apenas às seguintes disposições.

1. Os árbitros indicados pelas partes podem estar predispostos em relação à parte que os tenha indicado, mas nos demais aspectos está obrigado a agir de boa-fé e com integridade e lisura. Por exemplo, esse tipo de árbitro não poderá aplicar táticas protelatórias do julgamento, exercer pressão sobre parte ou testemunha, ou fazer declarações mentirosas ou enganosas a outros árbitros.

2. As provisões do Princípio I-D relativas aos relacionamentos e interesses não são aplicáveis aos árbitros indicados pelas partes.

Obrigações decorrentes do Princípio II

1. Em uma arbitragem na qual os dois árbitros indicados pelas partes ficaram encarregados de escolher o terceiro árbitro, que será então o

presidente do tribunal, poderão eles comunicar-se com a parte que os houver indicado, a respeito da aceitação de pessoas a serem indicadas como terceiro árbitro.

2. Os árbitros indicados pelas partes podem comunicar-se com a parte que os houver indicado, a respeito de qualquer outro aspecto da questão a ser arbitrada, contanto que eles primeiro informem os outros árbitros sobre essa medida.

Se esta comunicação ocorrer antes que a pessoa tenha sido apontada como árbitro, ou antes da primeira audiência ou qualquer outra reunião das partes com os árbitros, o árbitro indicado pela parte deverá, na primeira audiência ou reunião, revelar seu teor.

CÓDIGO DE ARBITRAGEM TRABALHISTA

Foram obrigados os norte-americanos a elaborar um código especial para a arbitragem trabalhista, devido à especialização, complexidade e delicadeza dessa área. No Brasil, a nossa incipiente experiência nessa área já revelou sua periculosidade, o que fez com que houvesse uma retração por parte dos que se dedicam à arbitragem, deixando-a exclusivamente a cargo das organizações sindicais e de órgãos oficiais.

O primeiro código trabalhista foi elaborado em 1951 pelo comitê formado pela AAA-American Arbitration Association, Academia Nacional de Árbitros (National Academy of Arbitrators) e Serviço Federal de Mediação e Conciliação (Federal Mediation and Conciliation Service), denominado CÓDIGO DE RESPONSABILIDADE PROFISSIONAL PARA ÁRBITROS DE RESOLUÇÃO DE CONTROVÉRSIAS TRABALHISTAS (Code of Professional Responsability for Arbitrators of Labor-Management Disputes).

É conveniente observar a utilização quase exclusiva do termo "disputes" para expressar uma lide. Não nos parece muito simpática e adequada a tradução precisa desse termo como "disputas". Podemos considerar disputas como "controvérsias", "litígios", "divergências", "conflitos", "contendas" "demandas", e outras expressões que a riqueza vocabular de nosso idioma apresenta. Caberia também a expressão "lide", embora esta prepondere no âmbito do Poder Judiciário.

Em nosso parecer, este código não tem para nós a mesma eficácia do que o código referente à arbitragem empresarial, porquanto o direito trabalhista americano, a mentalidade e a formação psicológica do trabalhador americano, a evolução da arbitragem e inúmeros outros fatores estão muito distantes da nossa realidade. Entretanto, este código revela-nos um aspecto por eles descoberto há muitos anos e que nossa experiência já sentiu: é altamente especializada a arbitragem trabalhista e o árbitro atuante nesta área precisa de ser especializado na solução de problemas relacionados a certas áreas específicas.

Contudo, é fora de dúvida a utilidade que possa ter este código para a arbitragem trabalhista brasileira, procurando o árbitro amoldá-la ao seu trabalho específico. Este mesmo código adverte sua especialização, num preâmbulo, e seus cuidados com a aplicação na área empresarial ou em outros tipos de arbitragem. Procura expressar "princípios éticos básicos" à profissão de árbitro.

Vejamos então esses princípios:

1 – QUALIFICAÇÕES E RESPONSABILIDADES DOS ÁRBITROS EM RELAÇÃO À SUA FUNÇÃO

A. Qualificações gerais:

A.1. As qualidades pessoais do árbitro incluem honestidade, integridade, imparcialidade e competência geral em matéria de relações trabalhistas.

Um árbitro deve demonstrar habilidade para aplicar essas qualificações pessoais de forma leal e com bom julgamento, tanto em procedimentos arbitrais como nas decisões substanciais.

A seleção do árbitro por comum acordo ou indicação dele por um órgão arbitral institucional ou entidade especializada já são métodos eficientes de avaliação desta combinação do potencial e do desempenho do árbitro. Vale mais do que a simples inclusão dele no cadastro de árbitros de um órgão arbitral institucional ou entidade especializada.

A.2. O árbitro deve estar preparado para o exercício da arbitragem, tanto para uma parte, como para outra, em qualquer questão, tanto numa única questão ou grupo delas. Não é profissional o empenho de um árbitro em impor sua aceitação ou exercer qualquer pressão nesse sentido.

B. Qualificações especiais:

B.1. Um árbitro deve recusar indicação, retirar-se ou pedir assistência técnica quando ele julgar que a questão em julgamento estiver além de sua aptidão ou não for de sua especialidade.

O árbitro poderá ser genericamente qualificado, mas não para julgamento de questões trabalhistas especializadas. Algumas categorias profissionais, alguns casos específicos, como insalubridade e periculosidade podem exigir do árbitro conhecimentos especiais e não apenas generalizados.

A avaliação eficiente das qualificações especiais de um árbitro a ser feita por um órgão arbitral institucional ou entidade especializada exige que ambas as partes revelem a natureza e especificações da questão a ser julgada, com precisão e pormenores, antes da indicação do árbitro.

C. Responsabilidade quanto à função:

C.1. O árbitro deve manter a dignidade e integridade de sua função e esforçar-se para apresentar serviço eficiente à partes.

Para tanto, precisará o árbitro de manter-se atualizado com os conhecimentos técnicos necessários à sua função, aproveitar sua vivência no exercício da arbitragem, submeter-se com frequência a uma reciclagem, participar de reuniões e seminários, colhendo a experiência de outros árbitros.

C.2. Um árbitro experiente deverá cooperar no treinamento de novos árbitros.

Para que a arbitragem seja uma instituição jurídica forte e eficaz, haverá necessidade constante de novos árbitros e caberá a todos os envolvidos na arbitragem, mormente os próprios árbitros, introduzir aqueles que futuramente manterão a arbitragem.

C.3. Um árbitro não deverá insinuar-se ou atrair questões de outro árbitro.

A arbitragem é uma operação sigilosa e o árbitro deve aparecer de forma discreta. Nos EUA, a AAA tem cadastro de mais de 50.000 árbitros e quando solicitada, fornece a lista dos que atuam na cidade ou região em que a arbitragem será exercida. Caso se trate de árbitro isolado, ou seja, que atue individualmente, poderá ele promover-se de forma discreta, como por recomendações pessoais, cartões, inclusive indicando sua especialidade, como "Arbitragem Trabalhista". Poderá também usar seu nome em envelopes, papel de carta e outras formas de comunicação.

As informações constantes de "curriculum vitae" poderão indicar sua filiação à algum órgão arbitral institucional ou entidade especializada. Por isso, devem elas ser exatas, precisas e profissionais, constando a formação técnica que irá constar no cadastro do órgão arbitral institucional ou entidade especializada.

2. RESPONSABILIDADE PARA COM AS PARTES

A. Reconhecimento da diferença das convenções arbitrais:

A.1. O árbitro deverá conscientemente empenhar-se para entender e observar, no que for compatível com a responsabilidade profissional, os princípios significativos que orientam cada sistema arbitral em que ele vai atuar. O reconhecimento de características especiais de uma particular convenção arbitral pode ser essencial no que diz respeito a questões procedimentais e podem influenciar outros aspectos do procedimento arbitral.

A.2. Esse entendimento não alivia o árbitro da responsabilidade de procurar discernir e recusar-se a aprovar ou consentir algum conluio secreto pelas partes para usar a arbitragem para fins impróprios.

B. Revelações exigidas

B.1. Antes de aceitar uma indicação, o árbitro deverá expor diretamente ou por intermédio do órgão arbitral institucional qualquer relacionamento atual ou passado, de natureza administrativa, representativa ou consultiva com empresa, sindicato ou mesmo empregado reclamante, que estiverem envolvidos num procedimento arbitral em que o árbitro tenha sido indicado para atuar. Essa revelação deverá ser feita também se houver algum interesse financeiro entre o árbitro e eles, que possa influir no julgamento. A obrigação de revelar inclui também vínculos com empresários, incluindo-se familiares.

B.2. Quando o árbitro estiver trabalhando concomitantemente, como advogado ou representante de outras empresas ou sindicatos, em questões trabalhistas, ou assim tiver trabalhado recentemente, deverá ele expor tais atividades antes de aceitar a indicação como árbitro. O árbitro deverá expor também essa atividade para um órgão arbitral institucional ou entidade especializada, caso ele conste no cadastro dessas entidades ou se for candidato ao cadastramento nelas.

Não é porém necessário nem conveniente expor o nome de clientes ou outros pormenores específicos, lembrando-se sempre que a arbitragem é uma fórmula sigilosa de resolução de controvérsias, mesmo em disputas trabalhistas. Pode-se revelar a natureza da arbitragem trabalhista na qual o árbitro tenha atuado ou esteja atuando, se for exercida para alguma empresa ou sindicato. Seria exemplo: área financeira, artística, metalúrgica, turismo.

O árbitro registrado no cadastro de órgão arbitral institucional ou entidade especializada tem a permanente obrigação de notificar a entidade em que estiver registrado, sobre qualquer mutação significativa no seu "curriculum vitae". Quando essas entidades estiverem encarregadas da arbitragem, o árbitro deverá fazer a revelação diretamente a elas, a não ser que as partes queiram estar cientes dela.

B.3. O árbitro não pode permitir que relações pessoais afetem suas decisões.

Antes de aceitar a indicação, o árbitro deverá expor às partes ou ao órgão arbitral institucional ou entidade especializada qualquer relação pessoal ou outras circunstâncias, em adição àquelas mencionadas neste capítulo, que possam levantar dúvidas quanto à imparcialidade do árbitro.

Os árbitros normalmente criam relações pessoais com administradores de empresas, de recursos humanos, advogados ou dirigentes de empresas, com sindicalistas, com outros árbitros ou com representantes de associações profissionais. Não será necessário evitar esse relacionamento nem escondê-los. É muito natural que as atividades exercidas tornem um árbitro até popular nos meios em que atua, tendo em vista que é um meio restrito e especializado. Por exemplo, se for um professor, um gerente de banco, impossível impedir que uma pessoa assim estabeleça ampla gama de relacionamento. Só cabe a revelação, se esse relacionamento afetar a independência e imparcialidade do árbitro.

B.4. Se as circunstâncias exigentes da revelação forem desconhecidas pelo árbitro antes da aceitação para o exercício de uma arbitragem, devem elas ser reveladas no momento em que caírem no conhecimento do árbitro.

B.5. O ônus da revelação cabe ao árbitro se as partes assim o quiserem. Se o árbitro entretanto acreditar ou perceber que há qualquer conflito de interesses, ele deverá se retirar, independentemente da vontade das partes.

C. Privacidade da arbitragem

C.1. Todos os aspectos significativos de um procedimento arbitral devem ser tratados pelo árbitro como sendo confidencial, a não ser que esta exigência seja abandonada por ambas as partes ou a revelação seja requerida por lei.

A – A presença, nas audiências, de pessoas que não sejam representantes das partes ou que forem convidadas por uma ou por ambas, deverá ser permitida, quando ambas concordarem e a lei não proibir. Ocasionalmente, circunstâncias especiais poderão exigir que um árbitro decida tal assunto consultando um especialista ou conselheiro, tratando-se pois de um aspecto técnico da arbitragem.

B – A discussão de qualquer caso a qualquer tempo por um árbitro, com pessoas envolvidas diretamente deverá ser limitado a situações em que haja aprovação ou consentimento antecipado de ambas as partes ou em que a identidade e pormenores do caso sejam por demais obscuros e sejam capazes de eliminar probabilidade realista de identificação.

Uma exceção comum reconhecida é a discussão de um problema com outro colega de arbitragem. Essa discussão não tira do árbitro atuante no caso a total responsabilidade pela decisão e a discussão deve se limitar entre os dois.

Discussão de aspectos do caso em uma sala de aula, sem aprovação específica das partes, não será violação, desde que o árbitro tenha certeza de que não haverá quebra da confidencialidade.

C – É considerada uma violação da responsabilidade profissional se o árbitro, sem o consentimento prévio das partes, tornar pública a sentença.

Um árbitro poderá perguntar às partes se elas consentem na publicação de uma sentença na audiência, ou prolatar a sentença na hora, com a presença delas.

1. Se tal pergunta for feita durante a audiência, ela deverá ser feita por escrito, da seguinte maneira.

"Vocês consentem que a sentença seja publicada?"

( ) SIM   ( ) NÃO

"Se vocês consentirem, terão o direito de notificar o árbitro, dentro de 30 dias, após a data da sentença, que vocês revogam o consentimento."

Aconselha-se que o árbitro lembre às partes, na hora da prolação da sentença, o seu direito de não consentirem na publicação dessa sentença.

2. Se a questão do consentimento na publicação da sentença surgir na hora da prolação desta, o árbitro poderá declarar, por escrito, que o silêncio de 30 dias à pergunta da publicação da sentença implicará o consentimento delas para que haja a publicação.

3. Não é correta a doação de processos já arbitrados para uma biblioteca de faculdade, universidade ou instituto similar, sem o consentimento anterior de todas as partes envolvidas. Quando as circunstâncias permitirem, os casos que requererem privacidade deverão ser destruídos.

4. Leis aplicáveis, regulamentos, ou práticas, reconhecidas pelas partes, poderão permitir ou até exigir exceções aos princípios de privacidade, referidos acima.

D. Relacionamento pessoal com as partes

D.1. Um árbitro deve esforçar-se razoavelmente para agir conforme àquilo que foi estabelecido pelo órgão arbitral institucional ou entidade especializada, ou mutuamente convencionado entre as partes, no que diz respeito às comunicações e relacionamento pessoal com elas.

A – Somente um relacionamento equidistante poderá ser aceito por esses órgãos. O árbitro não deve ter nenhum contato com representantes de qualquer das partes sem o consentimento desta, enquanto estiver no caso.

B – Em outras situações, ambas as partes poderão querer que as comunicações e o relacionamento sejam menos formais. O árbitro deverá então agir de maneira menos formal. Ter-se-á sempre em conta que a arbitragem é uma prática liberal e submetida à autonomia da vontade das partes.

E. Jurisdição

E.1. Um árbitro deve observar bem as limitações e restrições da jurisdição a ele conferida por uma convenção arbitral ou outro acordo sob o qual ele estaria servindo.

E.2. Um acordo direto feito pelas partes a qualquer tempo em que correr o feito deverá ser aceito pelo árbitro a fim de livrá-la de futuras jurisdições sobre o assunto entre as partes.

F. Mediação realizada por um árbitro

F.1. Quando as partes desejam no início dar a um árbitro o poder de mediar seu caso, bem como decidir sobre ele ou submeter recomendações concernentes a assuntos residuais, se houver, eles deverão avisar o árbitro antes da indicação. Se a indicação for aceita, o árbitro deverá atuar como mediador no caso.

F.2. Indicações diretas poderão requerer um papel duplo de mediador e de árbitro, residuais. Isto comumente acontece em dissídios coletivos. Tanto quanto possível, deve o árbitro evitar o exercício da meação, caso a arbitragem já tiver iniciado.

F.3. Quando um pedido for feito para que o árbitro faça a mediação após a indicação, o árbitro poderá aceitar ou recusar o papel de mediador.

A – Uma vez que o árbitro tenha sido nomeado, qualquer das partes tem o direito de insistir para que o processo tenha continuidade até a solução final.

B – Se uma das partes requerer que o árbitro medeie e a outra parte se opor, o árbitro deverá recusar o pedido.

C – Um árbitro não está impedido de fazer a sugestão para que ele seja o mediador. Para evitar a possibilidade de pressão, o árbitro não deverá fazer esta sugestão a não ser que ambas as partes estejam prestes a aceitar. Em qualquer caso, a sugestão do árbitro deverá contar com a aceitação de ambas as partes.

G. O uso de sentenças e pesquisas independentes pelo árbitro em suas decisões.

G.1. Um árbitro deverá assumir total responsabilidade pelo que foi decidido em cada caso.

A – O uso de sentenças e pesquisas independentes pelo árbitro dependerá do que foi estabelecido no contrato de trabalho, na convenção arbitral ou decisão das partes em audiência.

B – Quando o desejo mútuo de ambas as partes não forem do conhecimento do árbitro, ou quando as partes tiverem opiniões e regras diferentes, o árbitro poderá agir de acordo com sua vontade neste assunto, sendo totalmente responsável pela sentença que proferir.

H. Uso de assistentes

Um árbitro não deve delegar qualquer tomada de decisão a outras pessoas, a não ser que haja consentimento das partes.

A – Sem consentimento prévio das partes, um árbitro poderá utilizar-se dos serviços de um assistente para pesquisas, deveres relativos ao escritório, ou rascunhos preliminares sob a direção do árbitro, desde que não incluam função de tomar a decisão.

Se um árbitro for incapaz, por causa do limite do tempo ou quaisquer outras razões, de formar ideia precisa sobre uma questão, não será violação de sua responsabilidade profissional sugerir às partes trazer à decisão a assistência de um profissional especializado na questão em tela. Será porém apenas uma sugestão, não podendo exercer qualquer tipo de pressão sobre as partes para aceitar tal sugestão.

I. Sentenças sugeridas pelas partes

I.1. Antes da prolação da sentença, as partes poderão pedir ao árbitro para que ele inclua certos acordos feitos entre eles a respeito de todos ou de alguns assuntos discutidos. Se o árbitro acreditar que uma sentença sugerida for boa, justa e legal, é de sua responsabilidade profissional adotá-la.

A – Antes de concordar com tal pedido, um árbitro deve estar certo de que ele entende adequadamente dos acordos sugeridos para que ele possa avaliar seus termos. Se fatos pertinentes ou circunstâncias não forem expostos, o árbitro deverá tomar a iniciativa de assegurar que todos os aspectos relevantes do caso tenham sido compreendidos. Se isto ocorrer, o árbitro poderá pedir informação adicional específica e ouvir testemunhas durante a audiência.

J. Evitar atrasos

J.1. É responsabilidade profissional básica do árbitro planejar sua agenda de trabalho de modo que os compromissos presentes e futuros sejam cumpridos.

Mesmo quando o planejamento não puder ser cumprido por motivos que não sejam de responsabilidade do árbitro, este deverá se esforçar para cumprir da melhor maneira possível, as partes deverão ser notificadas prontamente pelo árbitro. Tais notificações deverão incluir estimativas da data requerida pelo árbitro para que este possa cumprir sua missão. Deve ser dada prioridade aos casos já em andamento, para que as outras partes possam fazer acordos arbitrais alternativos.

J.2. O árbitro deve cooperar com as partes e com o órgão arbitral institucional ou entidade especializada envolvida, a fim de evitar atrasos.

A – O árbitro pertencente ao cadastro ativo de órgão arbitral institucional ou entidade especializada deverá tomar a iniciativa de avisar essas organizações sobre qualquer dificuldade que ele tenha em cumprir seus compromissos.

B – Pedidos para serviços, recebidos diretamente ou por meio de uma dessas organizações deverão ser declinados pelo árbitro se ele não for capaz de marcar uma audiência quando as partes o quiserem. Mas se ambas as partes concordarem em obter os serviços de um árbitro e o árbitro concordar, essa concordância deve ser formalizada em termos que o árbitro possa cumprir.

C – O árbitro poderá tentar persuadir as partes a alterar ou eliminar os procedimentos arbitrais que venham a criar atrasos desnecessários.

J.3. Uma vez que o caso tenha sido encerrado, o árbitro deverá observar o limite de tempo para o proferimento de uma sentença, como foi estipulado no contrato de trabalho ou de acordo com os procedimentos no regulamento da organização que estiver promovendo a arbitragem.

A – Se uma sentença não puder ser proferida no tempo estabelecido, cabe ao árbitro procurar uma extensão de tempo das partes.

B – Se as partes concordarem em limites de tempo excepcionais para o proferimento da sentença, após o caso ter sido encerrado, o árbitro deverá ser avisado pelas partes ou pela organização promotora da arbitragem antes de aceitar o prazo marcado.

K. Taxas e despesas

K.1. O árbitro ocupa um cargo de confiança em relação às partes e às organizações promotoras da arbitragem. Cobrando por serviços e despesas, o árbitro deverá pautar-se pelos mesmos padrões de honra e integridade que se aplicam às outras fases de seu trabalho.

O árbitro deve esforçar-se para que a cobrança dos serviços e despesas seja razoável e proporcional à natureza dos casos decididos.

Antes da indicação do árbitro, as partes deverão estar preparadas para estabelecer todos os aspectos significativos das bases usadas pelo árbitro nas cobranças das taxas e despesas.

A – Serviços não cobráveis em termos de "per diem"

Se as cláusulas arbitrais ou os compromissos arbitrais não incluírem a taxa "per diem", o árbitro deverá observar os termos do contrato de trabalho sobre o sistema de cobrança de taxas e despesas.

K.2. Cada árbitro deverá ter uma política de cobrança, nos princípios gerais a seguir:

A – As cobranças para despesas não deverão ser excessivas em relação às despesas normalmente reembolsáveis e incididas em conexão com os casos envolvidos.

B – Quando a cobrança de tempo e das despesas corresponderem a dois ou mais julgamentos ou audiências no mesmo dia ou viagem, tal cobrança de tempo ou despesa deverá ser apropriadamente rateada.

C – Se o árbitro for inscrito no cadastro ativo de um órgão arbitral institucional ou entidade especializada, deverá protocolar, na organização em que estiver inscrito, suas bases individuais para a determinação de taxas e despesas se assim for exigido. Após isso, é da responsabilidade do árbitro registrar nessa organização qualquer mudança das bases para a cobrança.

D – Se a organização a que pertence já tiver lista de preços e promover uma arbitragem, deverá o árbitro obedecer as bases dessa lista.

E – Se o árbitro for autônomo, contratado diretamente pelas partes para uma arbitragem, terá a responsabilidade de apresentar sua tabela de preços e prestar todos os esclarecimentos à partes, antes de aceitar sua nomeação.

F – Quando o árbitro tomar conhecimento de que uma ou ambas as partes não puderem arcar com as despesas normais, não será impróprio o árbitro cobrar um valor menor de ambas as partes ou a uma delas. Deverá levar em consideração que um empregado normalmente está passando por alguma dificuldade financeira ao requerer os ofícios do árbitro.

G – Se o árbitro chegar à conclusão de que o total da cobrança calculada por ele não estiver de acordo com o caso decidido, deverá ele adequar a cobrança ao caso em tela.

3 – RESPONSABILIDADE DO ÓRGÃO ARBITRAL INSTITUCIONAL OU ENTIDADE ESPECIALIZADA

A – Responsabilidades gerais

A.1. O árbitro deverá ser sincero, preciso e compreensivo com a organização em que estiver inscrito, no que tange às suas qualificações, disponibilidades e todos os outros assuntos pertinentes.

A.2. O árbitro deverá observar a política e as regras da organização a que pertence, nos casos encaminhados por ela.

A.3. Não será ético o árbitro procurar influenciar uma organização arbitral de maneira imprópria, aliciando ou oferecendo presentes ao pessoal de sua organização.

A.4. Nada obsta porém que o árbitro peça ou apresente referências de pessoas físicas ou jurídicas que tenham conhecimento de seu trabalho e qualificações, inclusive pedindo o registro dessas referências no seu cadastro.

A.5. O árbitro deve reconhecer que a responsabilidade primária da organização arbitral é a de servir às partes.

4 – COMPORTAMENTO NA AUDIÊNCIA PRELIMINAR

1. Todos os assuntos a serem resolvidos antes da audiência deverão ser tratados de uma maneira que fortaleça completamente a imparcialidade do árbitro.

1.A. O primeiro propósito de uma discussão anterior à audiência é a obtenção de um acordo ou procedimento para que a audiência possa ser realizada sem obstáculos. Se surgirem diferenças de opiniões durante a discussão e, particularmente, se tais diferenças aparecerem para atropelar assuntos substanciais, as circunstâncias irão sugerir um contato preliminar, mais formalmente uma audiência preliminar. Quando a organização promotora da arbitragem cuida de todos ou alguns aspectos do acordo anterior à audiência, o árbitro irá se tornar envolvido apenas em diferenças substanciais que surgirem.

1.B. Cópias de qualquer correspondência de audiência preliminar entre o árbitro e qualquer uma das partes deverão estar disponíveis a ambas as partes.

5 – COMPORTAMENTO NA AUDIÊNCIA

A. Princípios gerais

A.1. O árbitro deverá apresentar uma audiência justa e adequada que garanta a ambas as partes oportunidades iguais de apresentarem suas respectivas provas e argumentações.

A.1.A. Dentro dos limites desta responsabilidade, o árbitro deverá adequar-se a vários tipos de procedimentos de audiência desejados pelas partes.

A.1.B. O árbitro poderá encorajar estipulações de fato; expor a substância de assuntos ou argumentos a fim de promover ou verificar entendimento; questionar os representantes das partes e suas testemunhas, quando necessário ou aconselhável, obter informações adicionais pertinentes, e pedir que as partes submetam evidências adicionais, tanto na audiência ou no protocolo subsequente.

A.1.C. O árbitro não deve se intrometer na apresentação das partes, a fim de permitir que possam elas expor seu caso de forma calma, justa e adequada.

B. Transcrições e gravações

B.1. Acordo mútuo das partes para usar ou não transcrições ou gravações deverá ser respeitado pelo árbitro.

B.1.A. O árbitro deverá procurar persuadir as partes em evitar o uso de transcrições e gravações ou a usá-las se a natureza da causa requerer que sejam usadas. Caso um árbitro pretenda fazer uso delas, deverá propor às partes antes da audiência.

B.1.B. A transcrição e gravação oficial da audiência será permitida somente quando ambas as partes concordarem em usá-las, ou quando alguma lei determinar que sejam aplicadas.

B.1.C. Se as partes não concordarem em usar gravação ou transcrição, o árbitro poderá permitir que uma parte faça a gravação ou transcrição, mediante acordo com a outra parte, que poderá receber uma cópia, bem como o próprio árbitro.

B.1.D. Poderá o árbitro fazer gravação ou transcrição da audiência para uso próprio, a fim de ajudá-la a tomar nota ou rememorar a audiência ao dar a sentença. Será conveniente entretanto esclarecer as partes e prometer que será destruída após a sentença.

6. COMPORTAMENTO APÓS A AUDIÊNCIA

A. Memoriais após a audiência

A.1. O árbitro deve agir de acordo com a convenção arbitral no que diz respeito à apresentação de memoriais após a audiência.

A.1.A. O árbitro, de acordo com sua vontade, poderá sugerir o protocolo de memoriais após a audiência ou outras submissões ou sugerir que não haja protocolo.

A.1.B. Quando as partes discordarem na necessidade dos memoriais, o árbitro poderá permitir o protocolo, mas determinar um limite de tempo razoável.

A.2. O árbitro só poderá considerar um memorial após a audiências, que tenha sido fornecido pelas partes.

B. Exposição dos termos da sentença

B.1. O árbitro não poderá expor a sentença ainda não promulgada, a qualquer das partes antes da expedição simultânea a ambas, ou explorar possíveis sentenças alternativas unilateralmente com uma das partes, a não ser que ambas as partes concordem.

C. Sentenças e opiniões

C.1. A sentença deve ser definitiva, certa e a mais concisa possível.

Quando uma opinião for requerida, os fatores a serem considerados incluem: desejo de que seja breve, consistente em conformidade com a natureza do caso, que seja compreensível não só aos advogados mas aos representantes das partes.

D. Esclarecimentos ou interpretação das sentenças

D.1. Nenhum esclarecimento ou interpretação de uma sentença é permissível sem o consentimento das partes, ainda que decorra de embargos de declaração.

15.3. A contribuição argentina

Com o advento do Mercosul, tornou-se necessária a cooperação entre os países desse bloco, mormente Brasil e Argentina, para a implantação da arbitragem. Um dos objetivos do Mercosul é a uniformização do sistema jurídico dos quatro países, o que pouco se conseguiu até agora. Procuraram então os dirigentes da Associação Argentina de Arbitragem e a Associação Brasileira de Arbitragem-ABAR estabelecer intercâmbio de ideias e troca de experiências e divulgação uniformizada dessas ideias.

A Argentina já contava com ampla bibliografia arbitral e estudos avançados, desenvolvidos por juristas autônomos e pelo Poder Judiciário. Notáveis estudos e sugestões e sugestivas obras foram apresentados pelos professores Roque Gaivano, Gladys Alvarez e Julio C. Cueto Rua. Já adiantada nos planos, a arbitragem aperfeiçoou a regulamentação legal, descrita no Código de Processo Civil e, após estudos do Tribunal de Justiça de Buenos Aires, implantou, a princípio, não a arbitragem como um sistema de julgamento, mas a mediação.

Todavia, as novas fórmulas alternativas de solução de litígios foram aplicadas em padrões bem diferentes dos padrões desenvolvidos pela doutrina arbitral. Não é possível, em Buenos Aires, entrar com processo na justiça, sem antes passar pela arbitragem, mais precisamente pelo processo de mediação. Entre os documentos que irão instruir a petição inicial, deverá constar certificado de que as partes já se tinham submetido ao procedimento arbitral, sem que houvesse acordo.

Assim sendo, a RAD-Resolução Alternativa de Disputas tornou-se obrigatória, perdendo a arbitragem a característica de voluntária e opcional. Por seus princípios, a arbitragem, nela compreendendo as variadas formas de RAD, como julgamento arbitral, mediação, conciliação e outros, é de livre iniciativa das partes. Se elas acharem conveniente a via arbitral, optarão por ela; se preferem dirigir-se ao Judiciário, assim decidirão. Vigora o princípio da autonomia da vontade. Não é o que acontece em Buenos Aires, onde não se pode entrar com ação judicial sem comprovar a submissão prévia a um procedimento arbitral.

Outro aspecto sugestivo é que o árbitro é nomeado e remunerado pelo Estado e não pelas partes, submetido às regras do funcionalismo público. Pode, destarte, o árbitro ser considerado como um juiz de segunda classe. Tem que ser, portanto, advogado, o que não permite um trabalho especializado, como por exemplo, um problema médico, mecânico e outros com características muito individualizadoras.

Houve então necessidade de se criar um código de ética mais eclético, que pudesse abranger dos dois tipos de árbitros: o privado e o oficial. A criação dessa arbitragem "oficial", entretanto, não afetou nem atropelou a verdadeira arbitragem. Alegam os juristas argentinos que o sistema tem produzido ótimos resultados, caminhando paralelamente os dois sistemas. O código básico foi elaborado pelo Prof. Roque J. Gaivano, aprovado pela Associação Argentina de Arbitragem e com louvores das ABAR.

Consta ele de 11 cânones, a saber:

1. As pessoas escolhidas aceitarão a nomeação apenas se estiverem seguros de que poderão conduzir a arbitragem com celeridade, equidade e justiça.

2. Antes de aceitar a nomeação, deverão averiguar se existe alguma relação da qual possa resultar um interesse direto ou indireto no resultado do pleito, ou alguma circunstância que possa pôr em dúvida sua imparcialidade, e, neste caso, comunicá-las à partes.

3. Enquanto estiverem atuando como árbitros, deverão evitar qualquer situação que possa afetar sua objetividade, que levante dúvidas sobre sua neutralidade, ou que seja suscetível de criar a aparência de parcialidade ou predileção por alguma das partes. Não é necessário que o fato haja gerado efetivamente essa parcialidade. Basta que seja potencialmente capaz de produzi-la ou que o árbitro creia que as partes possam haver duvidado dela.

4. Se essa situação não tivesse sido possível evitar, deverão colocá-la imediatamente ao conhecimento das partes de oferecer-lhes a retirada voluntária do julgamento. Se, apesar de conhecer o fato, as partes ratificarem a confiança, o árbitro só poderá seguir atuando, à medida que se sinta verdadeiramente imparcial. A convalidação das partes não bastará se, em seu foro íntimo, o árbitro notar que sua neutralidade tiver sido afetada. Esta é, obviamente, uma questão reservada à consciência do árbitro.

5. Deverão conduzir-se, em todo momento, com equidade, abstendo-se de resolver com fundamento em simpatias pessoais ou inclinação, e evitando considerações subjetivas que possam implicar um preconceito. Procurarão agir da forma mais objetiva possível.

6. Não devem exceder-se em sua autoridade, nem deixar de exercer a que lhe compete. O limite – máximo e mínimo – está marcado pelas partes na convenção arbitral, nem por excesso nem por fraqueza.

7. Devem manter, a todo momento, a integridade e a lisura do seu procedimento, de maneira a resguardar a confiança votada à arbitragem pela coletividade. Devem ter em mente que a resolução de um caso submetido à arbitragem, além do próprio caso, causará também impacto na confiabilidade da arbitragem como sistema RAD.
8. Devem empenhar-se ao máximo no impedimento de incidentes no processo, desalentando ou desestimulando prática dilatórias, articulações improcedentes, provas irrelevantes e qualquer outra atuação que possa considerar desleal e maliciosa.
9. O procedimento empregado deve ser equilibrado, cuidando de dar a cada parte as mesmas possibilidades de manifestar-se e argumentar em sua defesa; tratá-las com o mesmo grau de respeito e consideração.
10. O sigilo é uma das principais características do árbitro. Não podem os árbitros revelar suas decisões e passos processuais a quem quer que seja, nem trair a confiança que neles tenha sido depositada. Tudo que o árbitro souber em decorrência do processo arbitral deve morrer com ele.
11. Não podem antecipar suas potenciais decisões, nem emitir alguma opinião prévia sobre a questão. Suas opiniões devem ser expostas na sentença arbitral e surgir desta de maneira autosuficiente.

NORMAS ÉTICAS DO MINISTÉRIO DA JUSTIÇA

Partindo dos cânones gerais adotados pela doutrina argentina, foi elaborado um regulamento sobre a aplicação da arbitragem no âmbito judiciário, cujo capítulo VI, em quatro artigos, estabelece algumas normas éticas aplicadas apenas aos árbitros oficiais, ou seja, pertencentes ao Poder Judiciário, para reger o comportamento deles, visto que não são totalmente equiparados aos juízes:

Art. 23 – O árbitro deverá escusar-se de participar de uma arbitragem, se tiver com qualquer das partes intervenientes, relação de parentesco, amizade ou inimizade, sociedade, comunidade, julgamentos pendentes, ou quando for credor, devedor, ou fiador de alguma delas, ou quando tenha prestado a alguma serviços profissionais, ou tenha emitido parecer ou opinião a respeito da questão em juízo ou se existirem outras causas que, ao seu juízo, obriguem-no a abster-se de participar da arbitragem, por motivos de decoro e elegância. Nesta hipótese, o Centro de Arbitragem indicará outro para a questão.

Art. 24 – O árbitro poderá ser recusado pelos motivos citados no artigo anterior, pela autoridade a que estiver vinculado.

Art. 25 – Em caso algum o árbitro poderá comentar a questão antes ou depois de sua intervenção, salvo em reuniões de trabalho ou estudo ou para aprendizagem e só para esse efeito. Em todos os casos evitará revelar os dados pessoais das partes ou características sugestivas que possa tornar reconhecível a situação ou as pessoas, não obstante omitir-se a identificação.

Art. 26 – Em caso algum o árbitro poderá prestar serviços às partes logo após sua atuação, qualquer que seja o resultado.

A limitação dessas normas éticas não significa que os árbitros não estejam sujeitos a princípios éticos mais amplos e gerais próprios de todo cidadão e de todo profissional.

O CÓDIGO DE ÉTICA DA FUNDAÇÃO LIBRA

Atua na Argentina a Fundação Libra, importante entidade na divulgação da arbitragem, atuando principalmente na mediação. A este respeito, será conveniente expor essas novas tendências da arbitragem, que já se desenvolvem no Brasil. Nos EUA, o desenvolvimento intenso da solução arbitral levou o termo arbitragem a posição mais ampla, que ficou denominada como ADR-ALTERNATIVE DISPUTES RESOLUTION, terminologia adotada por muitos países como RAD-RESOLUÇÃO ALTERNATIVA DE DISPUTAS. Nela se inclui a arbitragem propriamente dita, como fórmula de julgamento, a mediação, a conciliação e outras criadas e em criação.

A arbitragem propriamente dita é uma forma de julgamento de uma questão, de acordo com as normas arbitrais, levando fatalmente a uma sentença. Implica sempre a decisão do árbitro. Poderá entretanto o árbitro procurar resolver a questão de outra forma, desde que solicitado pelas partes, por meio da mediação. O Código de Ética do Centro de Mediação da Fundação Libra aplica-se ao árbitro, atuando como mediador apenas, vale dizer, sem o objetivo de julgar. Todavia, os princípios éticos aplicados a ele estendem-se também quando atuar no julgamento de uma questão.

1. O presente corpo normativo constituirá o Código de Ética a ser observado para todos que exerçam suas funções por escolha das partes ou indicados por instituição arbitral.

2. As normas éticas a seguir expostas constituem roteiro geral a que devem amoldar-se os árbitros, com o objetivo de fixar princípios de atuação profissional. Não são limitativas das responsabilidades dos árbitros, nem excluem outras normas mais estritas aos árbitros.
3. O árbitro atua como terceiro neutro. Tem um dever para com as partes, para com sua profissão e para consigo mesmo. O árbitro deve atuar claramente no seu relacionamento com as pessoas envolvidas na arbitragem. Deve ser honesto e imparcial, promover a confiança das partes, agir de boa-fé, ser diligente e não buscar interesses próprios, nem ter interesse no acordo entre as partes ou no julgamento da questão.
4. Antes de iniciar a arbitragem e durante todo o processo, o árbitro deve avaliar se a arbitragem constitui o procedimento mais adequado para as partes e se cada uma está em condições de participar habilmente do sistema.
5. No início do procedimento da arbitragem, o árbitro deverá informar as partes sobre a natureza, características e regras a que se sujeitará o processo de arbitragem, sentido do papel e função do árbitro, assegurando-se da compreensão dos participantes e do consentimento delas.
6. É dever do árbitro manter uma postura imparcial e equilibrada perante as partes, isenta de favoritismos e preconceitos, tanto na postura como nas palavras e atos. Em nenhum caso poderá praticar, facilitar ou colaborar com atitudes de discriminação racial, religiosa, social, estado civil, sexo, nacionalidade, ou qualquer outro tipo de diferenças pessoais, devendo despertar a confiança na sua imparcialidade e atender a todas as partes por igual.
7. O árbitro evitará receber ou intercambiar favores, obséquios, informações ou outros elementos que possam predispor seu ânimo e manchar seu trabalho de terceiro neutro.

15.4. Um código brasileiro

Embora a arbitragem tenha sido prevista na legislação brasileira desde a nossa descoberta, pois já constava das Ordenações do Reino, código vigorante em Portugal, no Código Comercial de 1850, no Código Civil de 1916 e no Código de Processo Civil, podemos dizer que a arbitragem foi implantada efetivamente com a Lei 9.307, de 23.9.1996. Está em enorme desenvolvimento e despertando vivo interesse em todo o país, mas desde já, apresenta inúmeros problemas e fortes reações. O que está acontecendo no Brasil já aconteceu em todos os países em que a arbitragem foi aplicada, tendo os vários países superado essa fase. Para o Brasil, muito se espera para superar.

Entre todos os problemas, avulta-se como o principal o do árbitro. O sistema arbitral repousa em muito na atuação dos juízes arbitrais, assumindo eles papel mais relevante do que o juiz togado na justiça pública. Muitas vezes, o juiz, graças a uma ação profícua, consegue sanar falhas estruturais, doutrinárias e legais do sistema jurídico. Sobre esse aspecto, costuma-se dizer que o bom juiz faz boa a má lei, da mesma forma como o mau juiz faz má a boa lei.

Igual fenômeno ocorre com o árbitro. De sua atuação dentro dos princípios previstos na lei e na doutrina da arbitragem depende o sucesso do sistema arbitral. É por isso que a primeira preocupação dos juristas empenhados em aplicar no Brasil as fórmulas alternativas de solução de conflitos foi executar vasto programa de formação de árbitros e seu constante aprimoramento. Mais do que este aspecto, tornou-se imperioso estabelecer um código de ética e um sistema de controle da atuação do árbitro.

Foi assim que uma comissão presidida pelo Dr. Dauro Dorea apresentou trabalho a ser adotado pela Associação Brasileira de Arbitragem-ABAR e pudesse servir de modelo a qualquer órgão arbitral institucional ou entidade especializada, que se empenhasse em desenvolver a arbitragem no Brasil. Apresentamos aqui esse trabalho de aplicação inicial, que poderá ser desenvolvido, aprimorado e adaptado às circunstâncias.

COMISSÃO DE DISCIPLINA E ÉTICA DA ASSOCIAÇÃO BRASILEIRA DE ARBITRAGEM – ABAR

Art. 1.º

A Comissão de Disciplina e Ética é um órgão colegiado com competência exclusiva e soberana dentro da ABAR, para conhecer, apreciar e julgar questões de ordem disciplinar, e ética de todos seus associados e demais envolvidos em procedimentos de conciliação, mediação, negociação e arbitragem intermediados pela ABAR, valendo-se de preceitos éticos e dentro do que estabelece o Código de Disciplina e Ética da ABAR.

Art. 2.º
A Comissão de Disciplina e Ética se compõe de 7 (sete) membros associados da ABAR há mais de um ano, eleitos pela Diretoria para um mandato de 3 (três) anos, facultada a recondução ao cargo, sendo um Presidente, um Secretário e cinco Conselheiros.

Art. 9.º
Realizada a audiência e colhidas as provas, o Relator assessorado por dois Conselheiros que estarão presentes à audiência, proferirá sentença dentro do prazo de 5 (cinco) dias, intimando as partes por via postal, com aviso de recebimento.

Art. 10
Da decisão proferida pela câmara da CDE (relator mais dois conselheiros), caberá recurso ao pleno da CDE (presidente, secretário e cinco conselheiros), dentro do prazo de 5 (cinco) dias contados do recebimento da notificação.

Parágrafo único – Para efeito de contagem de prazo, será utilizada a regra contida no Código de Processo Civil, valendo o comprovante de recebimento dos Correios (AR) como prova.

Art. 11
Poderá ainda a CDE contribuir na orientação e divulgação sobre temas de ética na arbitragem, mediante organização, apoio, promoção ou desenvolvimento de discussões, cursos, simpósios e painéis, divulgando o papel da ABAR e da relevância de sua atuação como entidade prestadora de serviços públicos essenciais.

CÓDIGO DE DISCIPLINA E ÉTICA DA ASSOCIAÇÃO BRASILEIRA DE ARBITRAGEM- ABAR

Título I
DO ÁRBITRO

CAPÍTULO I
DAS PREMISSAS FUNDAMENTAIS

Art. 1.º

O árbitro é juiz de fato e de direito e das suas decisões não cabem recurso nem dependem da homologação pelo Poder Judiciário, fazendo coisa julgada, devendo, pois, agir com independência, sobriedade, ponderação, cautela e imparcialidade.

§1.º – Aplicam-se ao árbitro, no que couber, os mesmos deveres e responsabilidades dos juízes de direito.

§2.º – Quando no exercício de seu mister ou em razão dele, o árbitro fica equiparado aos funcionários públicos, para efeitos da legislação penal.

CAPÍTULO II
DOS DEVERES

Art. 2.º

São deveres do árbitro:

I – manter conduta pessoal e social digna e honrada e compatível com a dignidade da função jurisdicional e social da arbitragem;

II – propugnar pela observância dos valores permanentes da verdade e do bem comum;

III – proceder com imparcialidade, independência, competência, diligência, honestidade, decoro, lealdade e discrição, durante o desempenho de sua função, resguardando sempre sua dignidade e independência funcional;

IV – tratar as partes, o público, os colegas, as autoridades com respeito, exigindo igual tratamento e zelando pelas prerrogativas a que tem direito;

V – recusar a nomeação como árbitro, quando reconhecer serem insuficientes seus recursos técnicos sobre o assunto objeto da arbitragem, ou não tiver disponibilidade de tempo para o desempenho da indicação;

VI – revelar, antes da aceitação da função, qualquer fato que denote dúvida justificada quanto à sua imparcialidade e independência;

VII – preservar a lhaneza, o emprego da linguagem escorreita e polida, o esmero e disciplina na execução dos serviços;

VIII – convidado para manifestação pública, visando esclarecimento de tema jurídico ou inerente à arbitragem, deve prestigiar o instituto da arbitragem, evitando promoção pessoal ou debate de caráter sensacionalista;

IX – manter-se continuamente atualizado nos assuntos de sua profissão;

X – escusar-se de facilitar, de qualquer modo, o exercício da função a quem impedido ou não habilitado;

XI – decidir dentro dos princípios que estruturam a ordem jurídica nacional, sendo-lhe vedado aplicar, na arbitragem, regras que violem a ética, a moral, os bons costumes e a ordem pública;

XII – manter sigilo absoluto sobre o objeto da arbitragem, as partes e o próprio processo arbitral, em qualquer circunstância, inclusive judicial.

Art. 4.º
No que couber, aplicam-se os mesmos deveres ao conciliador e ao mediador.

CAPÍTULO III
DOS DIREITOS

Art. 5.º
São direitos do árbitro, mediador ou conciliador:

I – fazer valer e ver respeitados seus direitos como previstos na Lei 9.307/96, no estatuto da ABAR e neste Código;

II – ser remunerado, na forma estatuída pela ABAR, pelos serviços prestados;

III – interpor representação à ABAR quando ofendido em sua dignidade profissional;

IV – ter assistência do corpo jurídico da ABAR quando for agravado ou processado no exercício de sua função ou em razão dela.

CAPÍTULO VI
DOS DEVERES PARA COM A CLASSE

Art. 6.º
Deve o árbitro:

I – cultivar, em relação aos sócios da ABAR, lhaneza no trato, respeito, solidariedade e espírito de colaboração;

I – acatar e fazer cumprir as disposições deste Código, do estatuto da ABAR e das normas expedidas pela Diretoria ou pelo Conselho;

III – propugnar pela harmonia, defesa da dignidade e direitos funcionais, participando efetivamente de seus órgãos representativos, quando solicitado ou eleito, salvo caso de impedimento ou impossibilidade;

IV – colaborar no aprimoramento da arbitragem como ciência e como função, objetivando sua difusão e consolidação no Brasil;

V – colaborar com cursos de orientação, instrução, capacitação e formação de árbitros;

VI – cumprir com suas obrigações junto a ABAR, inclusive com o pagamento das mensalidades, taxas e emolumentos regularmente instruídos.

Art. 7.º

No que couber, o previsto no artigo anterior aplica-se também ao conciliador e ao mediador.

CAPÍTULO V
DOS DEVERES PARA COM AS PARTES

Art. 8.º

São deveres do árbitro:

I – respeitar os princípios de isonomia e amplo contraditório;

II – observar, respeitar e cumprir o que ficou assumido na convenção arbitral;

III – renunciar em caso de ocorrência de fato ou situação que o torne suspeito ou que possa influir no seu livre convencimento.

Art. 15

O processo disciplinar será instaurado de ofício ou mediante representação escrita e fundamentada do interessado, devendo, na representação, ser especificados os fatos, declinadas as provas que se pretende produzir e arroladas as testemunhas, limitadas a três.

Art. 16

Recebida a representação, o presidente da CDE designará um relator para o processo e determinará o sorteio de mais dois integrantes da CDE para compor a câmara que julgará o caso.

Parágrafo único – Verificando carecer a representação dos pressupostos de admissibilidade, o relator proporá ao presidente da CDE seu arquivamento, o qual poderá concordar ou determinar a emenda da representação ou ainda, prosseguir de ofício no caso.

Art. 17

O representado será intimado por via postal, com aviso de recebimento, para, num prazo de 15 (quinze) dias, oferecer defesa, indicando provas e arrolar testemunhas, no número máximo de cinco, entendendo-se o seu silêncio como aceitação tácita dos termos expostos na representação.

Art. 18

O relator designará audiência de instrução e julgamento, devendo as partes providenciarem o comparecimento de suas testemunhas, que poderão, a pedido da parte interessada, ser cientificadas por via postal, pela Secretaria da CDE, sendo que o não comparecimento injustificado da testemunha implicará em preclusão da prova.

Art. 19

Encerrada a instrução, o relator abrirá vistas para as partes, com prazo sucessivo de 10 (dias) para cada uma, a fim de que ofereçam suas razões finais, após o que, consertados os autos, seja proferida a decisão pela câmara julgadora, que proferirá um parecer, impondo a penalidade respectiva que couber.

Art. 20

A Secretaria da CDE providenciará a intimação por via postal, com aviso de recebimento das partes, as quais terão prazo de 10 (dez) dias, contados de seu recebimento, para interposição de recurso administrativo ordinário para o pleno da CDE, mediante recolhimento da taxa de expediente equivalente a uma mensalidade, na Secretaria da ABAR, no ato de interposição do recurso.

§1.º – O não recolhimento da taxa administrativa importa em deserção do recurso e não conhecimento de seus termos.

§2.º – Para recurso administrativo extraordinário, o valor da taxa a ser recolhida no ato de interposição do recurso será de duas mensalidades cobradas pela ABAR.

Art. 21

O processo administrativo disciplinar é sigiloso e dele somente poderão ter conhecimento o representante, o representado, os membros da câmara de julgamento e o presidente da CDE.

CAPÍTULO III
DAS DISPOSIÇÕES GERAIS

Art. 22

Este código entra em vigor na data de seu registro no Cartório de Registro de Títulos e Documentos desta Capital do Estado de São Paulo.

15.5. A ética prevista pela Lei Arbitral

É conveniente lembrar que a arbitragem não é totalmente isolada do Poder Judiciário, nem a Lei Arbitral é isolada das leis nacionais, mormente o Código de Processo Civil. A figura do árbitro não é inteiramente isolada da do juiz togado. Há entre todos um paralelismo e alguns pontos de conexão. Por diversas vezes a lei da arbitragem faz remissão ao CPC e já falamos que as normas éticas consubstanciadas nos arts. 125 a 133 do CPC, referentes aos juízes, estendem-se normalmente aos árbitros.

Entretanto, a própria Lei Arbitral estabelece, de forma muito concisa a exigência básica da orientação a ser seguida pelo árbitro, no seu art. 13, §6°, que transcrevemos abaixo:

> "No desempenho de sua função, o árbitro deverá proceder com imparcialidade, independência, competência, diligência e discrição".

Relaciona destarte cinco fundamentos básicos para nortear a atuação ética dos árbitros, sem estabelecer os parâmetros deles. Ficam esses fundamentos com extrema abrangência, de tal maneira que neles poderá ser enquadrado qualquer problema que suscite dúvidas quanto ao comportamento do árbitro no aspecto moral. O Código de Disciplina e Ética da ABAR, por exemplo, expõe as premissas fundamentais, os deveres, e os princípios básicos do art. 13-§6°. Outros porém, que possam ser invocados estão implícitos neles. Faremos então comentários sobre esses fundamentos.

IMPARCIALIDADE

É a postura do árbitro ante as partes, levando-o a atuar livre de tendências ou favoritismo, tanto em palavra como em ações. Representa um compromisso de servir a ambas as partes, e não a uma só, objetivando a justa composição da lide. Da mesma forma que o juiz togado, o juiz arbitral deve colocar-se acima das partes e entre elas, exatamente entre elas, observando a mesma distância de uma a outra.

O árbitro deve empenhar-se em manter uma postura e um estado de espírito de imparcialidade perante as duas partes envolvidas na questão arbitral. Deverá estar livre de qualquer tendência ou favoritismo, tanto nas ações como nas ideias. O árbitro é um prestador de serviços, que ele deve prestar a ambas as partes e não a uma delas, levando-as a uma resolução justa de suas divergências.

O árbitro é, como o juiz, um ser humano. Como humano, não é fácil a abstração do árbitro ante os sentimentos humanos, tais como simpatia e antipatia, compaixão, temor, amizade e inimizade. Em todo ser humano haverá um colorido afetivo nas suas opiniões. Basta ver o depoimento de testemunhas, em que a forma de expor um evento, assume facetas especiais em cada uma delas.

Os romanos, desde o início do direito, procuraram precaver-se contra possível inclinação do juiz a uma das partes e criaram o brocardo que ainda hoje predomina:

> "Nemo esse judex in causa propria potest".
> (Ninguém pode ser juiz em causa própria.)

Se o árbitro decide de forma injusta, por ter sido parcial, decidiu em causa própria, decidiu em favor de seu "ego". Foi subjetivo e deixou-se guiar por seus sentimentos, que o inclinaram para uma das partes. A jurisprudência revela-nos as sugestivas diferenças entre os julgamentos de casos semelhantes, o que nos faz supor que as decisões foram ditadas com diferente colorido afetivo. Não se pode, por isso, exigir que o árbitro seja absolutamente imparcial, mas exige seu esforço para ser objetivo e não se deixar levar por tendências psicológicas.

Parafraseando o dito de César, quando disse que "não basta à mulher de César ser honesta; tem que parecer honesta", numerosos códigos recomendam que o árbitro revele qualquer fator que "possa" fazê-la inclinar para uma das partes. Aliás, é o que diz o princípio II do Código de Ética da AAA-American Arbitration Association:

An arbitrator should disclose any interest or relationship likely to affect imparciality or which might create on appearance of parciality or bias.	Um árbitro deve revelar qualquer interesse de relacionamento capaz de afetar a imparcialidade ou que possa criar a aparência de parcialidade ou inclinação.

INDEPENDÊNCIA

Há muita diferença entre independência e imparcialidade, mas a independência é um fator de elevada importância para a imparcialidade. Se o árbitro não for independente, encontrará sérios obstáculos para ser imparcial. A independência é a ausência de vínculos estranhos à sua função, que possam tolher sua liberdade de julgamento. Não se trata de independência jurídica, mas psicológica. Não é também absoluta, mas relativa, uma vez que o árbitro tem vários vínculos, como à convenção arbitral, às partes, à arbitragem.

Os vínculos tolhedores da liberdade do árbitro, por outro lado, são apenas aqueles capazes de influir no julgamento da questão. Neste aspecto, há muita analogia entre o árbitro e o juiz togado, visto que a própria Lei da Arbitragem, no art. 14, faz remissão a idêntica disposição do Código de Processo Civil. Será conveniente transcrever aqui o *"caput"* do referido artigo.

> "Estão impedidos de funcionar como árbitros as pessoas que tenham com as partes ou com o litígio que lhes for submetido, algumas das relações que caracterizam os casos de impedimento ou suspeição de juízes, aplicando-se-lhes, no que couber, os mesmos deveres e responsabilidades, conforme previsto no Código de Processo Civil."

Remete essa disposição mais precisamente aos arts. 134, 135 e 136, na seção denominada "Dos Impedimentos e da Suspeição". Assim, não pode ser árbitro quem for parte no processo ou já interveio como advogado de uma das partes ou tenha atuado em outros processos de outra forma, como por exemplo perito, estabelecendo algum relacionamento com alguma das partes. É vedado também o exercício da função de árbitro a quem for amigo ou inimigo de uma das partes ou das duas, se for credor ou devedor delas, herdeiro, empregado ou empregador. Em todos esses casos, há sempre um vínculo comprometedor entre o árbitro e as partes. Não só o vínculo do árbitro pode comprometer sua independência, mas também o de sua esposa ou parente de primeiro grau, como por exemplo, se a esposa for advogada de uma das partes.

As pessoas indicadas para funcionar como árbitro têm o dever de revelar, antes da aceitação da função, qualquer fato que denote dúvida justificada quanto à sua imparcialidade e independência. Assim diz a Lei da Arbitragem. Consta essa disposição na lei arbitral de vários países. O Código de Ética elaborado pela AAA chama-o de "disclosure", termo esse bem vulgarizado internacionalmente. Consta ela também do art. 7.º da CIA-Corte Internacional de Arbitragem.

DILIGÊNCIA

Será mais fácil compreender a diligência levando-se em conta o seu oposto: a negligência. Age com negligência quem pratica um ato com desatenção, descuido ou com falta de precaução. O negligente é um relaxado, que trata uma questão com pouco caso. Em vista da negligência, um ato é inseguro, perigoso, causando resultados negativos ou prejudiciais. É resultado da inobservância ou omissão de alguém no exercício de uma função, ou então as exerce com desprezo. Na vida militar a negligência é referida como "falta de exação no cumprimento do dever".

Um advogado diligente trabalha com dedicação, empenho e atenção. Toma todos os cuidados necessários para que sua ação seja eficaz; é a busca da perfeição no trabalho. O advogado diligente relê as petições que elabora, consulta colegas e confere o que diz com a lei e o direito; acompanha o andamento dos processos com precisão, anotando os passos processuais. Toma maior precaução possível para não deixar passar os prazos "in albis". Comparece às audiências com antecedência avisando seu cliente e as testemunhas com segurança. Providencia toda a documentação necessária. Executa seu trabalho com carinho e presteza.

Assim deve agir o árbitro; ser rápido e preciso nas suas decisões e ações, pelo que diziam os romanos: "celeriter ac diligenter". Se o principal característico da arbitragem é o de ser ela célere, essa celeridade se deve muito à diligência do árbitro. Não se aplica neste caso o provérbio de que "a pressa é inimiga da perfeição", pois o que se exige não é pressa mas presteza. Os prazos são o grande desafio para a diligência do árbitro; deve ele atentar para o prazo que lhe foi concedido para exarar sua sentença e programar o início e andamento do processo, para chegar ao fim sem atropelos.

Por diligência, deve o árbitro examinar cuidadosamente a convenção arbitral, seja a cláusula compromissória, seja o compromisso. Deve observar se está a cláusula compromissória elaborada nos termos dos arts. 4.º ao 8.º da Lei de Arbitragem; se não é um contrato de adesão, o que implicará características especiais da cláusula compromissória; se o compromisso contém os requisitos obrigatórios dos arts. 10 e 11; os seus honorários nos termos do art. 11. Importantíssima é a descrição precisa e clara da matéria a ser objeto da arbitragem, ou seja, qual é a controvérsia a ser resolvida. A decisão do árbitro deverá ser nos exatos termos da questão proposta, não podendo ele decidir "ultra petita" nem "extra petita".

A falta de diligência do árbitro poderá provocar processo de anulação da sentença, com terríveis consequências para ele. Os motivos para a anulação da sentença, previstos no art. 32, são todos causados por falta de diligência, como por exemplo, se forem preteridos certos princípios processuais: do contraditório, da igualdade das partes, da imparcialidade do árbitro e de seu livre convencimento.

DISCRIÇÃO

Apesar do paralelismo reconhecido entre o juiz togado e o juiz arbitral, este é um aspecto em que eles vão se diferenciar. O processo judicial caracteriza-se pelo princípio da publicidade, excetuando-se alguns casos, como em questões de família, em que o processo corre em segredo de justiça. Não há sigilo, pois o juiz lavra termos nos autos, dá despachos por escrito e deve revelar na sentença os suportes fáticos e jurídicos de sua decisão. Às vezes, até há publicação no Diário Oficial.

A arbitragem, entretanto, caracteriza-se pela confidencialidade. Os passos processuais são do exclusivo conhecimento das partes e seus patronos. A sentença é dada em duas vias, uma para cada parte, não sobrando terceira via. Os documentos de cada parte são devolvidos a elas; os referentes ao processo são destruídos logo após a sentença. Não sobram dados sobre o processo. Como predomina a vontade das partes, poderão elas autorizar a divulgação do julgamento. A discrição deixará de ser aplicada neste caso.

O árbitro deverá preservar a privacidade da arbitragem. Todos os aspectos do procedimento arbitral devem ser tratados pelo árbitro como confidenciais. Só será permitida nas audiências a presença de pessoas que sejam parte, representante das partes, ou a serviço do processo, como testemunhas e peritos.

Aspecto especial é o comentário ou consulta que o árbitro julgue conveniente fazer com outros colegas de arbitragem, ou um perito no assunto em tela. Há neste caso liberalidade, desde que não haja identificação do processo e das partes, tratando-se apenas de discussão de assuntos julgados pelo juízo arbitral, desde que não ofereça bases para a identificação do processo, deixando vago ou obscuro até mesmo o ramo de atividade das empresas envolvidas no processo.

A legislação sobre arbitragem ainda se resume na Lei 9.307/96, mas estão sendo aguardadas novas normas que irão surgir conforme a necessidade. É provável que surja alguma regulamentação a respeito da privacidade arbitral. Enquanto isso, seguiremos a doutrina consideradora da arbitragem como rito sigiloso, submetido porém ao desejo das partes. A autorização delas, todavia, deverá ser obtida por escrito, e de forma bem especificada. Recomenda-se a entrega, às partes, de um formulário em que elas se pronunciem apenas com "sim" ou "não" sobre a divulgação da sentença ou qualquer outro passo do processo.

A mesma discrição deverá ser conservada pelo árbitro em relação ao âmbito interno das partes. As informações colhidas pelo árbitro em situação de confidência ou audiência privada deverão ficar só entre as partes envolvidas.

COMPETÊNCIA

O termo "competência" tem para com o árbitro uma conotação além de seu sentido genérico, devido a alguns aspectos específicos. O termo é de origem latina COMPETENTIA, por sua vez originário de COMPETERE = ser capaz, ter aptidão. É mais nesse sentido etimológico que a lei se refere. O árbitro deve ser, portanto, capaz de exercer suas funções, tendo aptidão para esse exercício: é a habilidade e destreza do árbitro para julgar um feito de maneira justa, lógica e adequada.

Não se trata nessas considerações de competência jurisdicional, ou seja, o conjunto de poderes atribuídos a um juiz pela lei, para que ele possa conhecer de determinadas questões. Assim por exemplo, um juiz criminal é incompetente para conhecer de uma causa civil. A competência de que fala a Lei da Arbitragem no art. 13 tem conotação mais psicológica e profissional do que jurídica.

A competência do árbitro resultará de um conjunto de fatores intelectuais, psicológicos e éticos que o habilitem a conduzir um processo à justa composição da lide, a inspirar e manter a confiança das partes, a fazer respeitar suas decisões. A idoneidade intelectual e moral é o apanágio primordial da competência do árbitro. Esta competência decorrerá das qualidades intrínsecas da personalidade do árbitro, como é natural, mas é insuficiente. O árbitro constituirá sua personalidade própria, com a vivência e experiência no exercício de suas funções arbitrais, procurando assimilar essa vivência.

Processos justos e salutares para a solução de litígios são indispensáveis à nossa coletividade. A arbitragem é uma das formas alternativas para a solução de tais divergências, forma essa viável e adequada, como vimos apregoando. Muitos tipos de disputas ela soluciona, mormente na vida empresarial. Para que ela seja eficaz, precisará obter ampla confiança pública na integridade e honestidade do processo arbitral e do juiz arbitral. Por isso, tem o árbitro elevada responsabilidade não só para com as partes mas também para a própria arbitragem. Deve observar elevados padrões éticos de comportamento, para que a integridade e honestidade do processo seja preservada.

Consequentemente, o árbitro deve reconhecer a responsabilidade para com a sociedade, as partes cujos direitos estão sendo decididos, os demais árbitros e outros participantes do sistema arbitral. Não poderá ele postular sua nomeação para julgamentos determinados. Poderá pretender a função de árbitro de forma genérica, mas não para julgamentos específicos.

Após o exercício de um julgamento arbitral, o árbitro deve evitar o estabelecimento de semelhantes relações ou adquirir algum interesse em circunstâncias que possam razoavelmente criar aparência de que tenha sido influenciado na arbitragem pela antecipação ou expectativa do relacionamento ou interesse. Manter a sua posição de independência faz parte da competência do árbitro e da experiência que ele conseguir no exercício da atividade.

Quando a gama de poderes do árbitro for derivada de um acordo das partes, não deve o árbitro ultrapassar esses poderes nem exercê-los aquém do que seja necessário. Se a convenção das partes estabelecer passos a serem seguidos na condução da arbitragem ou referir-se às regras arbitrais, será da obrigação do árbitro cumprir esses passos ou regras. Essa postura do árbitro, ferindo os princípios de disciplina ou honestidade profissional, poderá ocasionar também prejuízos e responsabilidade na órbita jurídica, pois incorrerá nas consequências previstas no art. 32 da Lei da Arbitragem.

Segundo esse artigo, É NULA A SENTENÇA ARBITRAL devido à falta de competência do árbitro, se este, por exemplo, fizer julgamento "ultra petita" ou "extra petita", se não obedecer à convenção arbitral, se não respeitar os princípios do contraditório, da igualdade das partes, da imparcialidade do árbitro e de seu livre convencimento. Fruto da incompetência do árbitro será a não observância do prazo para a prolação da sentença arbitral.

O árbitro deve desenvolver todos os esforços compatíveis para prevenir táticas dilatórias, tumultos das partes ou outros participantes, ou qualquer abuso ou retenção do procedimento arbitral. Se o árbitro revelar falhas de competência neste sentido, atentará contra duas características básicas da arbitragem: a rapidez e a baixa contenciosidade. Nem sempre será fácil impedir dilações que retardem o processo ou até façam escoar o prazo, mas cabe ao árbitro desenvolver sua habilidade em acelerar o processo, sem que as partes notem. O árbitro não é como o juiz, que tem na porta um policial armado ao seu dispor, para retirar da sala da audiência um desordeiro, ou com poderes de aplicar multas, suspender audiência ou quaisquer outras medidas de exercício de autoridade pública. Também será difícil manter a tranquilidade entre partes recalcitrantes. O juízo arbitral sofre a influência da justiça oficial, que vem sendo considerada uma arena de digladiadores. É o momento em que a capacidade do árbitro aplica-se na manutenção do ambiente sereno a ponto de se chegar a soluções não dominadas pelo colorido afetivo.

Integra-se ainda na competência do árbitro sua formação intelectual. A maleabilidade da arbitragem, permitindo que as partes escolham o direito aplicável, exige do árbitro a assimilação de novas disposições legais. Digamos, por exemplo, que as partes invoquem a faculdade a elas concedidas pelo art. 2.º da Lei Marco Maciel:

> "Poderão, também, as partes convencionar que a arbitragem se realize com base nos princípios gerais de direito, nos usos e costumes e nas regras internacionais de comércio".

Está aí um desafio à competência do árbitro. Conforme a questão e o direito invocado, o árbitro precisará de enfronhar-se no direito internacional e nas operações de comércio exterior. Os usos e costumes não são fáceis de interpretar, pois variam de região para região, e, além disso, os usos e costumes apenas serão fontes de direito se ficarem amoldados à legislação nacional.

Os princípios gerais de direito constituem questão muito complexa e nem mesmo há um conceito estável que os defina. É estudo que se eleva à filosofia do direito. Vê-se então que a competência do árbitro exige elevada formação jurídica e facilidade de adaptação a normas. Igualmente delicada é a situação do árbitro não advogado, como um médico, um economista; exige-se dele competência técnica e competência judicante.

16. AS CONEXÕES ENTRE A JUSTIÇA PÚBLICA E A PRIVADA

16.l. A interligação dos sistemas resolutórios de controvérsias

16.2. Chamamento à arbitragem pelo Poder Judiciário

16.3. Celebração do acordo arbitral

16.4. Nomeação judicial de árbitros

16.5. Arguição contra árbitros e convenção arbitral

16.6. Adoção de medidas coercitivas às testemunhas

16.7. Controvérsias sobre direitos disponíveis

16.8. Efeitos jurídicos da sentença arbitral

16.9. Nulidade da sentença arbitral

16.10. Homologação de sentenças arbitrais estrangeiras

16.11. Honorários do árbitro

16.12. A arbitragem e a conciliação nos Juizados Especiais

16.1. A interligação dos sistemas resolutórios de controvérsias

Entre as diversas concepções da arbitragem figura a de que seja uma forma de ministração da justiça. Contudo, ministrar justiça é uma das funções do Estado e este vem cumprindo seu papel desde o início da humanidade e vem garantindo a sobrevivência dela, mantendo, o quanto possível, a harmonia social.

Os conflitos humanos são a consequência natural do homem, desde os tempos bíblicos. Adão e Eva não conseguiram viver em harmonia, tanto que Deus os expulsou do Paraíso. Ambos tiveram dois filhos e todos sabem o resultado. Daí por diante, a saga da espécie humana foi a sucessão de litígios em todas as gerações.

Apesar disso, nota-se o permanente esforço do ente humano em buscar o entendimento com seus semelhantes, um convívio harmonioso e regime de ampla colaboração. Para isso, criou a jurisdição, a justiça pública, como fórmula de resolução de pendências. Essa fórmula prevaleceu pelos séculos. Os problemas humanos foram sendo resolvidos, bem ou mal, pelo sistema judicial, tradicionalmente adotado.

Todavia, o mundo moderno vem criando uma série imensa de problemas novos e inusitados, cuja jurisdição tornou-se surpresa para os métodos tradicionais de solução. A produção em série, a adoção da tecnologia avançada na produção, a era da globalização, a chamada emancipação da mulher, o domínio da informática em todos os tipos de atividade e a recente irrupção da Internet em muitas operações, a fecundação artificial, fizeram obsoletos os tradicionais esquemas de vida; fizeram desaparecer os velhos esquemas de vida; os velhos problemas deixaram de existir, mas foram criados muitos outros. Novas relações jurídicas estão sendo elaboradas, sem terem sido previstas pelo direito e este encontra dificuldades à nova situação.

Os contratos foram se tornando superados ante a explosão das negociações empresariais, a tal ponto de não mais existirem os contratos tradicionais, como os previstos em nosso Código Civil e no antigo Código Comercial. Os que permaneceram, estão desfigurados. Veja-se o protótipo dos contratos, o de compra e venda, tal como fora previsto no Código Civil e Código Comercial, e como está hoje aplicado. Os novos contratos, em uso frequente, são híbridos, complexos, formados por pedaços de vários outros, tornando-se de complexa caracterização. Os contratos de Comissão Mercantil, Mandato Mercantil e Gestão de Negócios fundiram-se e desapareceram, transformando-se em Contrato de Representação Comercial ou Concessão Comercial.

O direito brasileiro não é um direito nosso, adequado a nós. Foi criado há dois mil anos atrás e há dez mil quilômetros de São Paulo. É o direito encarregado de regulamentar a sociedade romana de outrora. A adaptação desse direito às necessidades brasileiras tem sido lenta, embora lenta também tivesse sido nossa evolução, até recentemente. Nos últimos trinta anos, porém, o mundo saiu da era da evolução e entrou na da revolução. O direito romano não mais consegue se amoldar à nova ordem e revela-se incapaz de resolver os novos problemas.

Para a resolução dos problemas antigos foram criados os mecanismos adequados e necessários. Para os problemas novos, esses mecanismos não são necessários: ao invés, tornaram-se inadequados. Impossível ficou enfrentar o mundo moderno com as armas do passado. Não poderiam Caio Júlio Cesar ou Napoleão Bonaparte empreender hoje as suas conquistas, utilizando-se das mesmas armas e estratégias idênticas às de seu tempo.

A antiga jurisdição, de origem romana, vem provocando imensos desacertos, e a situação judiciária tornou-se caótica, embora suportável. Cedo, entretanto, se tornará insuportável esse estado de coisas. A administração pública está sucateada, e com ela a administração da justiça. Não é um aspecto apenas da vida brasileira, mas universal. Tivemos então de criar novos mecanismos para a resolução desses problemas novos. O próprio Governo brasileiro chegou à conclusão de que o estado calamitoso de nossa justiça era insolúvel e não adiantaria ficar procurando solução de um problema insolúvel.

Partiu para a criação de nova justiça, uma fórmula alternativa de resolução de demandas de natureza jurídica. Deu então ao Brasil a Lei 9.307/96, a Lei da Arbitragem. Não é sem razão que ficou conhecida como Lei Marco Maciel, por ter brotado da iniciativa o Vice-Presidente da República. Regulamentou-se de forma eficaz o método tradicional de resolução de controvérsias, fora da justiça pública, passando a conviver uma com a outra, em regime de saudável colaboração.

Não há falar em privatização da justiça, pois a justiça pública não poderá desaparecer. O Poder Judiciário é um dos poderes do Estado e sem o concurso dele não haveria equilíbrio dos poderes estatais, nem Estado de Direito. A arbitragem é um sucedâneo da jurisdição; caminha com ela paralelamente, mas se encontrando de vez em quando. Podemos dizer que a justiça pública e a justiça privada operam em regime de mútua cooperação, uma complementando a outra. Perquirindo a própria Lei da Arbitragem iremos encontrando esses pontos de conexão entre as duas justiças e os termos dessa colaboração.

16.2. Chamamento à arbitragem pelo Poder Judiciário

A primeira conexão entre a arbitragem e a justiça comum, prevista pela Lei de Arbitragem, é encontrada no art. 6.º, que será aqui transcrito e cujas disposições passaremos a expor:

> "Art. 6.º
> Não havendo acordo prévio sobre a forma de instituir a arbitragem, a parte interessada manifestará à outra parte sua intenção de dar início à arbitragem, por via postal ou por outro meio qualquer de comunicação, mediante comprovação de recebimento, convocando-a para, em dia, hora e local certos, firmar o compromisso arbitral.
> Parágrafo único – Não comparecendo a parte convocada ou, comparecendo, recusar-se a firmar o compromisso arbitral, poderá a outra parte propor a demanda de que trata o art. 7.º desta Lei, perante o órgão do Poder Judiciário a que, originariamente, tocaria o julgamento da causa."

A arbitragem é instituída pela convenção arbitral, que se apresenta de duas formas: pela cláusula compromissória e pelo compromisso arbitral. A cláusula compromissória é a convenção arbitral em que as partes celebrantes de um contrato decidiram submeter à solução arbitral, quaisquer divergências entre elas no tocante à interpretação ou execução daquele contrato. Quando surgir essa divergência, a parte mais interessada comunica à outra parte sua iniciativa de dar início à arbitragem.

Acontece porém que a outra parte esquiva-se de participar da arbitragem, rompendo unilateralmente o acordo assumido no contrato. O juízo arbitral não tem poderes para obrigar a parte recalcitrante a comparecer ao juízo arbitral debaixo de força. Nessa situação, cabe à parte proponente empreender ação no Poder Judiciário, procurando coagir a parte recalcitrante a participar do processo arbitral. É uma ação com objetivo de levar o réu a uma "obrigação de fazer". Não estabelece a Lei da Arbitragem qual deverá ser o rito a seguir, mas, em nosso parecer, deve ser Ação

Sumária. Não vemos necessidade de testemunhas, pois a cláusula compromissória em um contrato assinado já é prova suficiente de uma obrigação assumida.

Os passos processuais seguirão as normas previstas no Código de Processo Civil, mas algumas previsões constam do art. 7.º da Lei Arbitral:

> "Existindo cláusula compromissória e, havendo resistência quanto à instituição da arbitragem, poderá a parte interessada requerer a citação da outra parte para comparecer em juízo a fim de lavrar-se o compromisso, designando o juiz audiência especial para esse fim.
>
> § 1.º – O autor indicará com precisão, o objeto da arbitragem, instruindo o pedido com o documento que contiver a cláusula compromissória.
>
> § 2.º – Comparecendo as partes à audiência, o juiz tentará, previamente, a conciliação acerca do litígio. Não obtendo sucesso, tentará o juiz conduzir as partes à celebração, de comum acordo, do compromisso arbitral.
>
> § 3.º – Não concordando as partes sobre os termos do compromisso, decidirá o juiz, após ouvir o réu, sobre seu conteúdo, na própria audiência ou no prazo de dez dias, respeitadas as disposições da cláusula compromissória e atendendo ao disposto nos arts. 10 e 21, §2° desta Lei.
>
> § 4.º – Se a cláusula compromissória nada dispuser sobre a nomeação de árbitros, caberá ao juiz, ouvidas as partes, estatuir a respeito, podendo nomear árbitro único para a solução do litígio.
>
> § 5.º – A ausência do autor, sem justo motivo, à audiência designada para a lavratura do compromisso arbitral, importará a extinção do processo sem julgamento de mérito.
>
> § 6.º – Não comparecendo o réu à audiência, caberá ao juiz, ouvido o autor, estatuir a respeito do conteúdo do compromisso, nomeando árbitro único.
>
> § 7.º – A sentença que julgar procedente o pedido valerá como compromisso arbitral".

A ação deverá ser proposta ao órgão do Poder Judiciário a que tocaria a questão, no caso de ter havido opção pela justiça comum. Assim, se for uma questão empresarial, deverá ela ser discutida na vara cível, na jurisdição respectiva; se for um contrato de trabalho, deverá ele ser discutido na Justiça do Trabalho.

O autor irá indicar com precisão o objeto da arbitragem, ou seja, a matéria a ser discutida. O pedido será obrigatoriamente instruído com o contrato em que constará a cláusula compromissória. Na exordial o autor requererá a citação da parte recalcitrante para os termos dessa ação.

O juiz marcará então audiência para que as partes compareçam a ela e celebrem o compromisso arbitral, que será um compromisso arbitral judicial, nos termos do art. 9.º da Lei da Arbitragem. Não comparecendo o réu, segue o processo à revelia, condenando-se o réu a participar do julgamento arbitral. Com essa sentença, a parte interessada irá instruir a instauração do juízo arbitral.

16.3. Celebração do acordo arbitral

A participação judicial na elaboração de instrumento arbitral revela-se no art. 9.º, ao prever a celebração do compromisso arbitral no âmbito do Poder Judiciário. A arbitragem resulta de uma convenção estabelecida pelas partes, ou seja, um acordo pelo qual as partes decidem submeter à resolução arbitral alguma divergência de natureza jurídica sob direitos patrimoniais disponíveis. Essa convenção apresenta-se sob dois tipos: o compromisso arbitral e a cláusula compromissória.

Compromisso é a convenção por meio da qual as partes submetem uma lide à arbitragem de uma ou mais pessoas, podendo ser judicial ou extrajudicial. O compromisso arbitral judicial será celebrado por termo nos autos, perante o juízo ou tribunal, em que tem curso a demanda. Pelo próprio conceito, entende-se que há necessidade de um processo judicial em andamento, ou seja, o litígio está sendo discutido na justiça.

Durante o curso do processo, as partes chegam à conclusão de que será mais conveniente apelar para a arbitragem, ao invés de manter a discussão no âmbito judiciário. Tem ocorrido em São Paulo a sugestão do próprio juiz para que as partes transfiram a discussão para a arbitragem. Estando as partes de acordo com essa transferência, manifestam elas sua intenção ao juiz, lavrando-se termo nos autos, assinado pelas partes e pelo juiz.

Em consequência desse termo extinguir-se-á o processo, nos termos do art. 267, inciso VII do Código de Processo Civil, sem julgamento de mérito. Essa causa de extinção do processo foi introduzida pela Lei da Arbitragem no CPC, cujo art. 267 ficou assim:

"Extingue-se o processo sem julgamento de mérito:
....
VII – pela convenção de arbitragem".

Não cremos que seja necessária a realização de audiência especial para o compromisso arbitral judicial. Poderão as partes elaborar o compromisso arbitral por instrumento particular, requerendo ambas a homologação desse acordo e a consequente extinção do processo. Fica em aberto o "modus faciendi" da transferência da questão da esfera judicial para a esfera arbitral. Poderão as partes requerer ao juiz o desentranhamento dos autos do processo, encaminhando-os ao juízo arbitral, que terá andamento, com o aproveitamento dos atos processuais. O processamento da arbitragem ocorrerá então nos próprios autos anteriormente judiciais.

Poderão ainda as partes dar por extinto o processo judicial, extraindo cópia do acordo arbitral, para instruir o pedido de instauração da arbitragem.

16.4. Nomeação judicial de árbitros

A sentença vai mais além do que a de suprir a vontade de uma das partes. Segundo a lei, pode o juiz "estatuir a respeito", ou seja, poderá complementar os pontos omissos da cláusula compromissória. Poderá nomear o árbitro, que será assim um árbitro "ad hoc", bem como estatuir quanto ao direito a ser aplicado. Em nosso parecer, poderá ainda aplicar o parágrafo único do art. 11, fixando os honorários do árbitro.

Um aspecto omitido pela lei é quanto ao recurso contra a sentença. Tratando-se de questão cível, o recurso será de apelação. O aspecto mais importante contudo é quanto ao efeito da apelação. Concluímos ser a apelação recebida apenas no efeito devolutivo, o que não fará retardar a solução do problema. É que o art. 41 da Lei da Arbitragem determinou nova inclusão no art. 520 do Código de Processo Civil, a respeito dos efeitos da apelação. Diz então este que a apelação será recebida só no efeito devolutivo quando interposta de sentença que julgar procedente o pedido de instituição de arbitragem.

Sendo assim, o apelado poderá promover, desde logo, a execução provisória da sentença, extraindo a respectiva carta de sentença, que instruirá o pedido de instauração da arbitragem.

Não é este porém o único caso em que o Poder Judiciário encarrega-se de nomear árbitro para as partes. Há o previsto no § 2.º do art. 13:

"Quando as partes nomearem árbitros em número par, estes estão autorizados, desde logo, a nomear mais um árbitro. Não havendo acordo, requererão as partes ao órgão do Poder Judiciário a que tocaria, originariamente, o julgamento da causa a nomeação do árbitro, aplicável, no que couber, o procedimento previsto no art. 7.º desta lei".

Como já referido, o juízo arbitral pode ser formado por um árbitro singular ou por um tribunal; neste último caso um colegiado. Se as partes convencionarem a formação de um tribunal, cada um nomeará um árbitro, mas não será possível um tribunal com número par, porquanto poderia haver empate nas decisões. O terceiro árbitro, o presidente do tribunal, deverá ser escolhido de comum acordo entre os dois árbitros. É possível que não cheguem eles a um acordo para a nomeação de um terceiro árbitro. Ante esse embaraço, poderão as partes envolvidas na arbitragem requerer ao Poder Judiciário para que nomeie o terceiro árbitro, para presidir ao tribunal. Nesses e em outros casos semelhantes, a competência para a nomeação será do órgão judicial a quem caberia o julgamento da questão; se for pendência trabalhista, será da Justiça do Trabalho; se for questão cível, será das varas cíveis.

A respeito deste tribunal, do qual estamos falando, os árbitros indicados pelas partes não são "árbitros das partes". No momento em que eles estiverem investidos na função, devem observar absoluta independência e imparcialidade ante as partes. Não se encontram na posição de defender, mas de julgar.

16.5. Arguição contra árbitros e convenção arbitral

O procedimento arbitral está previsto nos arts. 19 a 22 da Lei Arbitral; são quatro longos artigos. Ao instituir-se a arbitragem, poderá qualquer parte contestar as alegações da outra, dentro do princípio do contraditório. Poderá ainda arguir exceção contra o árbitro ou alguma irregularidade na convenção de arbitragem, tal como previsto no Código de Processo Civil. Ficou assim regrado no art. 20:

"A parte que pretender arguir questões relativas à competência, suspeição ou impedimento do árbitro ou dos árbitros, bem como nulidade, invalidade ou ineficácia da convenção de arbitragem, deverá fazê-lo na primeira oportunidade que tiver de se manifestar, após a instituição da arbitragem.

§ 1.º – Acolhida a arguição de suspeição ou impedimento, será o árbitro substituído nos termos do art. 16 desta lei, reconhecida a incompetência do árbitro ou do tribunal arbitral, bem como a nulidade, invalidade ou ineficácia da convenção de arbitragem, serão as partes remetidas ao órgão do Poder Judiciário competente para julgar a causa.

§ 2.º – Não sendo acolhida a arguição, terá normal prosseguimento a arbitragem, sem prejuízo de vir a ser examinada a decisão pelo órgão do Poder Judiciário competente, quando da eventual propositura da demanda de que trata o art. 33 desta lei".

Convém esclarecer a diferença entre a ação de nulidade da sentença arbitral (prevista no art. 33) e a de nulidade da convenção arbitral (prevista no art. 22). O que estamos examinando neste item é a existência de um possível vício grave na convenção arbitral. Essa irregularidade poderá ser atacada logo na criação do juízo arbitral, ou a qualquer momento do processo.

Nessas condições, deve o processo ser remetido ao Poder Judiciário, pois só a justiça poderá anular ou validar um ato jurídico. Se a justiça considerar eficaz a convenção arbitral, a arbitragem segue o seu curso, mas se houver declaração judicial de nulidade ou ineficácia da convenção arbitral, deve ser suspensa a arbitragem e a questão deverá ser resolvida judicialmente, a menos que as partes estabeleçam nova convenção arbitral.

O comportamento do juízo arbitral, em tal situação é bem delicado, motivo pelo qual deve ele proceder com o devido cuidado e máxima segurança, bem como deverá ter absoluta certeza na validade da convenção arbitral ou da legitimidade do árbitro. Se houver qualquer arguição a respeito da legitimidade do árbitro ou da convenção arbitral e o processo continuar, será possível posteriormente a ação anulatória da sentença. Ou então, a parte prejudicada poderia opor embargos contra a execução da sentença.

Essas dificuldades só surgirão se a convenção arbitral for celebrada de forma leiga, sem a assessoria de profissional especializado. O próprio art. 16 faz referência a possível previsão de problemas e suas soluções. A convenção arbitral, seja a cláusula compromissória, ou o compromisso arbitral, poderá encarregar um órgão arbitral institucional ou entidade especializada, para proceder à arbitragem. É uma forma de solução.

Ou então, deverá a cláusula arbitral ser bastante clara, como por exemplo: se houver dúvidas quando à cláusula arbitral, que as dúvidas sejam dirimidas pelo próprio juízo arbitral instaurado. Quanto ao árbitro, se for ele impugnado, seja ele substituído por outro, na forma já estabelecida na cláusula arbitral. O art. 16 é pois uma advertência quanto aos cuidados a serem observados na cláusula arbitral, a fim de evitar a necessidade de submissão da arbitragem ao Poder Judiciário.

16.6. Adoção de medidas coercitivas às testemunhas

Após examinarmos as disposições dos arts. 6.º e 7.º, em que uma das partes poderá requerer as funções da Justiça para obrigar a outra a participar da arbitragem, quando houver convenção entre elas nesse sentido, veremos outro caso de idêntica conexão. Os arts. 6.º e 7.º estabelecem realmente medidas coercitivas, ao obrigar uma parte a comparecer em juízo, sob pena de revelia.

O art. 22 abre outras possibilidades de um juízo arbitral contar com as funções jurisdicionais do juiz togado. A arbitragem não pode tomar medidas de força, como penhorar bens, determinar busca e apreensão, ou obrigar alguém a depor "debaixo de vara". Várias razões contribuem para tanto, iniciando-se pelas de ordem legal. A lei não confere tais poderes ao árbitro e não poderá ele exorbitar-se invadindo os limites do Poder Judiciário. Recorre então ele e esse legítimo poder para pedir as medidas da competência deste.

Refere-se esta questão a depoimento de testemunhas. Dá a entender a lei que se refira também às partes, mas não nos parece que uma parte esteja obrigada a prestar depoimento. Porém, se a parte recusar-se a depor, ficará em posição de revelia e o que for alegado contra ela fica sem esse modo de defesa e pesará contra si na sentença. É o que diz a lei: "o árbitro ou tribunal arbitral levará em consideração o comportamento da parte faltosa, ao proferir a sentença".

> "Poderá o árbitro ou o tribunal arbitral tomar o depoimento das partes, ouvir testemunhas e determinar a realização de perícias ou outras provas que julgar necessárias, mediante requerimento das partes ou de ofício.

§ 1.º – O depoimento das partes ou das testemunhas será tomado em local, dia e hora previamente comunicados, por escrito, e reduzido a termo, assinado pelo depoente, ou a seu rogo, e pelos árbitros.

§ 2.º – Em caso de desatendimento, sem justa causa, da convocação para prestar depoimento pessoal, o árbitro ou o tribunal arbitral levará em consideração o comportamento da parte faltosa ao proferir sua sentença; se a ausência for de testemunha, nas mesmas circunstâncias, poderá o árbitro ou o presidente do tribunal arbitral requerer à autoridade judiciária que conduza a testemunha renitente, comprovando a existência da convenção de arbitragem.

§ 3.º – A revelia da parte não impedirá que seja proferida a sentença arbitral.

§ 4.º – Ressalvado o disposto no § 2.º, havendo necessidade de medidas coercitivas ou cautelares, os árbitros poderão solicitá-las ao órgão do Poder Judiciário que seria, originariamente, competente para julgar a causa.

§ 5.º – Se, durante o procedimento arbitral, um árbitro vier a ser substituído fica a critério do substituto repetir as provas já produzidas."

No que tange à testemunha, a situação é outra; às vezes há interesse de ambas as partes em esclarecer certos aspectos do julgamento arbitral e o depoimento de uma testemunha pode ser fundamental para o deslinde do feito. Em casos assim, se a testemunha recusar-se a depor, poderá o árbitro requerer judicialmente para que venha ela a depor sob constrangimento judicial.

O § 2.º do art. 22 reserva ainda ao árbitro a faculdade de requerer judicialmente outras medidas coercitivas ou cautelares, abrindo o leque para casos gerais. Assim, por exemplo, se estiver em discussão a posse ou propriedade de determinados bens, o autor poderá requerer à justiça o arresto ou sequestro dos bens, até que seja resolvida a questão no juízo arbitral.

16.7. Controvérsias sobre direitos disponíveis

A arbitragem vai encontrar obstáculos legais ao examinar questões envolvendo direitos patrimoniais indisponíveis. O próprio art. 1.º, ao liberar para a arbitragem o exame de direitos patrimoniais disponíveis, estabelece tacitamente a proibição de tocar nos indisponíveis, dizendo:

> "As pessoas capazes de contratar poderão valer-se da arbitragem para dirimir litígios relativos a direitos patrimoniais disponíveis".

Por seu turno, o art. 25 prevê a saída para o caso em que no decorrer de um julgamento arbitral, constatar-se a existência de direito indisponível, o que inviabiliza a continuação do processo:

> "Sobrevindo no curso da arbitragem "controvérsia acerca de direitos indisponíveis e verificando-se que de sua existência, ou não, dependerá o julgamento, o árbitro ou o tribunal arbitral remeterá as partes à autoridade competente do Poder Judiciário, suspendendo o procedimento arbitral.
> Parágrafo único – Resolvida a questão prejudicial e juntada aos autos a sentença ou acórdão transitados em julgado, terá normal seguimento a arbitragem".

Não se deve iniciar procedimento arbitral quando houver dúvidas sobre a indisponibilidade de direitos discutidos, o que será raro acontecer. O que pode contudo acontecer é surgir a indisponibilidade no decorrer do procedimento arbitral. Se no decorrer do processo falecer uma das partes, deixando herdeiros menores, surgirá a indisponibilidade dos direitos do "*de cujus*" ao passar aos seus herdeiros menores. Não se pode discutir na arbitragem direitos de incapazes, pois estes não podem dispor livremente de seus bens e direitos.

Problema não totalmente resolvido é o do conceito de direito indisponível, embora haja opiniões mais ou menos uniformes sobre esta questão. Há dúvidas ainda quanto à indisponibilidade total ou parcial, absoluta ou relativa. Há quase unanimidade na ideia de que o direito indisponível é o que não admite transação. Contudo, o termo "transação" é utilizado em muitos sentidos, até mesmo por várias leis, cada uma lhe dando um conceito.

Um aspecto é seguro: a indisponibilidade está intimamente ligada à transação. Esta é a capacidade de alguém poder discutir seus direitos com outrem, fazendo concessões mútuas, como diz o art. 1.015 do Código Civil. A transação implica renunciar ou alienar direitos (*qui transigit aliena* = quem transige aliena). Pode-se dizer que a transação é a faculdade de fazer acordos.

Ao regulamentar a arbitragem, o Código de Processo Civil italiano diz que será possível a arbitragem na discussão de direitos patrimoniais disponíveis, exceto quanto ao casamento, Direito de Família e questões em que a lei exigir a intervenção do Ministério Público. Assim sendo, os direitos de família são disponíveis, mas a lei italiana veda expressamente a discussão deles pela arbitragem. Os direitos trabalhistas também são disponíveis, pois não há exigência da intervenção do Ministério Público nas audiências trabalhistas, mesmo porque empregado e empregador transigem até chegarem a um acordo.

Em nosso parecer, devemos aplicar no Brasil o critério italiano de não admitir a arbitragem em questões dependentes da presença do Ministério Público, pois é um sintoma de que estas questões versam sobre direitos indisponíveis. Torna-se difícil a aplicação da arbitragem no Direito Falimentar, uma vez que no processo falimentar há a constante intervenção do Ministério Público. Assim sendo, se uma empresa for parte em processo arbitral, mas tiver sua falência decretada, deve ser suspenso o processo pois o direito aplicado será outro.

16.8. Efeitos jurídicos da sentença arbitral

Fator responsável pela propagação da arbitragem no Brasil é a disposição expressa no art. 31, a respeito da eficácia da sentença arbitral:

> "A sentença arbitral produz, entre as partes, e seus sucessores, os mesmos efeitos da sentença proferida pelos órgãos do Poder Judiciário e, sendo condenatória, constitui título executivo".

Estabelece esse artigo um paralelismo entre os dois sistemas de resolução de controvérsias, mormente entre as duas sentenças. Os dois tipos de sentença possuem a mesma estrutura e quase os mesmos requisitos, invocando as normas estabelecidas pelo Código de Processo Civil.

O aspecto mais importante deste artigo é a equiparação dos efeitos jurídicos provocados pelas duas sentenças: a arbitral e a judicial. Antes da Lei 9.307/96, a sentença arbitral dependia de homologação pelo Poder Judiciário para equiparar-se à sentença judicial. Pelo sistema novo, a sentença arbitral produz efeitos imediatos, independendo de trânsito em julgado. A sentença judicial, por seu turno, dependerá de um prazo para esses efeitos, podendo ser longo se houver recursos contra ela.

A execução da sentença arbitral, contudo, ficará na dependência do Poder Judiciário, conforme já exposto.

16.9. Nulidade da sentença arbitral

As decisões arbitrais produzem efeito imediato, por não haver segundo grau de jurisdição, fazendo com que elas sejam irrecorríveis. Não cabe apelação contra a sentença arbitral. A lei arbitral dá portanto ao árbitro elevada dose de autoridade, o que não possui o juiz togado, cujas decisões submetem-se à revisão da justiça de segunda instância.

Entretanto, se a lei concede ao árbitro alta dose de autoridade, acarreta-lhe, em contrapartida, alta dose de responsabilidade. O processo arbitral e a sentença do árbitro são extremamente formais e essas formalidades são previstas na Lei Arbitral, com remissão ao Código de Processo Civil, adicionando-se alguns requisitos exigidos pela Lei Arbitral, como por exemplo, a juntada da convenção arbitral, elaborada de acordo com a lei, apesar do predomínio da vontade das partes.

Tanto o andamento do processo, como a elaboração da sentença arbitral, devem ser perfeitos, considerada essa perfeição como a correta observância dos preceitos legais: havendo qualquer falha formal, considerada pela lei como um vício, é passível a sentença arbitral de ser anulada pelo Poder Judiciário. Dá-se pois a submissão da sentença arbitral ao exame judicial.

A anulação se faz por meio da ação anulatória de ato jurídico. É bom ressaltar que o Judiciário não faz a apreciação do mérito da questão, não tendo pois a ação anulatória sentido semelhante ao de apelação. O que examina o Juízo é a adequação do processo e da sentença às formalidades exigidas pela legislação.

Podemos citar muitos exemplos desses vícios:

– a sentença arbitral tomou decisão "ultra petita" ou "extra petita";

– o julgamento preteriu algum acordo entre as partes, constante de convenção arbitral;

– a sentença arbitral não definiu o objeto da causa, ou a definiu de forma diferente da convenção arbitral;

– a sentença não fez o histórico da questão (relatório), como prevê o CPC;

– É nulo, extinto ou anulado o compromisso arbitral ou a cláusula compromissória;

– a sentença arbitral foi emanada de quem não podia ser árbitro;

– o laudo arbitral (ou sentença arbitral) não contém os requisitos essenciais exigidos pelo art. 26 da Lei Arbitral;

– houve prevaricação, concussão ou corrupção passiva;

– foram transgredidos ou não observados os princípios processuais: contraditório, igualdade das partes, imparcialidade do árbitro e de seu livre convencimento.

A ação anulatória é dirigida contra o árbitro pela parte prejudicada pela sentença. A defesa será feita por um ou outro ou pelos dois. É possível ainda que a outra parte institua litisconsórcio para ambas postularem a anulação. O réu principal será sempre o árbitro, seja ele árbitro individual, órgão institucional ou entidade especializada.

Anulada a decisão arbitral, fica em aberto a questão julgada. O Poder Judiciário devolve ao árbitro, quer na condução do processo, quer na elaboração da sentença; poderá acarretar-lhe a sucumbência, com o pagamento das verbas. Pior ainda, poderá ele sofrer processo de reparação de danos, caso seu trabalho tiver apresentado algum vício. A reparação poderá ser requerida por uma ou por ambas as partes, perante a justiça comum.

Iremos então analisar essas causas, trazendo para o Direito Arbitral muitas disposições do Direito Processual, mesmo porque, é muito forte a natureza processual da arbitragem. Nota-se essa nítida tendência pelo fato de ser a arbitragem regulada pelo Código de Processo Civil na Itália e na França, bem como nos países do Mercosul. O Brasil não está isento dessa tendência, pois se nota a presença de muitos mestres de Direito Processual na elaboração e na divulgação da Lei Arbitral.

A questão encontra a mais viva regulamentação no art. 33 da Lei 9.307/96, abaixo transcrito:

> "A parte interessada poderá pleitear ao órgão do Poder Judiciário competente a decretação da nulidade da sentença arbitral, nos casos previstos nesta lei.
>
> § 1.º – A demanda para a decretação de nulidade da sentença arbitral seguirá o procedimento comum, previsto no Código de Processo Civil, e deverá ser proposta no prazo de até noventa dias após o recebimento da notificação da sentença arbitral ou de seu aditamento.

§ 2.º – A sentença que julgar procedente o pedido:

I – decretará a nulidade da sentença arbitral, nos casos do art. 32, incisos I, II, VI, VII e VIII;

II – determinará que o árbitro ou o tribunal arbitral profira novo laudo nas demais hipóteses.

§ 3.º – A decretação da nulidade da sentença arbitral também poderá ser arguida mediante ação de embargos do devedor, conforme o art. 741 e seguintes do Código de Processo Civil, se houver execução judicial".

Antes de entrarmos no exame desse artigo vamos abrir um hiato para ressaltar a remissão que ele faz ao Poder Judiciário e a submissão dos embargos ao CPC. Há numerosas afirmações de que a arbitragem é uma instituição inconstitucional, por afrontar o art. 5.º-XXXV da CF, abaixo transcrito:

"A lei não excluirá da apreciação do Poder Judiciário lesão ou ameaça a direito".

Como se poderá dizer que a arbitragem exclui do Poder Judiciário a apreciação de qualquer lesão ou ameaça a direito se ela própria submete suas sentenças à justiça comum? A arbitragem não impede as partes de colocar uma controvérsia à solução judicial, mas oferece-lhes a opção: ou apelar ao Poder Judiciário ou à arbitragem. Dá um direito às partes, uma faculdade que elas poderão aproveitar ou não, respeitando sempre a autonomia da vontade.

Além disso, nota-se na clara redação do inciso XXXV da Magna Carta que ela se dirige ao legislador e não ao cidadão. Declara nula qualquer lei que venha impedir alguém de requerer o aparelhamento do Estado em seu favor, caso se sinta injustiçado. A CF defende as prerrogativas do cidadão e suas faculdades, tanto que esse artigo faz parte de um Título denominado "Dos Direitos e Garantias Fundamentais". Não o proíbe de escolher a solução arbitral.

Assim sendo, a Constituição prevê uma garantia, um direito do cidadão, restringindo o legislador em atentar contra esse direito. Todavia, a interpretação erroneamente dada a esse dispositivo legal é exatamente em contrário: pretende restringir esse direito ao cidadão, de exercer sua vontade e sua liberdade. Portanto, a arbitragem garante aos cidadãos o seu livre direito de opção, escolhendo a melhor maneira de resolução de problemas, direito esse assegurado pela letra e pelo espírito de nossa Constituição.

16.10. Homologação de sentenças arbitrais estrangeiras

Eis uma questão longamente tentada pela Lei 9.307/96, em sete artigos, formando um capítulo denominado "Do Reconhecimento e Execução de Sentenças Arbitrais Estrangeiras". Pelas normas estabelecidas, é imperiosa a aprovação da sentença arbitral pelo Poder Judiciário por meio de seu órgão máximo, o Supremo Tribunal Federal.

A sentença arbitral estará então na mesma posição da sentença judicial, visto que seria um atentado à soberania nacional executar decisões de juiz ou árbitro estrangeiro. Tanto a sentença judicial como a arbitral necessitarão desse beneplácito de nossas autoridades judiciárias. A homologação seria como um pedido de licença à justiça nacional, por uma das partes na execução.

Surgiu porém uma dúvida quanto à execução de sentença arbitral oriunda dos países do Mercosul. Em 1992, os governos firmaram o "Protocolo de Cooperação e Assistência Jurisdicional em Matéria Civil, Comercial, Trabalhista e Administrativa" nº 5/92. Neste protocolo consta o Capítulo V: "Reconhecimento e Execução de Sentenças e de Laudos Arbitrais", formado pelos arts. 18 a 24. Diz o art. 20 que as sentenças e laudos arbitrais "terão eficácia extraterritorial nos Estados componentes do Mercosul", desde que reúnam alguns requisitos. Não consta, entre esses requisitos a homologação das sentenças. Conclui-se que as sentenças arbitrais prolatadas por árbitros dos países do Mercosul terão eficácia territorial, independente de homologação.

Essa disposição está em desacordo com a Lei 9.307/96. Todavia, um tratado internacional celebrado pelo Brasil é uma lei com maior força do que uma lei interna. Esse critério entretanto só se aplica aos países celebrantes do Protocolo de Las Lenãs, os quatro do Mercosul. A redação desse tratado deixa um ponto duvidoso: fala em sentenças e laudos arbitrais, mas essas expressões são sinônimas perante nosso direito.

16.11. Honorários do árbitro

No art. 11, parágrafo único, a Lei da Arbitragem faculta ao árbitro recorrer ao Judiciário na defesa de seus direitos, mais precisamente dos seus honorários. Assim diz:

"Fixando as partes os honorários do árbitro ou dos árbitros, no compromisso arbitral, este constituirá título executivo estrajudicial; não havendo tal estipulação, o árbitro requererá ao órgão do Poder Judiciário que seria competente para julgar, originariamente, a causa, que os fixe por sentença.

O art. 10 aponta os requisitos essenciais da convenção arbitral e o art. 11 os mais convenientes, entre eles a fixação dos honorários do árbitro. A convenção arbitral, seja o compromisso arbitral, seja a cláusula compromissória, tem a natureza jurídica de um contrato; e, se estiver assinada, com duas testemunhas, e se tiver o compromisso de pagamento de importância líquida, constitui título executivo extrajudicial. Produzirá efeitos jurídicos semelhantes aos de uma nota promissória ou de sentença judicial condenando ao pagamento de uma importância líquida.

Todavia, se o devedor não pagar, a execução deverá ser promovida pelo árbitro perante o Poder Judiciário, seguindo-se o rito normal do processo de execução, tal como previsto no CPC.

16.12. A arbitragem e a conciliação nos Juizados Especiais

Causou viva atenção nos meios jurídicos a promulgação da Lei 9.099/95, dispondo sobre os Juizados Especiais. Essa instituição tem encontrado muitas dificuldades e revelado inúmeros problemas, mas está em grande desenvolvimento. Toda instituição jurídica passa por semelhantes percalços e pouco a pouco vai se aprimorando até atingir um ponto satisfatório. Esse aprimoramento é um tanto lento, como aliás a lentidão é uma característica própria da justiça pública.

Aspecto importante desta lei foi o do estabelecimento da arbitragem e da conciliação nas questões submetidas a esse tipo de jurisdição. Neste caso, é bem mais íntima a conexão entre a justiça pública e a privada, pois ambas convivem no mesmo âmbito: o do Poder Judiciário.

A conciliação e a arbitragem ficaram regulamentadas nos arts. 21 a 26 dessa lei, formando uma seção denominada "Da conciliação e do Juízo Arbitral".

A Lei 9.099/95 não fala em mediador mas em conciliador. Interpretamos entretanto que na conciliação esteja compreendida a mediação. Foram criadas duas categorias profissionais no âmbito do Poder Judiciário: o conciliador e o árbitro, este também chamado de "juiz leigo".

Há necessidade de que ambos sejam bacharéis em direito. O conciliador não precisa ser advogado, vale dizer, inscrito na OAB: é exigido que tenha se bacharelado há mais de dois anos. Se as exigências para o conciliador são mais suaves para o conciliador do que para o árbitro (ou juiz leigo) não quer dizer que a função seja mais fácil ou menos importante. Ocorre porém que não é exigido do conciliador elevado conhecimento do direito, da lei e das normas processuais, devido à informalidade da mediação e da conciliação.

No entanto, o árbitro precisará ser advogado com mais de cinco anos de experiência. Essa experiência parte de seu registro na OAB. É chamado, pela lei, de "juiz leigo", porquanto sua função é própria de juiz, ou seja, ele aplica a lei, faz um julgamento de mérito. A Lei da Arbitragem chama-o de "juiz arbitral". Necessário pois de que tenha ele amplos e seguros conhecimentos do direito.

São ambos considerados "auxiliares da Justiça", como aliás o advogado é também um auxiliar da Justiça. Os árbitros ficarão impedidos de exercer a advocacia perante os Juizados Especiais, enquanto no desempenho de suas funções (art. 7.º)

A conciliação e a arbitragem devem ser recomendadas pelo próprio juiz, que fará uma previsão do processo em sua alçada e estará apto a dizer se o processo estará apto a seguir seu curso normal ou se mais conveniente forem as fórmulas alternativas. Recomendará então às partes para que elas optem pela conciliação e pela arbitragem. Desde que as partes concordem, lavrar-se-á termo nos autos, nomeando-se o conciliador, obtida a conciliação, esta será reduzida a escrito e homologada pelo juiz togado, mediante sentença com eficácia de título executivo (art. 22).

Se a conciliação não surtir efeito, poderão as partes optar pela continuação do processo na própria vara ou apelar para a arbitragem, podendo escolher o árbitro ou os árbitros. Instaurado o juízo arbitral com a aceitação do árbitro, este assumirá a condução do procedimento arbitral. O árbitro conduzirá o processo com os mesmos critérios do juiz, mas poderá decidir por equidade; neste caso, somos de opinião de que as partes deverão estar de acordo, pois, na arbitragem, é facultado às partes não só a escolha dos árbitros, como a do direito a ser aplicado no julgamento. Nosso parecer ainda é o de que deve ser aplicada neste caso a Lei Arbitral, a Lei 9.307/96, ainda que subsidiariamente.

Com o fim da instrução, o árbitro terá o prazo de cinco dias para apresentar a sentença, que será homologada pelo juiz togado, por sentença irrecorrível.

Vimos assim que a arbitragem, com o Juizado Especial, passou a conviver com o Judiciário no próprio âmbito deste. Ao nosso ver, esta lei abriu caminho para o estabelecimento da mediação, por ter sido apresentado ao Congresso Nacional projeto de lei nesse sentido. Esse projeto revela várias influências da Lei 9.099/95, instituindo a mediação, agora não apenas aos Juizados Especiais, mas a todo processo civil.

Após falarmos sobre a instituição dos métodos alternativos de solução de controvérsias, julgamos conveniente comentarmos também o sentido de nossas afirmações, mormente quanto à interpretação de certos termos muito utilizados. Nos tempos modernos, a arbitragem tem sido interpretada sob vários prismas. "Strictu sensu", a arbitragem é uma forma de solução de demandas. "Latu sensu", a arbitragem vem a designar toda a gama de fórmulas de resolução de controvérsias, praticadas fora do processo judiciário. As fórmulas atualmente mais aplicadas têm sido a mediação, a conciliação e a arbitragem.

Essa diversificação desenvolveu-se principalmente nos EUA, sob os auspícios da AMERICAN ARBITRATION ASSOCIATION-AAA, a denominada "Triple A". Num sentido amplo, a arbitragem tem sido designada como "ADR-ALTERNATIVE DISPUTE RESOLUTIONS". Outros países, como a Argentina, adotaram idêntica orientação e mesmo no Brasil a RAD tem sido levantada, a tal ponto de em dezembro de 2000 ter sido submetido ao Congresso Nacional, pelo Poder Executivo, projeto de lei regulamentando a mediação no Brasil

A RAD (Resolução Alternativa de Disputas), como acaba de ser lembrado, tem como principais institutos a Mediação, a Conciliação e a Arbitragem. A Lei 9.099/95 fala em conciliação, sem referir-se à mediação, mas nada impede que esta seja aplicada. Talvez considere a nossa Lei, como aliás fazem muitos juristas, mediação e conciliação um só processo da resolução de litígios. Iremos então estabelecer, em breves pinceladas, a distinção entre os três processos.

MEDIAÇÃO

É o encontro entre as partes litigantes perante um terceiro imparcial, chamado mediador, para que possam expor seus pontos de vista e defendam seus direitos. A função do mediador é a de assistir às partes na exposição dos problemas, na análise desses, com levantamento de dados e esclarecimento de pontos obscuros.

O mediador poderá oferecer sugestões e apontar temas que tenham passado desapercebido pelas partes conflitantes. Não lhe cabe interferir nos problemas: não pode ele fazer propostas de solução; cabe às partes a resolução do problema. Ele dirige as discussões, estimula as partes a um entendimento. Apenas sugere sutilmente soluções mas não as propõe. Não tem poder decisório.

CONCILIAÇÃO

É operação mais avançada do que a anterior. O conciliador propõe acordo, apresenta ideias e chega a fazer reparos a alegações feitas pelas partes. Sua atuação é bem mais "atrevida". Entra a conciliação numa fase posterior da discussão: só quando todas as alegações das partes tiverem sido reveladas, pois será difícil conciliar ideias ainda não esclarecidas. Antes da mediação, o problema a ser resolvido ainda é obscuro; a conciliação só entra na fase em que a obscuridade cessou.

ARBITRAGEM

É operação mais formal e avançada, pois representa a decisão formalizada na sentença. Na mediação e na conciliação não existe sentença. Não há vencido nem vencedor. O mediador e o conciliador não tomam decisões; eles não precisam exigir provas. O árbitro pode pedir provas para formar opinião ou toma depoimentos, ouve testemunhas. Faz um julgamento de mérito, consubstanciado na sentença.

17. CONVENÇÃO DE NOVA YORK SOBRE EXECUÇÃO DE LAUDOS ARBITRAIS ESTRANGEIROS

17.1. Características da Convenção

17.2. Objetivos da Convenção

17.3. Reconhecimento de decisões arbitrais estrangeiras

17.4. Obrigatoriedade das sentenças

17.5. A execução da sentença

17.6. Limitações da defesa

17.7. Homologação pelo STJ – Superior Tribunal de Justiça

17.1. Características da Convenção

Importante convenção internacional foi promovida pela ONU, resultando em 1958 sua celebração, com o nome de CONVENÇÃO DA ONU SOBRE O RECONHECIMENTO E EXECUÇÃO DE DECISÕES ARBITRAIS ESTRANGEIRAS. Esta convenção foi ratificada por 130 países, ou seja, quase todos os países importantes do mundo. Entretanto, o Brasil foi o último a ratificá-la e transformá-la em lei nacional. Após quase meio século, o Decreto 4.311, de 24.7.2002, instituiu-a no Brasil, transformando-se em lei nacional.

O texto dessa convenção, na íntegra, está inscrito neste compêndio. Agora porém, com sua ratificação pelo nosso país, merece ela algumas considerações, pois está apta a ser aplicada pelo nosso Judiciário. Aliás já está sendo aplicada, iniciando sugestiva jurisprudência. Realmente, a falta da ratificação desse tratado internacional não provocava graves deficiências jurídicas. Grande parte das disposições desse tratado (convenção e tratado são sinônimos perfeitos) já constava de nosso direito, principalmente do regimento interno do Supremo Tribunal Federal. Agora, porém, a competência passou para o Superior Tribunal de Justiça, mas seguindo o mesmo regimento interno. Além do mais, a convenção sempre foi invocada, apesar de não retificada. Todavia, o Decreto 411/02 transformou-a em lei nacional.

A Convenção de Nova York revoga dois atos importantes até então: o Protocolo de Genebra sobre Cláusulas de Arbitragem, de 1923, como também a Convenção de Genebra sobre a Execução de Sentenças Arbitrais Estrangeiras, de 1927, pois regulamenta tudo que estava previsto naqueles estatutos.

Por outro lado, esta convenção não afeta a validade dos acordos multilaterais ou bilaterais celebrados entre o Brasil e outros Estados, como por exemplo, os acordos referentes ao Mercosul.

17.2. Objetivos da Convenção

O objetivo principal da Convenção é o de regulamentar a aplicação do direito estrangeiro em um país: é problema típico de Direito Internacional. Especificamente para o Brasil, regulamenta a maneira pela qual sejam aplicadas e executadas no território brasileiro as decisões tomadas por órgãos arbitrais localizados no exterior. Essas decisões são não só sentenças arbitrais, também chamadas de laudos arbitrais, mas qualquer tipo de provimento arbitral. Aliás, o art. 1º da Convenção deixa claro que embora fale em sentenças, inclui nessa designação: *"sentenças arbitrais não consideradas como sentenças domésticas no Estado onde se tencione o seu reconhecimento e a sua execução".*

Essas sentenças arbitrais estrangeiras, executáveis no Brasil, poderão ser de qualquer modalidade de arbitragem, assim consideradas: voluntária ou facultativa, e permanente ou obrigatória, conforme consta no Capítulo 4. Vamos entretanto descrever as duas. Arbitragem voluntária ou facultativa é a estabelecida pelo compromisso, vale dizer, o acordo celebrado pelas partes para resolverem um litígio já surgido entre elas.

Denomina-se voluntária porque depende da vontade das partes; elas estabelecem o juízo arbitral por decisão delas. Denomina-se também facultativa, porque as partes não se obrigaram previamente, antes de o problema ter surgido. Arbitragem permanente ou obrigatória é a estabelecida pela cláusula compromissória inserida num acordo. Ela já é prevista antes de surgir o litígio. Como exemplo, podemos citar um contrato de trabalho em que consta a cláusula compromissória, elegendo a arbitragem como foro competente para dirimir eventuais divergências entre as partes. É chamada de obrigatória porque as partes já se obrigaram a recorrer à arbitragem quando as divergências surgiram. Ao surgir um problema, as partes estão obrigadas a se submeterem ao tribunal por elas escolhido. É chamada também de permanente, uma vez que a cláusula compromissória permanece após o julgamento de um caso; não se esgota na solução de um problema. Qualquer que seja a modalidade de arbitragem escolhida, suas decisões ficam previstas no art. 1º, item 2, da Convenção, para execução no Brasil.

17.3. Reconhecimento das decisões arbitrais estrangeiras

Pelo art. 2º, o Brasil comprometeu-se a reconhecer o acordo escrito, pelo qual as partes se comprometem a submeter à arbitragem todas as divergências que tenham surgido ou que possam surgir entre elas. Essas divergências (litígios, demandas, controvérsias, lides) podem dizer respeito a um relacionamento jurídico definido, contratual ou não, com relação a uma matéria passível de solução pela arbitragem. Pelo direito brasileiro, há matérias não passíveis de solução pela arbitragem, como questões de família e sucessões, de direito público e outras. O direito italiano considera direitos não disponíveis os que constam de questões em que se exige, em juízo, a presença do Ministério Público. Podemos aplicar esse conceito também no Brasil.

O "acordo escrito", mencionado no art. 2º, poderá ser tanto o compromisso arbitral como a cláusula compromissória, mas também poderá ser algum acerto estabelecido por cartas ou telegramas. Se o Judiciário brasileiro receber uma ação a respeito de divergência em que conste "acordo escrito" para a solução arbitral, deverá não conhecer essa ação, ou encaminhá-la a um árbitro ou tribunal arbitral se houver pedido de uma delas. Excetua-se o caso em que esse acordo seja inexequível, nulo ou ineficaz.

17.4. Obrigatoriedade das sentenças

O art. 3º impõe um sério princípio a ser adotado pelo Brasil, ou mais precisamente, pela Justiça brasileira: o reconhecimento das decisões arbitrais como obrigatórias, vinculantes. O Judiciário nacional reconhecerá e executará no Brasil as decisões arbitrais estrangeiras, de acordo com esta convenção, que, voltamos a repetir, é lei nacional, instituída pelo Decreto 4.311/02.

Naturalmente, não poderá ocorrer abuso dessa vinculante norma internacional. O reconhecimento e execução das decisões arbitrais serão processados conforme as normas processuais internas que garantem a soberania brasileira. Por diversas vezes discorremos sobre essas normas, das quais se sobressaem a Lei de Introdução ao Código Civil, o Código de Processo Civil e o Regulamento Interno do Supremo Tribunal Federal. Além do mais a sentença arbitral estrangeira deve ser homologada pelo Supremo Tribunal Federal, que decidirá se ela deve ser reconhecida e executada no Brasil; essa decisão transforma a sentença estrangeira em sentença nacional, e ainda mais, dada pela suprema corte, o que a coloca acima das decisões tomadas pelos juízos de 1ª ou 2ª instâncias. Esses trâmites são reconhecidos pela própria convenção, ao dizer que o Judiciário de qualquer país *as executará em conformidade com as regras de procedimento do território no qual a sentença é invocada*".

O que a Convenção decreta, entretanto, é a paridade entre a sentença arbitral estrangeira e a sentença arbitral brasileira nos processos de execução. Esse princípio é dirigido ao legislador para não criar dificuldades ou condições substancialmente mais onerosas ou taxas de cobranças mais altas do que as impostas para o reconhecimento ou execução de sentenças arbitrais brasileiros, ou seja, as sentenças exaradas por um órgão arbitral brasileiro.

Diga-se de passagem que órgãos arbitrais multiplicam-se dia a dia em todo o Brasil. Embora a arbitragem caminhe de forma muito lenta e enfrente muitas dificuldades no Brasil, é patente seu desenvolvimento.

17.5. A execução da sentença

Cabe à parte interessada na execução promover o processo de reconhecimento em nosso país, como parte inicial da execução. Para tanto, deverá estar estribada na regularidade legal da sentença arbitral estrangeira, e atenderá a certas exigências da legislação brasileira, algumas das quais estão previstas na própria Convenção, de que falaremos em seguida.

A sentença deverá ser o documento original, mas com sua tradução no idioma português, elaborada por tradutor oficial público, ou seja, devidamente registrado nos órgãos públicos. É o chamado tradutor público juramentado. Deverá estar autenticada no consulado do país em que foi proferida. O acordo para a instituição da arbitragem: o compromisso arbitral ou a cláusula compromissória, deve também estar anexo à petição inicial. São exigências do art. 4º da Convenção.

17.6. Limitações da defesa

A parte contra a qual a execução da sentença arbitral estrangeira será exercida poderá impugnar sua homologação, vigorando então o princípio do contraditório, mas cabe à parte impugnante o ônus da prova. Visa assim a evitar medidas protelatórias. Não se discute o mérito da questão, pois a decisão arbitral é soberana, mas apenas os aspectos formais do processo. Vejamos então a documentação necessária, dependendo do tipo de impugnação pela parte contra quem a sentença for invocada.

A – Que as partes celebrantes da Convenção arbitral eram incapazes dessa celebração, ou então se a convenção arbitral não era válida nos termos da lei à qual as partes a submeteram.

B – Que a parte contra quem a sentença é invocada não foi notificada para os termos da instauração da arbitragem, ou, em termos processuais brasileiros *"não foi regularmente citada para os termos da ação"*. Documenta então que não foi decretada regularmente a revelia, razão pela qual não pôde defender-se.

C – A sentença não julgou a causa discutida, desviando-se para outro assunto, ou seja, resolveu um problema que não foi descrito pelas partes. Ou então decidiu "ultra petita", contendo julgamento de questões não submetidas pelas partes ao julgamento arbitral.

D – A composição do tribunal arbitral não foi feita de acordo com o modo previsto pelas partes ou pela lei. Como exemplo, poderíamos citar um tribunal com três árbitros, quando a convenção arbitral previa cinco. É possível também que a arbitragem se deu em desacordo com a legislação do país em que se realizou; neste caso, caberá ao impugnante provar esse deslize.

E – A sentença ainda não se tornou obrigatória para as partes, como por exemplo, se havia prazo para o trânsito em julgado e este não fora vencido. Ou então, se a sentença tiver sido anulada ou suspensa por autoridade competente do país em que ela tenha sido proferida.

F – Se for provado que a matéria da divergência entre as partes não era passível de solução pela via arbitral. Seria o caso de um problema de família, pois as questões de Direito de Família estão fora do âmbito da arbitragem, segundo a legislação da maioria dos países.

G – Finalmente, se o reconhecimento ou a execução da sentença arbitral estrangeira seriam contrários à ordem pública do país em que foi proferida. Se atentar contra a ordem pública no Brasil, já é outra questão; estaria em desacordo com nossa legislação. Nesse caso a parte contrária à homologação não precisaria provar, mas pode alegar o impedimento, apontando o dispositivo legal pertinente, no presente caso a Lei de Introdução ao Código Civil.

Vamos notar que essas disposições são equivalentes às da legislação brasileira sobre este assunto, razão pela qual não vínhamos sentindo tanto a falta da ratificação da Convenção de Nova York sobre o reconhecimento e execução de decisões arbitrais estrangeiras. Todavia, a ratificação desta convenção pelo Brasil deu maior segurança contra os desvios que se observam. É compromisso do Estado brasileiro perante o Direito Internacional e a ONU, instituindo a Convenção por uma lei com maior força do que as leis ordinárias. Trata-se de lei dotada de força obrigatória. O direito norte-americano tem sugestivo termo e conceito dessa força obrigatória com o nome BINDING, sem tradução em nosso vernáculo, mas com o sentido bem preciso de: *"aquilo que tem a força de fazer com que seja cumprido".*

17.7. Homologação pelo STJ - Superior Tribunal de Justiça

Uma dúvida surgiu em decorrência da Convenção: seria necessária a homologação da sentença arbitral estrangeira pelo Superior Tribunal de Justiça, como era até então? Vamos esclarecer primeiramente que a Emenda Constitucional 45, de 2004, desviou essa competência do Supremo Tribunal Federal para o Superior Tribunal de Justiça. A Convenção não prevê essa homologação por um órgão judiciário, para ser executada a sentença por outro, o que levou alguns intérpretes a acreditar que seria despicienda a homologação, devendo o juízo da execução aceitar a sentença e aplicá-la diretamente. Além disso, diz o art. 3º da Convenção que não serão impostas condições substancialmente mais onerosas do que as impostas para o reconhecimento ou a execução de sentenças arbitrais domésticas. Deve haver paridade entre os dois tipos de sentenças.

Não entendemos assim. O próprio art. 3º da Convenção diz:

> "Cada Estado signatário reconhecerá as sentenças como obrigatórias e as executará em conformidade com as regras do território no qual a sentença é invocada".

Deduzimos então que a execução em nosso país será efetivada em conformidade com nossas regras, e estas exigem a homologação da sentença arbitral estrangeira a ser executada em nosso território, pelo Superior Tribunal de Justiça. É questão de Direito Internacional: aplicação do direito estrangeiro no Brasil; tem que ser aplicado de acordo com o nosso direito no seu "modus faciendi". Em outros termos, não fica dispensada a homologação pelo STJ - Superior Tribunal de Justiça. Aliás, já temos exemplos do exercício dessa função pelo STJ, ao homologar importante sentença arbitral, a SEC. 856. O STL, homologando essa sentença, reconheceu sua competência e aplicou a Convenção da Nova York no direito brasileiro. A empresa brasileira contra a qual a sentença foi invocada compareceu ao processo, tentando impugnar a homologação, o que demonstra também ter aceitado a Convenção.

Há porém razões de ordem prática. Há milhares de varas judiciais espalhadas pelo Brasil. Cada uma receberá a execução de uma sentença arbitral estrangeira, processando-a a seu modo, o que levará à diversidade de decisões e de critérios. Tendo o reconhecimento do Superior Tribunal de justiça, por uma câmara especializada, haverá maior uniformidade, unidade de julgamento, evitando confusão de ideias e discussões estéreis.

Outro aspecto importante deve ser ressaltado: a segurança na execução da sentença. O juiz da 1ª instância, encarregado da execução está executando um título executivo judicial previsto no Código de Processo Civil, exarado por um órgão judiciário superior. Afrontar esse título pode acarretar crime de desobediência. Não poderia um órgão judiciário inferior contestar a decisão de um órgão superior. A homologação retira dos interessados a possibilidade de fraudes que possam inviabilizar a arbitragem. Confirmamos, por tudo isso, nossa conclusão: a homologação da sentença arbitral estrangeira deve ser homologada antes da execução, não só por exigência legal, como por razões de segurança e facilidade processual.

Odiosa prática vem tendo curso há vários anos na Justiça brasileira. É a emissão da famosa "liminar". Esse instituto, criado ao arrepio da lei pelo Judiciário brasileiro, consiste no poder dado a um juiz de primeiro grau para tomar decisões sem dar oportunidade de defesa para a vítima, procedendo "inaudita altera pars". Destarte alguém interessado em determinada questão pede ao juiz uma "liminar", que é concedida de imediato. Em consequência, seu interesse fica satisfeito e os efeitos negativos recaem sobre a outra parte, que é pega de surpresa.

Essa medida arbitrária não está prevista na Constituição, nem nas normas processuais. Sujeita-se apenas ao arbítrio do juiz. Alegam os beneficiários dessa aberração que ela é medida excepcional e concedida a casos isolados. Além disso, a "liminar" é sempre provisória, podendo ser revogada a qualquer momento. Poderá ainda ser atacada por recursos, inclusive por mandado de segurança, sendo possível a anulação pela Justiça superior.

O que se observa porém é que está-se divulgando e aumentando gradativamente, deixando de ser excepcional. Embora seja provisória, não há prazo para sua revogação, sendo conhecidos casos que há anos permanecem, até que o juiz "sponte propria" queira revogá-la ou a parte que a invocou deixa de interessar-se por ela. As precárias formas de defesa da parte prejudicada, como os recursos judiciais, são morosas de andamento na Justiça.

Com essa dificuldade e várias outras ilegalmente criadas, dificulta-se a aplicação da arbitragem. Em um contrato internacional, por exemplo, com cláusula compromissória de eleição de foro, escolhendo como órgão julgador a Corte Internacional de Justiça, sediada em Paris, fica anulada, porque a parte, domiciliada no Brasil, obtém uma "liminar" na Justiça, congelando esse contrato.

Agora, porém, com esta Convenção, a parte prejudicada conta com novas armas para opor-se ao arbítrio e até para responsabilizar o juiz que tiver agido ao arrepio da lei.

18. MEDIAÇÃO COMO FÓRMULA DE RESOLUÇÃO DE LITÍGIOS

18.1. Aspectos conceituais

18.2. RAD – Resolução Alternativa de Disputas

18.3. O mediador

18.4. Vantagens e benefícios da mediação

18.5. Novo campo de trabalho para o advogado

18.6. Remuneração do mediador

18.1. Aspectos conceituais

A mediação é um instrumento análogo ao da arbitragem, por ser também uma fórmula de resolução de controvérsias. Trata-se de uma técnica de solução de litígios, escolhida consensualmente pelas partes, em que elas discutem a solução de seus problemas, contando com a moderação do mediador, um terceiro imparcial. O mediador só interfere na discussão dos problemas para impedir o desvirtuamento das questões discutidas, ou para acalmar o ambiente. A missão do mediador é o de levar as partes à solução de seus problemas. Pode-se dizer que a mediação seja uma arte, exercida pelo mediador.

É bem diferente da arbitragem; nesta há o julgamento, como a sentença; naquela não haverá julgamento, razão pela qual não há vencido nem vencedor. O árbitro soluciona a questão, o mediador estimula as partes conflitantes para que elas próprias encontrem a solução.

A origem etimológica do termo "mediação" é latina, de "mediare", vindo de "meditationis", com o sentido de intervenção. Há a intervenção do mediador para que as partes busquem um acordo entre elas. A mediação valoriza as pessoas, dando a elas o controle da situação. Elas pedem a intervenção de um moderador, porquanto são incapazes de encontrar a solução por seus próprios meios. A possível ausência de meios próprios é causada pela natural agressividade de quem luta na defesa de seus interesses.

18.2. RAD – Resolução alternativa de disputas

Entre os vários instrumentos de resolução de litígios, três deles realçam-se graças principalmente à larga aplicação: mediação, conciliação, arbitragem. Para muitos, trata-se de um único sistema, que, a exemplo dos EUA é denominado ADR – Alternative Dispute Resolutions, estruturação essa feita pela "AAA - American Arbitration Association", referida frequentemente como "Triple A". Argentina e Brasil adotaram designação correspondente: RAD – Resolução Alternativa de Disputas. O termo "disputa", graças à riqueza da língua portuguesa é normalmente substituído por vários outros, como controvérsia, litígio, demanda, lide, divergência, choque, embate. A arbitragem seria um processo único, desdobrado em três fases: mediação, conciliação, arbitragem; o sistema integrado de arbitragem deve seguir as três fases, até chegar à solução final, com a sentença.

O extraordinário desenvolvimento da RAD nos EUA provocou nítida separação entre as três fases e a especificação de cada uma delas, como se vê no próprio desenvolvimento da mediação. As bases dessa especialização revelam-se pouco a pouco, de forma louvável e satisfatória, pois, evoluindo-se uma delas, haverá a evolução de todo o sistema RAD. No Estado de Michigan existe a associação dos árbitros e a dos mediadores, o que vem indicar a existência de dois tipos de árbitros, não podendo uma só pessoa exercer as duas funções, vale dizer, quem for árbitro não pode ser mediador, ou vice-versa. Na maioria dos Estados, porém, é possível o mesmo atuante participar das duas fases, embora nunca no mesmo processo, isto é, de forma alguma o mediador que tiver atuado com duas partes como mediador, não poderá depois ser o árbitro entre elas. As três fases constituem então compartimentos estanques: a arbitragem é uma operação, a mediação é outra, a conciliação é outra, não podendo ser englobadas numa mesma operação.

Foi essa especificação que levou o Brasil a tentar a regulamentação desse primeiro passo, com a possível Lei da Mediação, inspirando-se na experiência Argentina. Vejamos então as diferenças entre as três fórmulas que compõem a RAD, incluindo-se ainda a negociação como a quarta fórmula. Qual desses métodos seria o melhor para a solução de problemas? Não se pode dizer. Depende do tipo de problema e também do interesse das partes. Elas todas apresentam pontos positivos diferenciados e da mesma forma os pontos negativos. A semelhança é visível em todas elas, mesmo na arbitragem. São métodos não adversariais, ou seja, consensuais de solução de litígios.

MEDIAÇÃO

As próprias partes procuram chegar a um consenso, assistidas pelo mediador, que as incita sem participar da discussão. O mediador busca o consenso entre as partes e não um acordo. O consenso, por sua vez, é o fundamento para se chegar a um acordo, pois ele pode não vir. A mediação visa a aproximar as partes para que elas discutam seu problema, esclareçam as ideias e formem a impressão exata do teor de seus problemas, as causas deles, a possibilidade de um acerto, e até peçam desculpas pelos excessos cometidos. Ao contrário da arbitragem, não há vencido nem vencedor. Não há renúncia de direitos. Geralmente nada fica por escrito. É informal, não se adaptando a ela leis, regulamentos e outras formalidades quanto ao seu "modus faciendi".

240

CONCILIAÇÃO

É mais avançada do que a mediação, pois as partes já deverão ter chegado a um consenso e agora buscam um acordo, fazendo concessões mútuas. O conciliador apresenta às vezes proposta de um acordo, interferindo na discussão, o que não aconteceria na mediação. O conciliador visa a transformar interesses divergentes em interesses mútuos: as partes vão modulando suas divergências até chegar ao acordo, que atendeu aos interesses da ambas; portanto, elas passaram a ter o mesmo interesse. Como exemplo mais vasto de conciliação podemos citar a ação de um juiz da Justiça do Trabalho. Não há geralmente mediação, pois o juiz começa o método perguntando às partes se há possibilidade de acordo, e, às vezes, nem pergunta e já propõe um acordo. Cada parte renuncia parcialmente, para diminuir os pontos de atrito. Se não houve renúncia parcial de direito, se não houve concessões, não houve conciliação mas capitulação.

Não há impedimento para que o juiz exerça também a mediação, deixando as partes encontrar a solução. É contudo medida tecnicamente muito difícil. Além do mais, na Justiça não há campo próprio para a mediação. Na Justiça do Trabalho, por exemplo, há audiência a cada dez minutos, não deixando tempo para discussão tranquila.

ARBITRAGEM

Neste sistema há um julgamento; há uma sentença. O árbitro exara sua opinião sobre o problema, o que não faria na mediação e na conciliação. Quem encerra a discussão é o árbitro e não as partes, Se houver arbitragem é porque não houve conciliação; houve a aplicação da lei.

NEGOCIAÇÃO

É um método de resolução de litígios, sem assistência de um terceiro imparcial. As próprias partes solucionam um litígio, discutindo-o, conciliando seus interesses e chegando a um acordo por si próprias. Não é instituto jurídico como os demais; apenas um método de discussão de problemas, utilizando porém critérios científicos de debates. O direito pode ser invocado mas é possível que ele seja arredado, negociando apenas o interesse. Não há muita diferença da conciliação, mas sem a presença do conciliador, motivo pelo qual se possa dizer que a mediação seja uma negociação assistida.

18.3. O mediador

Aspecto importante mas difícil é descrever o perfil do mediador, suas características pessoais e formas de atuação. Quem poderá ser mediador? Toda pessoa capaz, dotada de algumas características e inteligência, bom senso e domine as modernas técnicas de liderança de reuniões. Na regulamentação que se pretende adotar no Brasil, denominada mediação paraprocessual, a função fica reservada ao advogado. Realmente, a RAD é constituída de institutos jurídicos e portanto deveria mesmo ser reservada aos advogados. Como não há ainda lei regulamentadora deste assunto, embora haja projeto de lei aprovado pelas duas casas do Congresso Nacional, e da atividade do mediador, qualquer pessoa juridicamente capaz pode ser mediador, mas se exige dele capacidade técnica para o exercício dessa função.

O advogado seria o mais indicado, pois a mediação procura solucionar problemas na ordem jurídica. Entretanto, o advogado sofre algumas restrições já levantadas para o exercício da arbitragem. Nossas faculdades de direito preparam o advogado para a luta, para o debate, para satisfazer a agressividade de seu cliente. Se alguém procura advogado, normalmente é para brigar e o advogado deixa-se influenciar por esse estado de ânimo. Nota-se esse espírito belicoso pelas próprias petições judiciais. É a "cultura do litígio". Muitos clientes proíbem seu advogado de entender-se com a outra parte para procurar acordo e tentar a moderação do conflito. Não aceitariam a RAD ou qualquer outra forma de solução que não os choques.

Nossos advogados sentem-se inibidos em propor formas mais suasórias de composição da lide. Identificam-se com seu cliente, como se fossem parte do litígio. Não assimilamos ainda a evolução da advocacia e a sofisticação da atividade advocatícia. O advogado brasileiro não recebe informações sobre as fórmulas da RAD ou as técnicas de negociação. Há tempos atrás a televisão exibia uma série de filmes sobre o advogado Perry Mason, uma figura emblemática, considerada um protótipo do advogado norte-americano e os filmes americanos demonstram a atividade advocatícia nos EUA com características bem diferentes da nossa.

O advogado habituou-se a defender o interesse das partes, enquanto o mediador é um terceiro imparcial. O advogado apega-se ao direito e à lei, desviando-se dos aspectos psicológicos e sociais. Por isso, ao que parece, a mediação seria também apropriada a um psicólogo, um sociólogo ou a u m comunicólogo.

18.4. Vantagens e benefícios da mediação

A mediação vem se impondo no mundo inteiro, como nos EUA, onde foi criada nos moldes atuais, e instalada na Argentina com amplo sucesso. Se a mediação atingiu sucesso em todo o mundo, com maior realce nos EUA, na Argentina e no Japão, é porque deve apresentar sensíveis vantagens e benefícios às partes envolvidas num litígio.

Como vantagem primordial podemos citar a redução dos frutos da "cultura do litígio", que domina a formação jurídica de todos os países e naturalmente do Brasil. É um método não adversarial, ou seja, coloca as partes em posição de equidade na discussão de seus interesses; elas não estão lutando por seus interesses ou seus direitos, mas debatendo ideias, esclarecendo-as, para ver se elas estão claras na consciência de cada um, se elas estão interpretando corretamente as ideias de cada uma. Diminui a tensão das partes e o espírito de litígio entre elas. Leva em consideração este raciocínio:

> "Eu sei que você acha que entendeu tudo aquilo que eu disse mas eu não tenho certeza de que aquilo que você entendeu é exatamente aquilo que eu disse".

A segunda vantagem é a de ser rápida. As próprias partes podem marcar o local e a hora da mediação para discutir seus problemas. Se elas marcarem a reunião para o mês seguinte é porque é do interesse delas retardar a discussão. É a mesma vantagem que o julgamento arbitral apresenta em face do julgamento judicial.

A mediação representa a valorização da pessoa humana; é a humanização da justiça e da cidadania. A parte envolvida vê-se na condição de ser sincera, de expor seus sentimentos e pensamentos, o que faz com que a pessoa seja mais autêntica. No julgamento judicial ou mesmo na arbitragem, as partes podem dizer a verdade mas só a verdade que interessa a elas, e não raras vezes, mentiras, nas quais acabam acreditando. Na mediação ninguém ganha, ninguém perde.

Outro aspecto favorável da mediação é a confidencialidade; é um método secreto de resolução de controvérsias, não exigindo que problemas particulares das partes venham à tona. A única pessoa a saber da reunião é o mediador. Não há documentos sobre a reunião; não havendo acordo, não haverá documentos sobre os assuntos tratados; não há testemunhas e por isso não haverá depoimentos.

18.5. Novo campo de trabalho para o advogado

Houve sempre um clima de desconfiança entre os advogados a respeito do desenvolvimento da arbitragem em nosso país. Tinha-se a impressão de que a figura do advogado tornar-se-ia despicienda em vista de diminuir os litígios judiciais e o trabalho do advogado é essencialmente forense. Igual receio surge agora com referência à mediação que está em vias de se institucionalizar no Brasil. A tônica do movimento mediacionista centra-se na ideia de dirimir controvérsias antes que as partes pensem em procurar um advogado e recorrer à Justiça. Visa portanto a desafogar o Poder Judiciário de tantas demandas e, se as demandas diminuem, conclui-se que deva diminuir a atuação dos advogados.

Todavia, tivemos oportunidade de realçar a figura do advogado na instituição da arbitragem e repetimos agora na mediação; esta vai alargar o campo de trabalho do advogado, criando nova função a ser exercida por ele: a de mediador. O advogado terá nova seara, em que brotarão as oportunidades de trabalho. Ele será requisitado sempre que houver um litígio prestes a entrar na justiça, e será lembrado antes do processo e depois do processo, que terá duas figuras assistentes: o mediador e do advogado.

A mediação representa a valorização da advocacia, hoje transformada em atividade rotineira e administrativa, extremamente trabalhosa. A atividade advocatícia está sendo invadida por rábulas recémformados, e milhares deles são lançados anualmente no mercado de trabalho por mais de mil faculdades de direito, existentes em todo o país. Basta um exame da lei, consulta a modelos de petições e domínio das rotinas forenses, para se ver que a profissão está reduzida ao nível de mera mecânica. Nota-se que os advogados de peso estão sendo marginalizados, enquanto rábulas dominam o ambiente. Em consequência é baixíssimo o nível de ensino das faculdades de direito, transformadas em fábricas de doutores.

Vê-se que a mediação eleva o nível da profissão, fazendo do advogado um agente de resolução de problemas, pelo exercício da liderança.

18.6. A remuneração do mediador

Assim como o árbitro, o mediador deve ser remunerado pelas partes. Ele desenvolve um trabalho delicado e elevado, para a qual são exigidos muitos requisitos e treinamento constante. Urge pois que seu esforço encontre a contrapartida adequada. Se não for assim, não haveria motivação para o engajamento, na atividade, dos profissionais mais qualificados.

Apesar de ser um serviço remunerado, a mediação busca evitar despesas maiores, sendo portanto medida econômica. Será bem mais barato do que empreender uma demanda judicial. Argumentam alguns que iria encarecer o acesso à Justiça, com o aumento de custas judiciais. Por outro lado, afirmam outros que tudo que é gratuito é desvalorizado e só provoca descontentamento e reclamações, como é o caso da assistência médica do INSS. Além do mais, o pagamento valoriza o direito e dá mais seriedade às lides forenses. Veja-se o que acontece na Justiça do Trabalho, que é gratuita e dispensa até gastos com advogado, ensejando golpes e fraudes em proporções funestas. Milhões de processos abarrotam o fórum trabalhista, a maioria sem sentido, sem fundamento, revelando mera aventura.

A gratuidade da Justiça Pública é só balão de ensaio, pois o processo judicial acaba ficando mais caro do que seria o da arbitragem e da mediação. É proverbial o despacho do juiz: "Sim, pagas as custas". Muitos clientes revoltam-se contra seu advogado pelo alto custo judicial e acabam desistindo do processo por se sentirem lesados. Por outro lado. A demora na tramitação do processo causa desgaste emocional e financeiro e abate o ânimo de todos e no próprio direito reclamado judicialmente. Esse desgaste, essas despesas excessivas poderiam ser minimizados ou eliminados pela mediação.

Por essas razões, o projeto de lei que deverá implantar a mediação paraprocessual no Brasil prevê que o mediador seja sempre remunerado. A forma dessa remuneração está em branco no projeto de lei, mas deverá ser regulamentada por provimentos judiciários, incluindo as bases dos valores. Se for concedido o benefício de justiça gratuita, deverá haver dotação orçamentária para cobrir os gastos da remuneração do mediador.

19. PROJETO DE MEDIAÇÃO PARA O BRASIL

19.1. Projeto de Lei para a mediação

19.2. Modalidades previstas para a mediação

19.3. Registro e controle dos mediadores

19.1. Projeto de Lei para a mediação

Experiência vitoriosa teve a mediação na Argentina em 1995, ao instituí-la como recurso judicial, paralelo ao Poder Judiciário. Essa medida teve o condão de realçar e divulgar a mediação e servir agora de modelo à mesma experiência no Brasil. Sob o aspecto doutrinário, entretanto, apresenta sérias divergências com a teoria da RAD. Em primeiro lugar, os institutos da RAD são fórmulas extrajudiciárias, consensuais e equidistantes do Poder Judiciário. Contudo, a mediação foi estabelecida no próprio judiciário argentino. O mediador é um tipo de juiz de segunda classe, remunerado pelo Estado. Além do mais, as partes poderão escolhê-lo de uma lista dada pelo Tribunal de Justiça, ou será atribuído a elas pela Justiça. É portanto uma mediação oficial, com mediador imposto. Há por isso várias características que afastam essa mediação da doutrina universal a respeito da mediação e da arbitragem, que são "fórmulas alternativas" de solução de litígios.

Em certa ocasião, o Vice-Presidente da República, Doutor Marco Maciel, considerado o pai da Lei da Arbitragem recomendou à Associação Brasileira de Arbitragem - ABAR para que elaborasse um anteprojeto de lei de mediação, baseada na lei Argentina, que poderia ser instituída por medida provisória, já que faltavam ainda seis meses para o fim do Governo então vigorante no Brasil. Todavia, a seção paulista da Ordem dos Advogados do Brasil pediu para se encarregar do anteprojeto, o que provocou o fim do mandado presidencial. Vários outros anteprojetos foram substituindo o primeiro, até que o último deles foi enviado ao Presidente da República, que o apresentou como projeto ao Congresso Nacional. Ficou como relatora desse projeto a Deputada Zulaiê Cobra, recebendo o número 4.827/98.

Após longa tramitação o projeto foi aprovado, com apenas sete artigos, e enviado ao Senado em 2002 para sua revisão. Recebeu no Senado o nome de Projeto de Lei 94/02, tendo como relator o Senador Pedro Simon. Em 21.6.2006 foi aprovado pelo Senado, mas bem modificado, bastando dizer que o projeto da Câmara tinha sete artigos e o do Senado quarenta e sete. Deverá voltar à Câmara dos Deputados para examinar as modificações; se a Câmara aprovar o novo projeto, será enviado à sanção presidencial; se não aprovar, demorará mais.

A regulamentação Argentina se deu pela Lei 24.573, de 27.10.95, regulamentada pelos Decretos 1.021/95 e 477/96. A Província de Córdoba deu-lhe um regramento regional pelo Decreto 1.773, como também fez a Província de Tucuman. Interessante notar que a lei Argentina tem 43 artigos e a do projeto brasileiro 47, havendo portanto bastante semelhança entre as duas leis.

No momento em que estamos escrevendo estas linhas, no início do ano de 2009, o projeto ainda não foi transformado em lei. Por esta razão, comentaremos apenas o sistema paraprocessual previsto no projeto já aprovado pelo Senado, podendo haver algumas alterações, como por exemplo, o possível veto do Presidente da República a algum artigo. Todavia, ainda que haja alguma modificação, esta será periférica, não alterando o espírito e a estrutura da lei, nem os fundamentos dela ao instituir e disciplinar a mediação paraprocessual como mecanismo complementar de prevenção e solução de conflitos na órbita civil. A lei dá nova redação ao art. 331 do Código de Processo Civil.

O projeto dá um conceito de mediação no art. 1º, que não difere das definições comuns:

> "Considera-se mediação a atividade exercida por terceiro imparcial escolhido ou aceito pelas partes, com o propósito de permitir a prevenção ou solução de conflitos de modo consensual".

A lei porém regula um tipo especial de mediação, diferente da mediação convencional, formada por uma convenção celebrada pelas partes. Recebeu o nome de *mediação paraprocessual* que é obrigatória para quem pretende demandar em juízo. É pois uma mediação própria, específica, com características especiais, como por exemplo, a obrigatoriedade. Essa mediação é chamada de "obrigatória" ou "necessária", pois, malgrado o conceito dado fale em "prevenção ou solução de conflitos de modo consensual", esta não é tão consensual, por ser obrigatória.

Muitas definições já foram encontradas para a mediação, todas elas se diferenciando pela linguagem, mas conservam a mesma essência. A definição dada ao projeto está também nesse contexto, embora com as características especiais que estamos examinando. Essas características autorizam a própria terminologia adotada para esse tipo de mediação: paraprocessual. Trata-se então de instituto eminentemente jurídico, contra a tendência moderna de desvincular os institutos da "ADR-Alternative Dispute Resolutions" da área jurídica e transformá-los no que a própria designação propõe: "resolução alternativa de disputas".

Conserva porém a característica da confidencialidade, salvo se as partes estipulam de forma diferente, tal como ocorre na arbitragem. E também só atinge questões referentes à direitos patrimoniais disponíveis, ou seja, conflitos na área cível. O projeto usa o termo "civil", mas deveria ser "cível", pois os conflitos são regidos não só pelo Direito Civil mas também pelo Direito Empresarial.

Seguindo a regra geral, a mediação paraprocessual poderá versar sobre todo o conflito ou apenas parte dele. Predomina a vontade das partes, que decidirão conforme lhes aprouver. Assim acontece também com a arbitragem.

O acordo resultante da mediação deverá denominar-se "termo de mediação". Deve ser subscrito pelo mediador, judicial ou extrajudicial, pelas partes e advogados. Esse termo de mediação pode ser reduzido a termo e homologado por sentença, independentemente de processo, e terá eficácia de trânsito em julgado. A homologação deverá ser requerida por uma das partes.

Nota-se na índole da mediação paraprocessual, que se pretende implantar no Brasil, a mesma da Argentina, ou seja: visa a resolver uma pendência antes de se instaurar um processo, para desafogar o Poder Judiciário, evitando a enxurrada de processos. Na doutrina da mediação, essa seria uma consequência e não o objetivo. Esse é porém o critério adotado pela nova orientação do Brasil, seguindo o da Argentina.

19.2. Modalidades de mediação

No sistema de mediação proposta ao nosso país há vários tipos, segundo o quadro abaixo:

QUANTO AO TEMPO

PRÉVIA – se for anterior à propositura da ação.

INCIDENTAL – se ocorrer no curso do processo, devendo o juiz suspender o feito para esse fim.

QUANTO À QUALIDADE DO MEDIADOR

JUDICIAL – quando for utilizado mediador advogado, inscrito no Registro de Mediadores do Tribunal de justiça. Esse tribunal será constituído pelo Poder Judiciário.

EXTRAJUDICIAL – quando for utilizado instituto de mediação ou mediador independente.

DA MEDIAÇÃO PRÉVIA

A mediação prévia comporta uma divisão, podendo ser judicial ou extrajudicial. Na mediação prévia judicial a parte ativa deverá fazer a opção por ela, requerendo em um formulário padronizado, subscrito por seu advogado, que poderá ser advogado privado ou defensor público, juntando-se a procuração. Poderá, contudo, ser subscrito pela própria parte.

O requerimento de mediação prévia judicial será remetido de imediato pelo juiz ao mediador. Este designará dia, hora e local em quem a mediação será realizada, dando ciência às duas partes e demais interessados por qualquer meio eficaz e idôneo de comunicação. A cientificação do requerido (evitem-se as palavras citação ou intimação e réu) deve recomendá-lo para comparecer com seu advogado, caso a presença dele seja indispensável; neste caso, se o requerido não tiver advogado, o mediador pedirá à OAB ou à Defensoria Pública a designação de advogado dativo. Se o requerido estiver em lugar incerto e não sabido, ou se as partes não comparecerem, não se abre a mediação e o mediador lavrará o termo. Se for vontade das partes , elas poderão escolher de comum acordo outro mediador judicial ou extrajudicial.

Finda a mediação, haja acordo ou não, o mediador lavrará o termo de mediação, descrevendo todas as cláusulas dele ou consignando a impossibilidade de acordo, devolvendo todo o "dossier" ao distribuidor.

DA MEDIAÇÃO INCIDENTAL

Essa modalidade de mediação é estabelecida quando o progresso já se iniciou e será aplicada só no processo de conhecimento. Ficará fora de determinados processos, por qualquer motivo, como: se for questão de família, de direito público, ou enfim, quando se trata de direitos indisponíveis ou de interesse público; é o caso de interdição, falência, recuperação judicial, insolvência civil, inventário e arrolamento, emissão de posse, reivindicatória e de usucapião de bem imóvel, retificação de registro público, ou ação cautelar.

Poderá ser arredada a mediação incidental se as partes optarem pela arbitragem direta ou então pelo procedimento do juizado especial. Se a mediação não for realizada ou for fracassada no prazo de noventa dias, o processo seguirá seu curso.

A distribuição da petição inicial ao juízo interrompe a prescrição, induz litispendência e produz os demais efeitos previstos no art. 263 do Código de Processo Civil. Se houver pedido de liminar, a mediação retomará seu curso após a decisão desta ou do recurso contra esta. A ação é considerada proposta com o despacho do juiz ou com o protocolo inicial, e com a citação do requerido fica instaurado o processo.

Os autos serão enviados a um mediador, judicial ou extrajudicial, podendo as partes escolher outro mediador. Cabe ao mediador notificar as partes por qualquer meio eficaz de comunicação, designando dia, hora e local da reunião. A intimação deverá conter a recomendação de que as partes deverão se fazer acompanhar de advogado, quando indispensável a assistência jurídica. Se o requerido não tiver já sido avisado no processo judicial, a intimação para mediação constitui-lo-á em mora, tornando prevento o juízo, induzindo litispendência, fazendo litigiosa a coisa e interrompendo a prescrição.

Se qualquer das partes não tiver advogado constituído nos autos do processo judicial, o mediador deverá solicitar a indicação de advogado dativo pela OAB ou pela Defensoria Pública. Se o requerido estiver em lugar incerto e não sabido ou se uma das partes não comparecer, a mediação ficará frustrada. As partes poderão, em comum acordo, escolher outro mediador, judicial ou extrajudicial. Obtido ou não o acordo, o mediador lavrará o termo de mediação, descrevendo pormenorizadamente todas as cláusulas dele ou consignando sua impossibilidade, juntando o termo ao requerimento e devolvendo-o ao distribuidor, que o enviará ao juiz.

Ao receber a petição inicial com o termo de mediação, o juiz da causa determinará seu arquivamento imediato, ou frustrada a transação, providenciará a retomada do processo judicial. Se tiver havido acordo entre as partes, o juiz da causa, após verificar o preenchimento das formalidades legais, homologará o acordo por sentença. Se o acordo for obtido quando o processo judicial estiver em grau de recurso, a homologação caberá ao relator.

19.3. Registro e controle dos mediadores

Será criado um órgão de registro dos mediadores, que elaborará as normas para esse registro. Só poderá exercer a mediação o mediador que estiver inscrito nesse registro, como habilitado para exercer a mediação prévia ou incidental, no âmbito do Estado. A inscrição no Registro de Mediadores será requerida ao Tribunal de Justiça do Estado.

Há alguns impedimentos para o exercício da mediação, que a lei vai prever, correspondentes aos mesmos impedimentos aplicados ao juiz de direito, tais como: se ele for parte na causa, se interveio como mandatário de uma das partes, oficiou como perito, funcionou como órgão do Ministério Público, se prestou depoimento como testemunha, quando estiver postulando na causa como advogado de parte o seu cônjuge ou qualquer parente seu, consanguíneo ou afim, em linha reta ou na linha colateral até o 2º grau, e quando for órgão de direção ou de administração de pessoa jurídica que seja parte na causa. Esses impedimentos são previstos para juízes no art. 134 do CPC.

Há também casos de suspeição do mediador, que são os mesmos para os juízes no art. 135 do CPC: se for amigo ou inimigo capital de qualquer das partes, se algumas das partes for credora ou devedora do mediador, do seu cônjuge ou de parentes destes, em linha reta ou na colateral até o 2º grau, se for herdeiro presuntivo, donatário, ou empregador de uma das partes, se receber dádivas antes ou depois de iniciado o processo, aconselhar alguma das partes sobre o objeto da causa ou subministrar meios para a tender às despesas do litígio, ou se for interessado no julgamento em favor de uma das partes.

O mediador poderá declarar-se suspeito por motivo íntimo e haverá para ele impossibilidade da prática de certas ações: fica impossibilitado de prestar serviços profissionais a qualquer das partes, em matéria correlata à mediação, no prazo de dois anos a partir do término da mediação. Considera-se comportamento inadequado do mediador ou do comediador a sugestão ou recomendação acerca do mérito, ou quanto aos termos da resolução do conflito, assessoramento, inclusive legal, ou aconselhamento, bem como qualquer forma explícita ou implícita de coerção para obtenção do acordo entre as partes.

O mediador poderá ser excluído do Registro de Mediadores por vários motivos, incluindo-se a seu pedido ao Tribunal de Justiça quando não deseja mais permanecer. Poderá também ser excluído compulsivamente se tiver agido com dolo ou culpa em mediação, estando em impedimento ou suspensão, se sofrer em procedimento administrativo da OAB pena de exclusão do Registro de Mediadores, e se for condenado em sentença criminal transitada em julgado.

Não haverá reabilitação, ou seja, quem for excluído do quadro de mediadores não poderá ser inscrito novamente. O Tribunal de Justiça fará mensalmente a consolidação do quadro. Esse quadro é formado e mantido pelo Tribunal de Justiça, que formará relação sempre atualizada dos mediadores habilitados a atuar prévia ou incidentalmente no âmbito do Estado. Será então o Tribunal de Justiça encarregado de dar baixa no Registro de Mediadores de todo mediador que for excluído após sofrer processo administrativo.

O processo administrativo será regulamentado pelo Tribunal de Justiça tão logo seja implantada por lei no Brasil a mediação prevista. A quem caberá a iniciativa do processo administrativo é questão um tanto complexa, e dependerá do tipo de mediação.

MEDIADOR JUDICIAL – Nas mediações judiciais a fiscalização e controle dos mediadores será exercida pela Ordem dos Advogados do Brasil, seção estadual.

MEDIADOR EXTRAJUDICIAL – Nas mediações judiciais a fiscalização e controle dos mediadores é exercida pelo Tribunal de Justiça.

MEDIADOR DA DEFENSORIA PÚBLICA –Se o defensor público atuar como mediador a fiscalização e controle caberá à própria Defensoria Pública.

MEDIADOR INCIDENTAL – Na ocorrência de mediação incidental, será no próprio processo judicial, motivo pelo qual caberá também ao juiz da causa a fiscalização do trabalho do mediador. Se houver comportamento inadequado do mediador ou do comediador, o juiz poderá ainda tomar depoimentos e colher provas, representando à OAB ou ao Tribunal de Justiça, conforme o caso, para as mediadas cabíveis.

ANEXOS

ANEXOS

Embora seja este livro uma obra de doutrina, apresentamos alguns textos legais muito citados na obra, para facilitar o trabalho de consulta deles. Deixamos de incluir alguns, como o Ato de Genebra de 1923, por ser antigo e suplantado pela Convenção do Panamá, que produz efeitos semelhantes. Ainda omitimos a Convenção de Genebra, de 1927, pelos mesmos motivos, e também ultrapassada pela Convenção de Montevidéu.

Trouxemos à obra a nossa Lei da Arbitragem, a Lei 9.307/96, por ser o texto legislativo básico do assunto tratado e sua consulta se tornou essencial. São pois quatro os textos legislativos aqui anexados:

1 – Lei da Arbitragem (Lei 9.307/96);

2 – Convenção Interamericana sobre Arbitragem Comercial Internacional, realizada em 1975, no Panamá, com o texto aprovado pelo Decreto Legislativo n° 90, de 6.6.95 e promulgada pelo Decreto n° 1.902, de 9.5.96;

3 – Convenção Interamericana sobre Eficácia Extraterritorial das Sentenças e Laudos Arbitrais Estrangeiros, celebrada em Montevidéu, em 20.6.79, com o texto aprovado pelo Decreto Legislativo n° 93, de 20.6.96.

4 – Lei-modelo da UNCITRAL – Viena, 1985.

LEI N° 9.307, DE 23 DE SETEMBRO DE 1996

Dispõe sobre a Arbitragem

O Presidente da República.

Faço saber que o Congresso Nacional decreta e eu sanciono a seguinte Lei:

Capítulo I
DISPOSIÇÕES GERAIS

Art. 1° As pessoas capazes de *contratar* poderão valer-se da arbitragem para dirimir litígios relativos a direitos patrimoniais disponíveis.

Art. 2° A arbitragem poderá ser de *direito* ou de *equidade*, a critério das partes.

§ 1° Poderão as partes escolher, livremente, as regras de direito que serão aplicadas na arbitragem, desde que não haja violação aos bons costumes e à ordem pública.

259

§ 2º Poderão, também, as partes convencionar que a arbitragem se realize com base nos princípios gerais de direito, nos usos e costumes e nas regras internacionais de comércio.

Capítulo II
DA CONVENÇÃO DE ARBITRAGEM E SEUS EFEITOS

Art. 3º As partes interessadas podem submeter a solução de seus litígios ao juízo arbitral mediante convenção de arbitragem, assim entendida a *cláusula compromissória* e o *compromisso arbitral.*

Art. 4º A *cláusula compromissória* é a convenção através da qual as partes em um contrato comprometem-se a submeter à arbitragem os litígios que possam vir a surgir, relativamente a tal contrato.

§ 1º A cláusula compromissória deve ser estipulada por escrito, podendo estar inserta no próprio contrato ou em documento apartado que a ele se refira.

§ 2º Nos contratos de adesão, a cláusula compromissória só terá eficácia se o aderente tomar a iniciativa de instituir a arbitragem ou concordar, expressamente, com a sua instituição, desde que por escrito em documento anexo ou em negrito, com a assinatura ou visto especialmente para essa cláusula.

Art. 5º Reportando-se as partes, na cláusula compromissória, às regras de algum órgão arbitral institucional ou entidade especializada, a arbitragem será instituída e processada de acordo com tais regras, podendo, igualmente, as partes estabelecer na própria cláusula, ou em outro documento, a forma convencionada para a instituição da arbitragem.

Art. 6º Não havendo acordo prévio sobre a forma de instituir a arbitragem, a parte interessada manifestará à outra parte sua intenção de dar início à arbitragem, por via postal ou por outro meio qualquer de comunicação, mediante comprovação de recebimento, convocando-a para, em dia, hora e local certos, firmar o compromisso arbitral.

Parágrafo único. Não comparecendo a parte convocada ou, comparecendo, recusar-se a firmar o compromisso arbitral, poderá a outra parte propor a demanda de que trata o art. 7º desta Lei, perante o órgão do Poder Judiciário a que, originariamente, tocaria o julgamento da causa.

Art. 7º Existindo cláusula compromissória e havendo resistência quanto à instituição da arbitragem, poderá a parte interessada requerer a citação da outra parte para comparecer em juízo a fim de lavrar-se o compromisso, designando o juiz audiência especial para tal fim.

§ 1º O autor indicará, com precisão, o objeto da arbitragem, instruindo o pedido com o documento que contiver a cláusula compromissória.

§ 2º Comparecendo as partes à audiência, o juiz tentará, previamente, a conciliação acerca do litígio. Não obtendo sucesso, tentará o juiz conduzir as partes à celebração, de comum acordo, do compromisso arbitral.

§ 3º Não concordando as partes sobre os termos do compromisso, decidirá o juiz, após ouvir o réu, sobre seu conteúdo, na própria audiência ou no prazo de dez dias, respeitadas as disposições da cláusula compromissória e atendendo ao disposto nos arts. 10 e 21, § 2º, desta Lei.

§ 4º Se a cláusula compromissória nada dispuser sobre a nomeação de árbitros, caberá ao juiz, ouvidas as partes, estatuir a respeito, podendo nomear árbitro único para a solução do litígio.

§ 5º A ausência do autor, sem justo motivo, à audiência designada para a lavratura do compromisso arbitral, importará a extinção do processo sem julgamento de mérito.

§ 6º Não comparecendo o réu à audiência, caberá ao juiz, ouvido o autor, estatuir a respeito do conteúdo do compromisso, nomeando árbitro único.

§ 7º A sentença que julgar procedente o pedido valerá como compromisso arbitral.

Art. 8º A cláusula compromissória é autônoma em relação ao contrato em que estiver inserta, de tal sorte que a nulidade deste não implica, necessariamente, a nulidade da cláusula compromissória.

Parágrafo único. Caberá ao árbitro decidir de ofício, ou por provocação das partes, as questões acerca da existência, validade e eficácia da convenção de arbitragem e do contrato que contenha a cláusula compromissória.

Art. 9º O *compromisso arbitral* é a convenção através da qual as partes submetem um litígio à arbitragem de uma ou mais pessoas, podendo ser judicial ou extrajudicial.

§ 1º O *compromisso arbitral judicial* celebrar-se-á por termo nos autos, perante o juízo ou tribunal, onde tem curso a demanda.

§ 2º O *compromisso arbitral extrajudicial* será celebrado por escrito particular, assinado por duas testemunhas, ou por instrumento público.

Art. 10 Constará, obrigatoriamente, do compromisso arbitral:

I – o nome, profissão, estado civil e domicílio das partes;

II – o nome, profissão e domicílio do árbitro, ou dos árbitros, ou, se for o caso, a identificação da entidade à qual as partes delegaram a indicação de árbitros;

III – a matéria que será objeto da arbitragem; e

IV – o lugar em que será proferida a sentença arbitral.

Art. 11. Poderá, ainda, o compromisso arbitral conter:

I – local, ou locais, onde se desenvolverá a arbitragem;

II – a autorização para que o árbitro ou os árbitros julguem por equidade, se assim for convencionado pelas partes;

III – o prazo para apresentação da sentença arbitral;

IV – a indicação da lei nacional ou das regras corporativas aplicáveis à arbitragem, quando assim convencionarem as partes;

V – a declaração da responsabilidade pelo pagamento dos honorários e das despesas com a arbitragem; e

VI – a fixação dos honorários do árbitro, ou dos árbitros.

Parágrafo único. Fixando as partes os honorários do árbitro, ou dos árbitros, no compromisso arbitral, este constituirá título executivo extrajudicial: não havendo tal estipulação, o árbitro requererá ao órgão do Poder Judiciário que seria competente para julgar, originariamente, a causa que os fixe por sentença.

Art. 12. Extingue-se o compromisso arbitral:

I – escusando-se qualquer dos árbitros, antes de aceitar a nomeação, desde que as partes tenham declarado, expressamente, não aceitar substituto;

II – falecendo ou ficando impossibilitado de dar seu voto algum dos árbitros, desde que as partes declarem, expressamente, não aceitar substituto; e

III – tendo expirado o prazo a que se refere o art. 11, inciso III, desde que a parte interessada tenha notificado o árbitro, ou o presidente do tribunal arbitral, concedendo-lhe o prazo de dez dias para a prolação e apresentação da sentença arbitral.

Capítulo III
DOS ÁRBITROS

Art. 13. Pode ser árbitro qualquer pessoa capaz e que tenha a confiança das partes.

§ 1º As partes nomearão um ou mais árbitros, sempre em número ímpar, podendo nomear, também, os respectivos suplentes.

262

§ 2° Quando as partes nomearem árbitros em número par, estes estão autorizados, desde logo, a nomear mais um árbitro. Não havendo acordo, requererão as partes ao órgão do Poder Judiciário a que tocaria, originariamente, o julgamento da causa à nomeação do árbitro, aplicável, no que couber, o procedimento previsto no art. 7° desta Lei.

§ 3° As partes poderão, de comum acordo, estabelecer o processo de escolha dos árbitros, ou adotar as regras de um órgão arbitral institucional ou entidade especializada.

§ 4° Sendo nomeados vários árbitros, estes, por maioria, elegerão o presidente do tribunal arbitral. Não havendo consenso, será designado presidente o mais idoso.

§ 5° O árbitro ou o presidente do tribunal designará, se julgar conveniente, um secretário, que poderá ser um dos árbitros.

§ 6° No desempenho de sua função, o árbitro deverá proceder com imparcialidade, independência, competência, diligência e discrição.

§ 7° Poderá o árbitro ou o tribunal arbitral determinar às partes o adiantamento de verbas para despesas e diligências que julgar necessárias.

Art. 14. Estão *impedidos* de funcionar como árbitros as pessoas que tenham, com as partes ou com o litígio que lhes for submetido, algumas das relações que caracterizam os casos de impedimento ou suspeição de juízes, aplicando-se-lhes, no que couber, os mesmos deveres e responsabilidades, conforme previsto no Código de Processo Civil.

§ 1° As pessoas indicadas para funcionar como árbitro têm o dever de revelar, antes da aceitação da função, qualquer fato que denote dúvida justificada quanto à sua imparcialidade e independência.

§ 2° O árbitro somente poderá ser recusado por motivo ocorrido após sua nomeação. Poderá, entretanto, ser recusado por motivo anterior à sua nomeação, quando:

a) não for nomeado, diretamente, pela parte; ou

b) o motivo para a recusa do árbitro for conhecido posteriormente à sua nomeação.

Art. 15. A parte interessada em arguir a recusa do árbitro apresentará, nos termos do art. 20, a respectiva exceção, diretamente ao árbitro ou ao presidente do tribunal arbitral, deduzindo suas razões e apresentando as provas pertinentes.

Parágrafo único. Acolhida a exceção, será afastado o árbitro suspeito ou impedido, que será substituído, na forma do art. 16 desta Lei.

Art. 16. Se o árbitro escusar-se antes da aceitação da nomeação, ou, após a aceitação, vier a falecer, tornar-se impossibilitado para o exercício da função, ou for recusado, assumirá seu lugar o substituto indicado no compromisso, se houver.

§ 1º Não havendo substituto indicado para o árbitro, aplicar-se-ão as regras do órgão arbitral institucional ou entidade especializada, se as partes as tiverem invocado na convenção de arbitragem.

§ 2º Nada dispondo a convenção de arbitragem e não chegando as partes a um acordo sobre a nomeação do árbitro a ser substituído, procederá a parte interessada da forma prevista no art. 7º desta Lei, a menos que as partes tenham declarado, expressamente, na convenção de arbitragem, não aceitar substituto.

Art. 17. Os árbitros, quando no exercício de suas funções ou em razão delas, ficam equiparados aos funcionários públicos, para os efeitos da legislação penal.

Art. 18. O árbitro é juiz de fato e de direito e a sentença que proferir não fica sujeita a recurso ou a homologação pelo Poder Judiciário.

Capítulo IV
DO PROCEDIMENTO ARBITRAL

Art. 19. Considera-se instituída a arbitragem quando aceita a nomeação pelo árbitro, se for único, ou por todos, se forem vários.

Parágrafo único. Instituída a arbitragem e entendendo o árbitro ou o tribunal arbitral que há necessidade de explicitar alguma questão disposta na convenção de arbitragem, será elaborado, juntamente com as partes, um adendo, firmado por todos, que passará a fazer parte integrante da convenção de arbitragem.

Art. 20. A parte que pretender arguir questões relativas à competência, suspeição ou impedimento do árbitro ou dos árbitros, bem como nulidade, invalidade ou ineficácia da convenção de arbitragem, deverá fazê-lo na primeira oportunidade que tiver de se manifestar, após a instituição da arbitragem.

§ 1º Acolhida a arguição de suspeição ou impedimento, será o árbitro substituído nos termos do art. 16 desta Lei, reconhecida a incompetência do árbitro ou do tribunal arbitral, bem como a nulidade, invalidade ou ineficácia da convenção de arbitragem, serão as partes remetidas ao órgão do Poder Judiciário competente para julgar a causa.

§ 2° Não sendo acolhida a arguição, terá normal prosseguimento a arbitragem, sem prejuízo de vir a ser examinada a decisão pelo órgão do Poder Judiciário competente, quando da eventual propositura da demanda de que trata o art. 33 desta Lei.

Art. 21. A arbitragem obedecerá ao procedimento estabelecido pelas partes na convenção de arbitragem, que poderá reportar-se às regras de um órgão arbitral institucional ou entidade especializada, facultando-se, ainda, às partes delegar ao próprio árbitro, ou ao tribunal arbitral, regular o procedimento.

§ 1° Não havendo estipulação acerca do procedimento, caberá ao árbitro ou ao tribunal arbitral discipliná-lo.

§ 2° Serão sempre respeitados no procedimento arbitral os princípios do contraditório, da igualdade das partes, da imparcialidade do árbitro e de seu livre convencimento.

§ 3° As partes poderão postular por intermédio de advogado, respeitada, sempre, a faculdade de designar quem as represente ou assista no procedimento arbitral.

§ 4° Competirá ao árbitro ou ao tribunal arbitral, no início do procedimento, tentar a conciliação das partes, aplicando-se, no que couber, o art. 28 desta Lei.

Art. 22. Poderá o árbitro ou o tribunal arbitral tomar o depoimento das partes, ouvir testemunhas e determinar a realização de perícias ou outras provas que julgar necessárias, mediante requerimento das partes ou de ofício.

§ 1° O depoimento das partes e das testemunhas será tomado em local, dia e hora, previamente comunicados, por escrito, e reduzido a termo, assinado pelo depoente, ou a seu rogo, e pelos árbitros.

§ 2° Em caso de desatendimento, sem justa causa, da convocação para prestar depoimento pessoal, o árbitro ou o tribunal arbitral levará em consideração o comportamento da parte faltosa, ao proferir sua sentença; se a ausência for de testemunha, nas mesmas circunstâncias, poderá o árbitro ou o presidente do tribunal arbitral requerer à autoridade judiciária que conduza a testemunha renitente, comprovando a existência da convenção de arbitragem.

§ 3° A revelia da parte não impedirá que seja proferida a sentença arbitral.

§ 4° Ressalvado o disposto no § 2°, havendo necessidade de medidas coercitivas ou cautelares, os árbitros poderão solicitá-las ao órgão do Poder Judiciário que seria, originariamente, competente para julgar a causa.

§ 5º Se, durante o procedimento arbitral, um árbitro vier a ser substituído fica a critério do substituto repetir as provas já produzidas.

Capítulo V
DA SENTENÇA ARBITRAL

Art. 23. A sentença arbitral será proferida no prazo estipulado pelas partes. Nada tendo sido convencionado, o prazo para a apresentação da sentença é de seis meses, contado da instituição da arbitragem ou da substituição do árbitro.

Parágrafo único. As partes e os árbitros, de comum acordo, poderão prorrogar o prazo estipulado.

Art. 24. A decisão do árbitro ou dos árbitros será expressa em documento escrito.

§ 1º Quando forem vários os árbitros, a decisão será tomada por maioria. Se não houver acordo majoritário, prevalecerá o voto do presidente do tribunal arbitral.

§ 2º O árbitro que divergir da maioria poderá, querendo, declarar seu voto em separado.

Art. 25. Sobrevindo no curso da arbitragem controvérsia acerca de direitos indisponíveis e verificando-se que de sua existência, ou não, dependerá o julgamento, o árbitro ou o tribunal arbitral remeterá as partes à autoridade competente do Poder Judiciário, suspendendo o procedimento arbitral.

Parágrafo único. Resolvida a questão prejudicial e juntada aos autos a sentença ou acórdão transitados em julgado, terá normal seguimento a arbitragem.

Art. 26. São requisitos obrigatórios da sentença arbitral:

I – o relatório, que conterá os nomes das partes e um resumo do litígio;

II – os fundamentos da decisão, onde serão analisadas as questões de fato e de direito, mencionando-se, expressamente, se os árbitros julgaram por equidade;

III – o dispositivo, em que os árbitros resolverão as questões que lhes forem submetidas e estabelecerão o prazo para o cumprimento da decisão, se for o caso; e

IV – a data e o lugar em que foi proferida.

Parágrafo único. A sentença arbitral será assinada pelo árbitro ou por todos os árbitros. Caberá ao presidente do tribunal arbitral, na hipótese de um ou alguns dos árbitros não poder ou não querer assinar a sentença, certificar tal fato.

Art. 27. A sentença arbitral decidirá sobre a responsabilidade das partes acerca das custas e despesas com a arbitragem, bem como sobre verba decorrente de litigância de má-fé, se for o caso, respeitadas as disposições da convenção de arbitragem, se houver.

Art. 28. Se, no decurso da arbitragem, as partes chegarem a acordo quanto ao litígio, o árbitro ou o tribunal arbitral poderá, a pedido das partes, declarar tal fato mediante sentença arbitral, que conterá os requisitos do art. 26 desta Lei.

Art. 29. Proferida a sentença arbitral, dá-se por finda a arbitragem, devendo o árbitro, ou o presidente do tribunal arbitral, enviar cópia da decisão às partes, por via postal ou por outro meio qualquer de comunicação, mediante comprovação de recebimento, ou, ainda, entregando-a diretamente às partes, mediante recibo.

Art. 30. No prazo de cinco dias, a contar do recebimento da notificação ou da ciência pessoal da sentença arbitral, a parte interessada, mediante comunicação à outra parte, poderá solicitar ao árbitro ou ao tribunal arbitral que:

I – corrija qualquer erro material da sentença arbitral;

II – esclareça alguma obscuridade, dúvida ou contradição da sentença arbitral, ou se pronuncie sobre ponto omitido a respeito do qual devia manifestar-se a decisão.

Parágrafo único. O árbitro ou o tribunal arbitral decidirá, no prazo de dez dias, aditando a sentença arbitral e notificando as partes na forma do art. 29.

Art. 31. A sentença arbitral produz, entre as partes e seus sucessores, os mesmos efeitos da sentença proferida pelos órgãos do Poder Judiciário e, sendo condenatória, constitui título executivo.

Art. 32. É nula a sentença arbitral se:

I – for nulo o compromisso;

II – emanou de quem não podia ser árbitro;

III – não contiver os requisitos do art. 26 desta Lei;

IV – for proferida fora dos limites da convenção de arbitragem;

V – não decidir todo o litígio submetido à arbitragem;

VI – comprovado que foi proferida por prevaricação, concussão ou corrupção passiva;

VII – proferida fora do prazo, respeitado o disposto no art. 12, inciso III, desta Lei; e

VIII – forem desrespeitados os princípios de que trata o art. 21, § 2°, desta Lei.

Art. 33. A parte interessada poderá pleitear ao órgão do Poder Judiciário competente a decretação da nulidade da sentença arbitral, nos casos previstos nesta Lei.

§ 1° A demanda para a decretação de nulidade da sentença arbitral seguirá o procedimento comum, previsto no Código de Processo Civil, e deverá ser proposta no prazo de até noventa dias após o recebimento da notificação da sentença arbitral ou de seu aditamento.

§ 2° A sentença que julgar procedente o pedido:

I – decretará a nulidade da sentença arbitral, nos casos do art. 32, incisos I, II, VI, VII e VIII;

II – determinará que o árbitro ou o tribunal arbitral profira novo laudo, nas demais hipóteses.

§ 3° A decretação da nulidade da sentença arbitral também poderá ser arguida mediante ação de embargos do devedor, conforme o art. 741 e seguintes do Código de Processo Civil, se houver execução judicial.

Capítulo VI
DO RECONHECIMENTO E EXECUÇÃO DE SENTENÇAS ARBITRAIS ESTRANGEIRAS

Art. 34. A sentença arbitral estrangeira será reconhecida ou executada no Brasil de conformidade com os tratados internacionais com eficácia no ordenamento interno e, na sua ausência, estritamente de acordo com os termos desta Lei.

Parágrafo único. Considera-se sentença arbitral estrangeira a que tenha sido proferida fora do território nacional.

Art. 35. Para ser reconhecida ou executada no Brasil, a sentença arbitral estrangeira está sujeita, unicamente, à homologação do Supremo Tribunal Federal.

Art. 36. Aplica-se à homologação para reconhecimento ou execução de sentença arbitral estrangeira, no que couber, o disposto nos arts. 483 e 484 do Código de Processo Civil.

Art. 37. A homologação da sentença arbitral estrangeira será requerida pela parte interessada, devendo a petição inicial conter as indicações da lei processual, conforme o art. 282 do Código de Processo Civil, e ser instruída, necessariamente, com:

I – o original da sentença arbitral ou uma cópia devidamente certificada, autenticada pelo consulado brasileiro e acompanhada de tradução oficial;

II – o original da convenção de arbitragem ou cópia devidamente certificada, acompanhada de tradução oficial.

Art. 38. Somente poderá ser negada a homologação para o reconhecimento ou execução da sentença arbitral estrangeira, quando o réu demonstrar que:

I – as partes na convenção de arbitragem eram incapazes;

II – a convenção de arbitragem não era válida segundo a lei à qual as partes a submeteram, ou, na falta de indicação, em virtude da lei do país onde a sentença arbitral foi proferida;

III – não foi notificado da designação do árbitro ou do procedimento de arbitragem, ou tenha sido violado o princípio do contraditório, impossibilitando a ampla defesa;

IV – a sentença arbitral foi proferida fora dos limites da convenção de arbitragem e não foi possível separar a parte excedente daquela submetida à arbitragem;

V – a instituição da arbitragem não está de acordo com o compromisso arbitral ou cláusula compromissória;

VI – a sentença arbitral não se tenha, ainda, tornado obrigatória para as partes, tenha sido anulada, ou, ainda, tenha sido suspensa por órgão judicial do país onde a sentença arbitral for prolatada.

Art. 39. Também será denegada a homologação para o reconhecimento ou execução da sentença arbitral estrangeira, se o Supremo Tribunal Federal constatar que:

I – segundo a lei brasileira, o objeto do litígio não é suscetível de ser resolvido por arbitragem;

II – a decisão ofende a ordem pública nacional.

Parágrafo único. Não será considerada ofensa à ordem pública nacional a efetivação da citação da parte residente ou domiciliada no Brasil, nos moldes da convenção de arbitragem ou da lei processual do país onde se realizou a arbitragem, admitindo-se, inclusive, a citação postal como prova inequívoca de recebimento, desde que assegure à parte brasileira tempo hábil para o exercício do direito de defesa.

Art. 40. A denegação da homologação para reconhecimento ou execução de sentença arbitral estrangeira por vícios formais, não obsta que a parte interessada renove o pedido, uma vez sanados os vícios apresentados.

Capítulo VII
DISPOSIÇÕES FINAIS

Art. 41. Os arts. 267, inciso VII; 301, inciso IX; e 584, inciso III, do Código de Processo Civil passam a ter a seguinte redação:

"Art. 267...

VII – pela convenção de arbitragem;"

"Art. 301...

IX – convenção de arbitragem;"

"Art. 584.

III – a sentença arbitral e a sentença homologatória de transação ou de conciliação;"

Art. 42. O art. 520 do Código de Processo Civil passa a ter mais um inciso, com a seguinte redação:

"Art. 520...

VI – julgar procedente o pedido de instituição de arbitragem".

Art. 43. Esta Lei entrará em vigor sessenta dias após a data de sua publicação.

Art. 44. Ficam revogados os arts. 1.037 a 1.048 da Lei n° 3.071, de 1° de janeiro de 1916, Código Civil Brasileiro; os arts. 101 e 1.072 a 1.102 da Lei n° 5.869, de 11 de janeiro de 1973, Código de Processo Civil; e demais disposições em contrário.

Brasília, 23 de setembro de 1996; 175° da Independência e 108° da República.

FERNANDO HENRIQUE CARDOSO
Nelson A. Jobim

CONVENÇÃO INTERAMERICANA SOBRE ARBITRAGEM COMERCIAL INTERNACIONAL

Panamá, 30 de janeiro de 1975

Faço saber que o Congresso Nacional aprovou, e eu, José Sarney, Presidente do Senado Federal, nos termos do art. 48, item 28 do Regimento Interno, promulgo o seguinte:

DECRETO LEGISLATIVO N° 90, DE 1995

Aprova a texto da Convenção Interamericana sobre Arbitragem Comercial Internacional, concluída em 30 de janeiro de 1975, na cidade do Panamá.

O Congresso Nacional decreta:

Art. 1° É aprovado o texto da Convenção Interamericana sobre Arbitragem Comercial Internacional, concluída em 30 de janeiro de 1975, na cidade do Panamá.

Parágrafo único. São sujeitos à apreciação do Congresso Nacional quaisquer atos que impliquem revisão da referida Convenção, bem como quaisquer atos que, nos termos do art. 49, I, da Constituição Federal, acarretem encargos ou compromissos gravosos ao patrimônio nacional.

Art. 2° Este Decreto Legislativo entra em vigor, na data de sua publicação.

Art. 3° Revogam-se as disposições em contrário.

Senado Federal, em 6 de junho de 1995.

Senador José Sarney

Presidente do Senado Federal

CONVENÇÃO INTERAMERICANA SOBRE ARBITRAGEM COMERCIAL INTERNACIONAL

Os Governos dos Estados-membros da Organização dos Estados Americanos, desejosos de concluir uma Convenção sobre Arbitragem Comercial Internacional,

Convieram no seguinte:

ARTIGO 1°

É válido o acordo das partes em virtude do qual se obrigam a submeter à decisão arbitral as divergências que possam surgir ou que hajam surgido entre elas com relação a um negócio de natureza mercantil. O respectivo acordo constará do documento assinado pelas partes, ou de troca de cartas, telegramas ou comunicações por telex.

ARTIGO 2°

A nomeação dos árbitros será feita na forma em que convierem as partes. Sua designação poderá ser delegada a um terceiro, seja este pessoa física ou jurídica.

Os árbitros poderão ser nacionais ou estrangeiros.

ARTIGO 3°

Na falta de acordo expresso entre as partes, a arbitragem será efetuada de acordo com as normas de procedimento da Comissão Interamericana de Arbitragem Comercial.

ARTIGO 4°

As sentenças ou laudos arbitrais não impugnáveis segundo a lei ou as normas processuais aplicáveis terão força de sentença judicial definitiva. Sua execução ou reconhecimento poderá ser exigido da mesma maneira que a das sentenças proferidas por tribunais ordinários nacionais ou estrangeiros, segundo as leis processuais do país onde forem executadas e o que for estabelecido a tal respeito por tratados internacionais.

ARTIGO 5°

1. Somente poderão ser denegados o reconhecimento e a execução da sentença por solicitação da parte contra a qual for invocada, se esta provar perante a autoridade competente do Estado em que forem pedidos o reconhecimento e a execução:

a) que as partes no acordo estavam sujeitas a alguma incapacidade em virtude da lei que lhes é aplicável, ou que tal acordo não é válido perante a lei a que as partes o tenham submetido, ou se nada tiver sido indicado a esse respeito, em virtude da lei do país em que tenha sido proferida a sentença; ou

b) que a parte contra a qual se invocar a sentença arbitral não foi devidamente notificada da designação do árbitro ou do processo de arbitragem ou não pode, por qualquer outra razão, fazer valer seus meios de defesa; ou

c) que a sentença se refere a uma divergência não prevista no acordo das partes de submissão ao processo arbitral; não obstante, se as disposições da sentença que se referem às questões submetidas à arbitragem puderem ser isoladas das que não foram submetidas à arbitragem, poder-se-á dar reconhecimento e execução às primeiras; ou

d) que a constituição do tribunal arbitral ou o processo arbitral não se ajustaram ao acordo celebrado entre as partes ou, na falta de tal acordo, que a constituição do tribunal arbitral ou o processo arbitral não se ajustaram à lei do Estado onde se efetuou a arbitragem; ou

e) que a sentença não é ainda obrigatória para as partes ou foi anulada ou suspensa por uma autoridade competente do Estado em que, ou de conformidade com cuja lei, foi proferida essa sentença.

2. Poder-se-á também denegar o reconhecimento e a execução de uma sentença arbitral, se a autoridade competente do Estado em que se pedir o reconhecimento e a execução comprovar:

a) que, segundo a lei desse Estado, o objeto da divergência não é suscetível de solução por meio de arbitragem; ou

b) que o reconhecimento ou a execução da sentença seriam contrários à ordem pública do mesmo Estado.

ARTIGO 6º

Se se houver pedido à autoridade competente mencionada no art. 5º, § 1º e, a anulação ou a suspensão da sentença, a autoridade perante a qual se invocar a referida sentença, poderá, se considerar procedente, adiar a decisão sobre a execução da sentença e, a instância da parte que pedir a execução, poderá também ordenar a outra parte que dê garantias apropriadas.

ARTIGO 7º

Esta Convenção ficará aberta à assinatura dos Estados-membros da Organização dos Estados Americanos.

ARTIGO 8º

Esta Convenção está sujeita à ratificação. Os instrumentos de ratificação serão depositados na Secretaria Geral da Organização dos Estados Americanos.

ARTIGO 9°

Esta Convenção ficará aberta a adesão de qualquer outro Estado. Os instrumentos de adesão serão depositados na Secretaria Geral da Organização dos Estados Americanos.

ARTIGO 10

Esta Convenção entrará em vigor no trigésimo dia a partir da data em que haja sido depositado o segundo instrumento de ratificação.

Para cada Estado que ratificar a Convenção ou a ela aderir depois de haver sido depositado o segundo instrumento de ratificação, a Convenção entrará em vigor no trigésimo dia a partir da data em que tal Estado haja depositado seu instrumento de ratificação ou de adesão.

ARTIGO 11

Os Estados-partes que tenham duas ou mais unidades territoriais em que vigorem sistemas jurídicos diferentes com relação a questões de que trata esta Convenção poderão declarar, no momento da assinatura, ratificação ou adesão, que a Convenção se aplicará a todas as suas unidades territoriais ou somente a uma ou mais delas.

Tais declarações poderão ser modificadas mediante declarações ulteriores, que especificarão expressamente à ou às unidades territoriais a que se aplicará esta Convenção. Tais declarações ulteriores serão transmitidas à Secretaria Geral da Organização dos Estados Americanos e surtirão efeito trinta dias depois de recebidas.

Esta Convenção vigorará por prazo indefinido, mas qualquer dos Estados-partes poderá denunciá-la. O instrumento de denúncia será depositado na Secretaria Geral da Organização dos Estados Americanos. Transcorrido um ano, contado a partir da data do depósito do instrumento de denúncia, cessarão os efeitos da Convenção para o Estado denunciante, continuando ela subsistente para os demais Estados-partes.

ARTIGO 13

O instrumento original desta Convenção, cujos textos em português, espanhol, francês e inglês são igualmente autênticos, será depositado na Secretaria Geral da Organização dos Estados Americanos. A referida Secretaria notificará aos Estados-Membros da Organização dos Estados Americanos e aos Estados que houverem aderido a Convenção, as assinaturas e os depósitos de instrumento de ratificação, de adesão e de denúncia, bem como as reservas que houver. Outrossim, transmitirá aos mesmos as declarações previstas no art. 11 desta Convenção.

Em fé do quê, os plenipotenciários infra-assinados, na Convenção feita na Cidade do Panamá, República do Panamá, no dia 30 de janeiro de 1975.

CONVENÇÃO INTERAMERICANA SOBRE EFICÁCIA EXTRATERRITORIAL DAS SENTENÇAS E LAUDOS ARBITRAIS ESTRANGEIROS

Montevidéu, 8 de maio de 1979(*)

DECRETO LEGISLATIVO N° 93 DE 1995

Aprova o texto da Convenção Interamericana sobre Eficácia Extraterritorial das Sentenças e Laudos Arbitrais Estrangeiros, concluída em Montevidéu, em 8 de maio de 1979.

O Congresso Nacional decreta:

Art. 1° É aprovado o texto da Convenção Interamericana sobre Eficácia Extraterritorial das Sentenças e Laudos Arbitrais Estrangeiros, concluída em Montevidéu, em 8 de maio de 1979.

Parágrafo único. São sujeitos à apreciação do Congresso Nacional quaisquer atos que impliquem revisão da referida Convenção, bem como quaisquer atos que, nos termos do art. 49, I, da Constituição Federal, acarretem encargos ou compromissos gravosos ao patrimônio nacional.

Art. 2° Este Decreto Legislativo entra em vigor na data de sua publicação.

Art. 3° Revogam-se as disposições em contrário.

Senado Federal, 20 de junho de 1995.

Senador José Sarney, Presidente.

(*) Texto de acordo com a publicação oficial.

CONVENÇÃO INTERAMERICANA SOBRE EFICÁCIA EXTRATERRITORIAL DAS SENTENÇAS E LAUDOS ARBITRAIS ESTRANGEIROS

Os Governos dos Estados-membros da Organização dos Estados Americanos.

Considerando que a administração da justiça nos Estados Americanos requer sua cooperação mútua a fim de assegurar a eficácia extraterritorial das sentenças e laudos arbitrais proferidos em suas respectivas jurisdições territoriais.

Convieram no seguinte:

ARTIGO 1º

Esta Convenção aplicar-se-á às sentenças judiciais e laudos arbitrais proferidos em processos civis, comerciais ou trabalhistas em um dos Estados-partes, a menos que no momento da ratificação seja feita por algum destes reserva expressa de limitá-la às sentenças condenatórias em matéria patrimonial. Qualquer deles poderá, outrossim, declarar, no momento da ratificação, que se aplica também às decisões que ponham termo ao processo, às tomadas por autoridades que exerçam alguma função jurisdicional e às sentenças penais naquilo em que digam respeito à indenização de prejuízos decorrentes do delito. As normas desta Convenção aplicar-se-ão, no tocante a laudos arbitrais, em tudo o que não estiver previsto na Convenção Interamericana sobre Arbitragem Comercial Internacional, assinada no Panamá, em 30 de janeiro de 1975.

ARTIGO 2º

As sentenças, os laudos arbitrais e as decisões jurisdicionais estrangeiros a que se refere o art. 1º terão eficácia extraterritorial nos Estados-partes, se reunirem as seguintes condições:

a) se vierem revestidos das formalidades externas necessárias para que sejam considerados autênticos no Estado de onde provenham;

b) se a sentença, o laudo e a decisão jurisdicional e os documentos anexos que forem necessários de acordo com esta Convenção, estive-

276

rem devidamente traduzidos para o idioma oficial do Estado onde devam surtir efeito;

c) se forem apresentados devidamente legalizados de acordo com a lei do Estado onde devam surtir efeito;

d) se o juiz ou tribunal sentenciador tiver competência na esfera internacional para conhecer do assunto e julgá-lo de acordo com a lei do Estado onde devam surtir efeito;

e) se o demandado tiver sido notificado ou citado na devida forma legal de maneira substancialmente equivalente àquela admitida pela lei do Estado onde a sentença, laudo e decisão jurisdicional devam surtir efeito;

f) se se tiver assegurado a defesa das partes;

g) se tiverem o caráter de executáveis ou, conforme o caso, se tiverem passado em julgado no Estado em que houverem sido proferidas;

h) se não contrariarem manifestamente os princípios e as leis de ordem pública no Estado em que se pedir o reconhecimento ou o cumprimento.

ARTIGO 3º

Os documentos de comprovação indispensáveis para solicitar o cumprimento das sentenças, laudos e decisões jurisdicionais são os seguintes:

a) cópia autenticada da sentença, laudo ou decisão jurisdicional;

b) cópia autenticada das peças necessárias para provar que foi dado cumprimento às alíneas *e* e *f* do artigo anterior;

c) cópia autenticada do ato que declara que a sentença ou o laudo tem o caráter de executável ou força de coisa julgada.

ARTIGO 4º

Se uma sentença, laudo ou decisão jurisdicional estrangeiros não puderem ter eficácia na sua totalidade. O juiz ou tribunal poderá admitir sua eficácia parcial mediante pedido de parte interessada.

ARTIGO 5º

O benefício de justiça gratuita reconhecido no Estado de origem da sentença será mantido no de sua apresentação.

ARTIGO 6º

Os procedimentos, inclusive a competência dos respectivos órgãos judiciários, para assegurar a eficácia das sentenças, laudos arbitrais e decisões jurisdicionais estrangeiros, serão regulados pela lei do Estado em que for solicitado o seu cumprimento.

ARTIGO 7º

Esta Convenção ficará aberta à assinatura dos Estados-membros da Organização dos Estados Americanos.

ARTIGO 8º

Esta Convenção está sujeita a ratificação. Os instrumentos de ratificação serão depositados na Secretaria Geral da Organização dos Estados Americanos.

ARTIGO 9º

Esta Convenção ficará aberta à adesão de qualquer outro Estado. Os instrumentos de adesão serão depositados na Secretaria Geral da Organização dos Estados Americanos.

ARTIGO 10

Cada Estado poderá formular reservas a esta Convenção no momento de assiná-la, ratificá-la ou a ela aderir, desde que a reserva verse sobre uma ou mais disposições específicas e que não seja incompatível com o objeto e fim da Convenção.

ARTIGO 11

Esta Convenção entrará em vigor no trigésimo dia a partir da data em que tenha sido depositado o segundo instrumento de ratificação.

Para cada Estado que ratificar a Convenção ou a ela aderir depois de haver sido depositado o segundo instrumento de ratificação, a Convenção entrará em vigor no trigésimo dia a partir da data em que tal Estado haja depositado seu instrumento de ratificação ou de adesão.

ARTIGO 12

Os Estados-partes que tenham duas ou mais unidades territoriais em que vigore sistemas jurídicos diferentes com relação a questões de que trata esta Convenção, poderão declarar, no momento da assinatura, ratificação ou adesão, que a Convenção se aplicará a todas as suas unidades territoriais ou somente a uma ou mais delas.

Tais declarações poderão ser modificadas mediante declarações ulteriores, que especificarão expressamente a ou as unidades territoriais a que se aplicará esta Convenção. Tais declarações ulteriores serão transmitidas à Secretaria Geral da Organização dos Estados Americanos e surtirão efeito trinta dias depois de recebidas.

ARTIGO 13

Esta Convenção vigorará por prazo indefinido, mas qualquer dos Estados-partes poderá denunciá-la. O instrumento de denúncia será depositado na Secretaria Geral da Organização dos Estados Americanos. Transcorrido um ano, contado a partir da data do depósito do instrumento de denúncia, cessarão os efeitos da Convenção para o Estado denunciante, continuando ela subsistente para os demais Estados-partes.

ARTIGO 14

O instrumento original desta Convenção, cujos textos em português, espanhol, francês e inglês são igualmente autênticos, será depositado na Secretaria Geral da organização dos Estados Americanos, que enviará cópia autenticada do seu texto para o respectivo registro e publicação à Secretaria das Nações Unidas, de conformidade com o art. 102 da sua Carta constitutiva. A Secretaria Geral da Organização dos Estados Americanos notificará aos Estados-membros da referida Organização e aos Estados que houverem aderido à Convenção, as assinaturas e os depósitos de Instrumentos de ratificação, de adesão e de denúncia, bem como as reservas que houver. Outrossim, transmitirá aos mesmos as declarações previstas no art. 12 desta Convenção.

Em fé do que, os plenipotenciários infra-assinados, devidamente autorizados por seus respectivos Governos, firmam esta Convenção.

Feita na Cidade de Montevidéu, República Oriental do Uruguai, no dia 8 de maio de 1979.

LEI-MODELO DA COMISSÃO DAS NAÇÕES UNIDAS PARA O DESENVOLVIMENTO DO COMÉRCIO INTERNACIONAL (UNCITRAL) SOBRE A ARBITRAGEM COMERCIAL INTERNACIONAL

Viena, 1985

Capítulo 1
DISPOSIÇÕES GERAIS

Artigo 1º
CAMPO DE APLICAÇÃO

§ 1º. A presente Lei aplica-se à arbitragem comercial internacional; ela não contende com qualquer acordo multilateral ou bilateral a que o presente Estado se encontra vinculado.

§ 2º. As disposições da presente Lei, à exceção dos arts. 8º, 9º, 35 e 36, só se aplicam se o lugar da arbitragem estiver situado no território do presente Estado.

§ 3º. Uma arbitragem é internacional se:

a) as partes numa convenção de arbitragem tiverem, no momento da conclusão desta Convenção, o seu estabelecimento em Estados diferentes; ou

b) um dos lugares a seguir referidos estiver situado fora do Estado no qual as partes têm o seu estabelecimento:

i) o lugar da arbitragem, se este estiver fixado na Convenção de arbitragem ou for determinável de acordo com esta;

ii) qualquer lugar onde deva ser executada uma parte substancial das obrigações resultantes da relação comercial ou o lugar com o qual o objeto do litígio se ache mais estreitamente conexo; ou

c) as partes tiverem convencionado expressamente que o objeto da Convenção de arbitragem tem conexões com mais de um país.

§4º. Para os fins do § 311 do presente artigo:

a) se uma parte tiver mais de um estabelecimento, o estabelecimento a tomar em consideração é aquele que tem a relação mais estreita com a Convenção de arbitragem;

b) se uma parte não tiver estabelecimento, releva para este efeito a sua residência habitual.

§ 5º. A presente Lei não contende com qualquer outra lei do presente Estado em virtude da qual certos litígios não possam ser submetidos à arbitragem ou apenas o possam ser por aplicação de disposições diferentes das da presente lei.

Artigo 2º
DEFINIÇÃO E REGRAS DE INTERPRETAÇÃO

Para os fins da presente Lei:

a) o termo "arbitragem" designa toda e qualquer arbitragem, quer a sua organização seja ou não confiada a uma instituição permanente de arbitragem;

b) a expressão "tribunal arbitral" designa um árbitro único ou um grupo de árbitros;

c) o termo "tribunal" designa um organismo ou órgão do sistema judiciário de um Estado;

d) quando uma disposição da presente Lei, com exceção do art. 28, deixa às partes a liberdade de decidir uma certa questão, esta liberdade compreende o direito de as partes autorizarem um terceiro, aí incluída uma instituição, a decidir essa questão;

e) quando uma disposição da presente Lei se refere ao fato de as partes terem convencionado ou poderem vir a chegar a acordo a respeito de certa questão, ou de qualquer outra maneira se refere a um acordo das partes, tal acordo engloba qualquer regulamento de arbitragem aí referido;

f) quando uma disposição da presente Lei, à exceção do art. 25, alínea *a*, e do art. 32, § 2, alínea *a*, se refere a um pedido, esta disposição aplica-se igualmente a um pedido reconvencional, e quando ela se refere a alegações de defesa, aplica-se igualmente às alegações de defesa relativa a um pedido reconvencional.

Artigo 3º
RECEPÇÃO DE COMUNICAÇÕES ESCRITAS

§ 1º. Salvo Convenção das partes em contrário,

a) considera-se recebida qualquer comunicação escrita se ela foi entregue quer à pessoa do destinatário, quer no seu estabelecimento, na sua residência habitual ou no seu endereço postal; se nenhum destes locais puder ser encontrado após uma indagação razoável, considera-se recebida uma comunicação escrita se ela foi enviada para o estabelecimento, residência habitual ou endereço postal do destinatário por último conhecidos, através de carta registrada ou de qualquer outro meio que prove que procurou fazer a entrega;

b) a comunicação considera-se recebida no dia em que assim for entregue.

§ 2º. As disposições do presente artigo não se aplicam às comunicações feitas no âmbito de processos judiciais.

Artigo 4º
RENÚNCIA AO DIREITO DE OPOSIÇÃO

Considera-se que renunciou ao seu direito de oposição qualquer parte que, embora sabendo que uma das disposições da presente Lei que as partes podem derrogar ou qualquer condição enunciada na Convenção de arbitragem não foi respeitada, prossegue apesar disso a arbitragem sem deduzir oposição de imediato, ou, se estiver previsto um prazo para este efeito, no referido prazo.

Artigo 5º
ÂMBITO DE INTERVENÇÃO DOS TRIBUNAIS

Em todas as questões regidas pela presente Lei, os tribunais só podem intervir nos casos em que esta o prevê.

Artigo 6º
TRIBUNAL OU OUTRA AUTORIDADE ENCARREGADA
DE CERTAS FUNÇÕES DE ASSISTÊNCIA E DE CONTROLE
NO QUADRO DA ARBITRAGEM

As funções mencionadas no art. 11, §§ 3º e 4º; art. 13, § 3º; arts. 14 e 1 6; § 3º e art. 34, § 2º, são confiadas... (cada Estado, ao adotar a Lei-modelo, indica o tribunal, os tribunais ou, para os casos em que esta lei o admitir, uma outra autoridade competente para desempenhar essas funções).

Capítulo II
CONVENÇÃO DE ARBITRAGEM

Artigo 7º
DEFINIÇÃO E FORMA DA CONVENÇÃO DE ARBITRAGEM

§ 1º. "Convenção de arbitragem" é uma convenção pela qual as partes decidem submeter à arbitragem todos ou alguns dos litígios surgidos ou a surgir entre elas com respeito a uma determinada relação jurídica, contratual ou extracontratual. Uma convenção de arbitragem pode revestir a forma de uma cláusula compromissória num contrato ou a de uma convenção autônoma.

§ 2º. A convenção de arbitragem deve ser reduzida a escrito. Considera-se que uma Convenção tem forma escrita quando constar de um documento assinado pelas partes ou de uma troca de cartas, telex, telegramas ou qualquer outro meio de telecomunicação que prove a sua existência, ou ainda da troca de alegações referentes à petição e à contestação na qual a existência de uma tal convenção for alegada por uma parte e não seja contestada pela outra. A referência num contrato a um documento que contenha uma cláusula compromissória equivale a uma convenção de arbitragem, desde que o referido contrato revista a forma escrita e a referência seja feita de tal modo que faça da cláusula uma parte integrante do contrato.

Artigo 8º
CONVENÇÃO DE ARBITRAGEM E AÇÕES PROPOSTAS QUANTO AO FUNDO DO LITÍGIO NUM TRIBUNAL

§ 1º. O tribunal no qual foi proposta uma ação relativa a uma questão abrangida por uma Convenção de arbitragem, se uma das partes o solicitar até o momento em que apresentar as suas primeiras alegações quanto ao fundo do litígio, remeterá as partes para a arbitragem, a menos que constate que a referida convenção se tornou caduca ou insuscetível de ser executada.

§ 2º. Quando tiver sido proposta num tribunal uma ação referida no § 1º do presente artigo, o processo arbitral pode apesar disso ser iniciado ou prosseguir, e ser proferida uma sentença, enquanto a questão estiver pendente no tribunal.

Artigo 9º
CONVENÇÃO DE ARBITRAGEM E MEDIDAS PROVISÓRIAS TOMADAS POR UM TRIBUNAL

Não é incompatível com uma convenção de arbitragem a solicitação de medidas provisórias ou conservatórias feita por uma das partes a um tribunal, antes ou durante o processo arbitral, bem como a concessão de tais medidas pelo tribunal.

Capítulo III
COMPOSIÇÃO DO TRIBUNAL ARBITRAL

Artigo 10
NÚMERO DE ÁRBITROS

§ 1º. As partes podem determinar livremente o número de árbitros.

§ 2º. Na falta de tal determinação, os árbitros serão em número de três.

Artigo 11
NOMEAÇÃO DE ÁRBITROS

§ 1º. Ninguém poderá, em razão da sua nacionalidade, ser impedido de exercer funções de árbitro, salvo convenção em contrário das partes.

§ 2º. As partes podem, por acordo, escolher livremente o processo de nomeação do árbitro ou dos árbitros, sem prejuízo das disposições dos §§ 4º e 5º do presente artigo.

§ 3º. Na falta de um tal acordo,

a) no caso de uma arbitragem com três árbitros, cada uma das partes nomeia um árbitro e os dois árbitros assim nomeados escolhem o terceiro árbitro; se uma das partes não nomear o árbitro no prazo de trinta dias e a contar da recepção de um pedido feito nesse sentido pela outra parte, ou se os dois árbitros não se puserem de acordo quanto à escolha do terceiro árbitro dentro de trinta dias a contar da respectiva designação, a nomeação é feita, a pedido de uma das partes, pelo tribunal ou outra autoridade referidos no art. 6º;

b) no caso de uma arbitragem com um único árbitro, se as partes não puderem pôr-se de acordo sobre a escolha do árbitro, este será nomeado, a pedido de uma das partes, pelo tribunal ou outra autoridade referidos no art. 6º.

§ 4º. Quando, durante um processo de nomeação convencionado pelas partes,

a) uma parte não agir em conformidade com o referido processo; ou

b) as partes, ou dois árbitros, não puderem chegar a um acordo nos termos do referido processo; ou

c) um terceiro, aí incluída uma instituição, não cumprir uma função que lhe foi confiada no referido processo; ou

d) qualquer das partes pode pedir ao tribunal ou a outra autoridade referidos no art. 6º que tome a medida pretendida, a menos que o acordo relativo ao processo de nomeação estipule outros meios de assegurar esta nomeação.

§ 5º. A decisão de uma questão confiada ao tribunal ou outra autoridade referidos no art. 6º, nos termos dos §§ 3 e 4 do presente artigo, é insuscetível de recurso. Quando nomear um árbitro, o tribunal terá em conta todas as qualificações exigidas a um árbitro pelo acordo das partes e tudo aquilo que for relevante para garantir a nomeação de um árbitro independente e imparcial e, quando nomear um árbitro único ou um terceiro árbitro, ele terá igualmente em consideração o fato de que poderá ser desejável a nomeação de um árbitro de nacionalidade diferente da das partes.

Artigo 12
FUNDAMENTOS DE RECUSA

§ 1º. Quando uma pessoa for sondada com vista à sua eventual nomeação como árbitro, ela fará notar todas as circunstâncias que possam levantar fundadas dúvidas sobre a sua imparcialidade ou independência. A partir da data da sua nomeação e durante todo o processo arbitral, o árbitro fará notar sem demora às partes as referidas circunstâncias, a menos que já o tenha feito.

§ 2º. Um árbitro só pode ser recusado se existirem circunstâncias que possam levantar fundadas dúvidas sobre a sua imparcialidade ou independência, ou se ele não possuir as qualificações que as partes convencionaram. Uma parte só pode recusar um árbitro que tiver nomeado ou em cuja nomeação tiver participado por uma causa de que apenas tenha tido conhecimento após esta nomeação.

Artigo 13
PROCESSO DE RECUSA

§1º. Sem prejuízo das disposições do § 3º do presente artigo, as partes podem, por acordo, escolher livremente o processo de recusa do árbitro.

§2º. Na falta de tal acordo, a parte que tiver intenção de recusar um árbitro deverá expor por escrito os motivos da recusa ao tribunal arbitral, no prazo de quinze dias a contar da data em que teve conhecimento da constituição do tribunal arbitral ou da data em que teve conhecimento das circunstâncias referidas no art. 12, § 2º. Se o árbitro recusado não se demitir das suas funções ou se a outra parte não aceitar a recusa, o tribunal arbitral decidirá sobre a recusa.

§3º. Se a recusa não puder ser obtida segundo o processo convencionado pelas partes ou nos termos do § 2º do presente artigo, a parte que recusa o árbitro pode, no prazo de trinta dias após lhe ter sido comunicada a decisão que rejeita a recusa, pedir ao tribunal ou outra autoridade referidos no art. 6º que tome uma decisão sobre a recusa, decisão que será insuscetível de recurso; na pendência deste pedido, o tribunal arbitral, aí incluído o árbitro recusado, pode prosseguir o processo arbitral e proferir uma sentença.

Artigo 14
INÉRCIA DE UM ÁRBITRO

§1º. Quando um árbitro se encontrar impossibilitado, de direito ou de fato, de cumprir a sua missão ou, por outras razões, não se desincumbir das suas funções num prazo razoável, o seu mandato termina se ele se demitir das suas funções ou se as partes concordarem em lhes pôr fim. No caso de subsistir desacordo quanto a algum destes motivos, qualquer das partes pode pedir ao tribunal ou outra autoridade referidos no art. 6º que tome uma decisão sobre a cessação do mandato, decisão que será insuscetível de recurso.

§2º. Se, nos termos deste artigo ou do art. 13, § 2º, um árbitro se demitir das suas funções ou se as partes aceitarem a cessação do mandato de um árbitro, isso não implica o reconhecimento dos motivos mencionados no art. 12, § 2º, ou no presente artigo.

Artigo 15
NOMEAÇÃO DE UM ÁRBITRO SUBSTITUTO

Quando o mandato de um árbitro terminar, nos termos dos arts. 13 e 14, ou quando este se demitir das suas funções por qualquer outra razão, ou quando o seu mandato for revogado por acordo das partes, ou em qualquer outro caso em que seja posto fim ao seu mandato, será nomeado árbitro substituto, de acordo com as regras aplicadas à nomeação do árbitro substituído.

Capítulo IV
COMPETÊNCIA DO TRIBUNAL ARBITRAL

Artigo 16
COMPETÊNCIA DO TRIBUNAL ARBITRAL PARA DECIDIR SOBRE A SUA PRÓPRIA COMPETÊNCIA

§1º. O tribunal arbitral pode decidir sobre a sua própria competência, aí incluída qualquer exceção relativa à existência ou à validade de convenção de arbitragem. Para este efeito, uma cláusula compromissória que faça parte de um contrato é considerada como uma convenção distinta das outras cláusulas do contrato. A decisão do tribunal arbitral que considere nulo o contrato não implica automaticamente a nulidade da cláusula compromissória.

§2º. A exceção de incompetência do tribunal pode ser arguida o mais tardar até a apresentação das alegações de defesa. O fato de uma parte ter designado um árbitro ou ter participado na sua designação não a priva do direito de arguir esta exceção. A exceção baseada no excesso de poderes do tribunal arbitral será arguida logo que suja no decurso do processo arbitral a questão que se considera exceder esses poderes. O tribunal arbitral pode, em ambos os casos, admitir uma exceção arguida após o prazo previsto, se considerar justificada a demora.

§3º. O tribunal arbitral pode decidir sobre a exceção referida no § 2º do presente artigo, quer enquanto questão prévia, quer na sentença sobre o fundo. Se o tribunal arbitral decidir, a título de questão prévia, que é competente, qualquer das partes pode, num prazo de trinta dias após ter sido avisada desta decisão, pedir ao tribunal referido no art. 6º que tome uma decisão sobre este ponto, decisão que será insuscetível de recurso; na pendência deste pedido, o tribunal arbitral pode prosseguir o processo arbitral e proferir uma sentença.

Artigo 17
PODER DO TRIBUNAL ARBITRAL ORDENAR MEDIDAS PROVISÓRIAS

Salvo Convenção em contrário das partes, o tribunal arbitral pode, a pedido de uma parte, ordenar a qualquer delas que tome as medidas provisórias ou conservatórias que o tribunal arbitral considere necessário tomar em relação ao objeto do litígio. O tribunal arbitral pode exigir a qualquer das partes que, em conexão com essas medidas, preste uma garantia adequada.

Capítulo V
CONDUÇÃO DO PROCESSO ARBITRAL, IGUALDADE DE TRATAMENTO DAS PARTES

Artigo 18

As partes devem ser tratadas em pé de igualdade e devem ser dadas a cada uma delas todas as possibilidades de fazerem valer os seus direitos.

Artigo 19
DETERMINAÇÃO DAS REGRAS DE PROCESSO

§1º. Sem prejuízo das disposições da presente Lei, as partes podem, por acordo, escolher livremente o processo a seguir pelo tribunal arbitral.

§2º. Na falta de tal acordo, o tribunal arbitral pode sem prejuízo das disposições da presente Lei, conduzir a arbitragem do modo que julgar apropriado. Os poderes conferidos ao tribunal arbitral compreendem o de determinar a admissibilidade, pertinência e importância de qualquer prova produzida.

Artigo 20
LUGAR DA ARBITRAGEM

§1º. As partes podem decidir livremente sobre o lugar da arbitragem. Na falta de decisão, este lugar será fixado pelo tribunal arbitral, tendo em conta as circunstâncias do caso, aí incluída a conveniência das partes.

§2º. Não obstante as disposições do § 1º do presente artigo, o tribunal arbitral pode, salvo Convenção das partes em contrário, reunir-se em qualquer lugar que julgue apropriado para consultas entre os seus membros, para audição de testemunhas, de peritos ou das partes, ou para o exame de mercadorias, outros bens ou documentos.

Artigo 21
INÍCIO DO PROCESSO ARBITRAL

Salvo convenção das partes em contrário, o processo arbitral relativo a um determinado litígio começa na data em que o pedido de sujeição deste litígio à arbitragem é recebido pelo demandado.

Artigo 22
LÍNGUA

§1º. As partes podem, por acordo, escolher livremente a língua ou línguas a utilizar no processo arbitral. Na falta de um tal acordo, o tribunal arbitral determinará a língua a utilizar no processo. Este acordo ou esta determinação, a menos que tenha sido especificado de modo diverso, aplica-se a qualquer declaração escrita de uma das partes, a qualquer procedimento oral e a qualquer sentença, decisão ou outra comunicação do tribunal arbitral.

§2º. O tribunal arbitral pode ordenar que qualquer peça processual seja acompanhada de uma tradução na língua ou línguas convencionadas pelas partes ou escolhidas pelo tribunal arbitral.

Artigo 23
ARTICULADOS DO DEMANDANTE E DO DEMANDADO

§1º. No prazo convencionado pelas partes ou fixado pelo tribunal arbitral o demandante enunciará os fatos que baseiam o seu pedido, os pontos litigiosos e o objeto do pedido e o demandado enunciará a sua defesa a propósito destas questões, a menos que outra tenha sido a convenção das partes quanto aos elementos a figurar nas alegações. As partes podem fazer acompanhar as suas alegações de quaisquer documentos que julguem pertinentes ou nelas mencionar documentos ou outros meios de prova que virão a apresentar.

§2º. Salvo convenção das partes em contrário, qualquer das partes pode modificar ou completar o seu pedido ou a sua defesa no decurso do processo arbitral, a menos que o tribunal arbitral considere que não deve autorizar uma tal alteração em razão do atraso com que é formulada.

Artigo 24
PROCEDIMENTO ORAL E ESCRITO

§1º. Salvo convenção das partes em contrário, o tribunal decidirá se o processo deve comportar fases orais para a produção da prova ou para a exposição oral dos argumentos, ou se o processo deverá ser conduzido na base de documentos ou outros materiais. Contudo, a menos que as partes tenham convencionado que não haverá lugar a um tal procedimento, o tribunal arbitral organizará um procedimento oral num estágio apropriado do processo arbitral, se uma das partes assim o requerer.

§2º. As partes serão notificadas com uma antecedência suficiente de todas as audiências e reuniões do tribunal arbitral realizadas com a finalidade de examinar mercadorias, outros bens ou documentos.

§3º. Todas as alegações, documentos ou informações que uma das partes forneça ao tribunal arbitral devem ser comunicadas à outra parte. Deve igualmente ser comunicado às partes qualquer relatório ou documento apresentado como prova que possa servir de base à decisão do tribunal.

Artigo 25
FALTA DE CUMPRIMENTO DE UMA DAS PARTES

Salvo convenção das partes em contrário, se sem invocar impedimento bastante,

a) o demandante não apresenta o seu pedido em conformidade com o art. 23, § 1º, o tribunal arbitral porá fim ao processo arbitral;

b) o demandado não apresenta a sua defesa em conformidade com o art. 23, § 1º, o tribunal arbitral prosseguirá o processo arbitral sem considerar esta falta em si mesma como uma aceitação das alegações do demandante;

c) uma das partes deixa de comparecer a uma audiência ou de fornecer documentos de prova, o tribunal arbitral pode prosseguir o processo e decidir com base nos elementos de prova de que disponha.

Artigo 26
PERITO NOMEADO PELO TRIBUNAL ARBITRAL

§1º. Salvo convenção das partes em contrário, o tribunal arbitral,

a) pode nomear um ou mais peritos encarregados de elaborar um relatório sobre pontos específicos que o tribunal arbitral determinará;

b) pode pedir a uma das partes que forneça ao perito todas as informações relevantes ou que lhe faculte ou torne acessíveis, para exame, quaisquer documentos, mercadorias ou outros bens relevantes.

§2º. Salvo convenção das partes em contrário, se uma das partes o solicitar ou se o tribunal arbitral o julgar necessário, o perito, após apresentação do seu relatório escrito ou oral, participará numa audiência em que as partes o podem interrogar e na qual podem fazer intervir, na qualidade de testemunhas, peritos que deponham sobre as questões em análise.

Artigo 27
ASSISTÊNCIA DOS TRIBUNAIS NA OBTENÇÃO DE PROVAS

O tribunal arbitral, ou uma parte com a aprovação do tribunal arbitral, pode solicitar assistência para obtenção de provas a um tribunal competente do presente Estado. O tribunal pode corresponder à solicitação nos limites da sua competência e de acordo com as suas próprias regras relativas à obtenção de provas.

Capítulo VI
SENTENÇA ARBITRAL E ENCERRAMENTO DO PROCESSO

Artigo 28
REGRAS APLICÁVEIS AO FUNDO DA CAUSA

§1º. O tribunal arbitral decide o litígio de acordo com as regras de direito escolhidas pelas partes para serem aplicadas ao fundo da causa. Qualquer designação da lei ou do sistema jurídico de um determinado Estado será considerada, salvo indicação expressa em contrário, como designando diretamente as regras jurídicas materiais deste Estado e não as suas regras de conflitos de leis.

§2º. Na falta de uma tal designação pelas partes, o tribunal arbitral aplicará a lei designada pela regra de conflitos de leis que ele julgue aplicável na espécie.

§3º. O tribunal arbitral decidirá *ex aequo et bono* ou na qualidade de *amiable compositeur* apenas quando as partes a isso expressamente o autorizarem.

§4º. Em qualquer caso, o tribunal arbitral decidirá de acordo com as estipulações do contrato e terá em conta os usos do comércio aplicáveis à transação.

Artigo 29
DECISÃO TOMADA POR VÁRIOS ÁRBITROS

Num processo arbitral com mais de um árbitro, qualquer decisão do tribunal arbitral será tomada pela maioria dos seus membros, salvo convenção das partes em contrário. Todavia, as questões de processo podem ser decididas por um árbitro presidente, se este estiver autorizado para o efeito pelas partes ou por todos os membros do tribunal arbitral.

Artigo 30
DECISÃO POR ACORDO DAS PARTES

§1º. Se, no decurso do processo arbitral, as partes se puserem de acordo quanto à decisão do litígio, o tribunal arbitral porá fim ao processo arbitral e, se as partes lhe solicitarem e ele não tiver nada a opor, constatará o fato através de uma sentença arbitral proferida nos termos acordados pelas partes.

§2º. A sentença proferida nos termos acordados pelas partes será elaborada em conformidade com as disposições do art. 31 e mencionará o fato de que se trata de uma sentença. Uma tal sentença tem o mesmo estatuto e o mesmo efeito que qualquer outra sentença proferida sobre o fundo da causa.

Artigo 31
FORMA E CONTEÚDO DA SENTENÇA

§1º. A sentença será reduzida a escrito e assinada pelo árbitro ou árbitros. No processo arbitral com mais de um árbitro, serão suficientes as assinaturas da maioria dos membros do tribunal arbitral, desde que seja mencionada a razão da omissão das restantes.

§2º. A sentença será fundamentada, salvo se as partes convencionarem que não haverá lugar à fundamentação ou se se tratar de uma sentença proferida com base num acordo das partes nos termos do art. 30.

§3º. A sentença mencionará a data em que foi proferida, bem como o lugar da arbitragem, determinado em conformidade com o art. 20, § 1º. Considera-se que a sentença foi proferida nesse lugar.

§4º. Proferida a sentença, será enviada a cada uma das partes uma copia assinada pelo árbitro ou árbitros, nos termos do § 1º do presente artigo.

Artigo 32
ENCERRAMENTO DO PROCESSO

§1º. O processo arbitral termina quando for proferida a sentença definitiva ou quando for ordenado o encerramento do processo pelo tribunal arbitral, nos termos do § 2º do presente artigo.

§2º. O tribunal arbitral ordenará o encerramento do processo arbitral quando:

a) o demandante retire o seu pedido, a menos que o demandado a tanto se oponha e o tribunal arbitral reconheça que este tem um interesse legítimo em que o litígio seja definitivamente resolvido;

b) as partes concordem em encerrar o processo;

c) o tribunal arbitral constate que o prosseguimento do processo se tornou, por qualquer outra razão, supérflua ou impossível.

§3º. O mandato do tribunal arbitral finda com o encerramento do processo, sem prejuízo das disposições do art. 33 e do § 4º do art. 34.

Artigo 33
RETIFICAÇÃO E INTERPRETAÇÃO DA SENTENÇA ADICIONAL

§1º. Nos trinta dias seguintes à recepção da sentença, a menos que as partes tenham convencionado outro prazo,

a) uma das partes pode, notificando a outra, pedir ao tribunal arbitral que retifique no texto da sentença qualquer erro de cálculo, qualquer erro material ou tipográfico ou qualquer erro de natureza idêntica;

b) se as partes assim o convencionarem, uma parte pode, notificando a outra, pedir ao tribunal arbitral que interprete um ponto ou passagem precisa da sentença.

Se o tribunal arbitral considerar o pedido justificado, fará a retificação ou a interpretação nos trinta dias seguintes à recepção do pedido. A interpretação fará parte integrante da sentença.

§2°. O tribunal arbitral pode, por sua iniciativa, retificar qualquer erro do tipo referido na alínea *a* do § 1° do presente artigo, nos trinta dias seguintes à data da sentença.

§3°. Salvo convenção das partes em contrário, uma das partes pode, notificando a outra, pedir ao tribunal arbitral, nos trinta dias seguintes à recepção da sentença, que profira uma sentença adicional sobre certos pontos do pedido expostos no decurso do processo arbitral mas omitidos na sentença. Se julgar o pedido justificado, o tribunal proferirá a sentença adicional dentro de sessenta dias.

§4°. O tribunal arbitral pode prolongar, se for necessário, o prazo de que dispõe para retificar, interpretar ou completar a sentença, nos termos dos §§ 1° ou 3° do presente artigo.

§5°. As disposições do art. 31 aplicam-se à retificação ou interpretação da sentença, ou à sentença adicional.

Capítulo VII
RECURSO DA SENTENÇA

Artigo 34
O PEDIDO DE ANULAÇÃO COMO RECURSO
EXCLUSIVO DA SENTENÇA ARBITRAL

§1°. O recurso de uma sentença arbitral interposto num tribunal só pode revestir a forma de um pedido de anulação, nos termos dos §§ 2° e 3° do presente artigo.

§2°. A sentença arbitral só pode ser anulada pelo tribunal referido no art. 6° e:

a) a parte que faz o pedido fornecer a prova de:

i) que uma parte na convenção de arbitragem referida no art. 7° estava eivada de incapacidade; ou que a dita convenção não é válida nos termos da lei a que as partes a tenham subordinado ou, na falta de qualquer indicação a este propósito, nos termos da lei do presente Estado; ou

ii) que ela não foi devidamente informada da nomeação de um árbitro ou do processo arbitral, ou lhe foi impossível fazer valer os seus direitos por qualquer outra razão; ou

iii) que a sentença tem por objeto um litígio não referido no compromisso ou não abrangido pela previsão da cláusula compromissória, ou que contém decisões que ultrapassam os termos do compromisso ou da cláusula compromissória, entendendo-se contudo que, se as disposições da sentença relativas a questões submetidas à arbitragem puderem ser dissociadas das que não estiverem submetida à arbitragem, unicamente poderá ser anulada a parte da sentença que contenha decisões sobre as questões não submetidas à arbitragem; ou

iv) que a constituição do tribunal arbitral ou o processo arbitral não estão conformes à convenção das partes, a menos que esta convenção contrarie uma disposição da presente Lei que as partes não possam derrogar, ou que, na falta de uma tal convenção, não estão conformes à presente Lei; ou

b) o tribunal constatar:

i) que o objeto do litígio não é suscetível de ser decidido por arbitragem nos termos da lei do presente Estado; ou

ii) que a sentença contraria a ordem Pública do presente Estado.

§3º. Um pedido de anulação não pode ser apresentado após o decurso de um prazo de três meses a contar da data em que a parte que faz este pedido recebeu comunicação da sentença ou, se tiver sido feito um pedido nos termos do art. 33, a partir da data em que o tribunal tomou uma decisão sobre este pedido.

§4º. Quando lhe for solicitado que anule uma sentença, o tribunal pode, se for o caso e a pedido de uma das partes, suspender o processo de anulação durante o período de tempo que ele determinar, de modo a dar ao tribunal arbitral a possibilidade de retomar o processo arbitral ou de tomar qualquer outra medida que o tribunal arbitral julgue suscetível de eliminar os motivos da anulação.

Capítulo VIII
RECONHECIMENTO E EXECUÇÃO DAS SENTENÇAS

Artigo 35
RECONHECIMENTO E EXECUÇÃO

1º. A sentença arbitral, independentemente do país em que tenha sido proferida, será reconhecida como tendo força obrigatória e, mediante solicitação dirigida por escrito ao tribunal competente, será executada, sem prejuízo das disposições do presente artigo e do art. 36.

§2º. A parte que invocar a sentença ou que pedir a respectiva execução deve fornecer o original da sentença devidamente autenticado ou uma cópia certificada conforme, bem como o original da convenção de arbitragem referida no art. 7 ou uma cópia certificada conforme. Se a dita sentença ou convenção não estiver redigida numa língua oficial do presente Estado, a parte fornecerá uma tradução devidamente certificada nesta língua.

Artigo 36

FUNDAMENTOS DE RECUSA DO
RECONHECIMENTO OU DA EXECUÇÃO

§1º. O reconhecimento ou a execução de uma sentença arbitral, independentemente do país em que tenha sido proferida, só pode ser recusado:

a) a pedido da parte contra a qual for invocado, se essa parte fornecer ao tribunal competente a quem é pedido o reconhecimento ou a execução a prova de:

i) que uma das partes na convenção de arbitragem referida no art. 7º estava ferida de incapacidade; ou que dita convenção não é válida nos termos da lei a que as partes a tenham subordinado ou, na falta de indicação a este propósito, nos termos da lei do país onde a sentença foi proferida; ou

ii) que a parte contra a qual a sentença é invocada não foi devidamente informada da nomeação de um árbitro ou do processo arbitral, ou que lhe foi impossível fazer valer os seus direitos por qualquer outra razão; ou

iii) que a sentença tem por objeto um litígio não referido no compromisso ou não abrangido pela previsão da cláusula compromissória, ou que contém decisões que ultrapassam os termos do compromisso ou da cláusula compromissória, entendendo-se contudo que, se as disposições da sentença relativas a questões submetidas à arbitragem puderem ser dissociadas das que não estiverem submetidas à arbitragem unicamente poderá ser anulada a parte da sentença que contenha decisões sobre as questões não submetidas à arbitragem; ou

iv) que a constituição do tribunal arbitral ou o processo arbitral não estão conformes à convenção das partes ou, na falta de tal convenção, à lei do país onde a arbitragem teve lugar; ou

v) que a sentença não se tenha tornado ainda obrigatória para as partes ou tenha sido anulada ou suspensa por um tribunal do país no qual, ou em virtude da lei do qual, a sentença tenha sido proferida; ou

b) se o tribunal constatar:

i) que o objeto do litígio não é suscetível de ser decidido por arbitragem nos termos da lei do presente Estado; ou

ii) que o reconhecimento ou a execução da sentença contrariaria a ordem pública do presente Estado.

§2°. Se um pedido de anulação ou de suspensão de uma sentença tiver sido apresentado a um tribunal referido no § 1°, alínea *a*, subalínea v, deste artigo, o tribunal ao qual foi pedido o reconhecimento ou execução pode, se o lugar apropriado, adiar a sua decisão e pode também, a requerimento da parte que pede o reconhecimento ou a execução da sentença, ordenar à outra parte que preste garantia adequada.

DECRETO 4.311

*Promulga a Convenção sobre o Reconhecimento
e a Execução de Sentenças Arbitrais Estrangeiras*

O PRESIDENTE DA REPÚBLICA, no uso da atribuição que lhe confere o art. 84, inciso VIII, da Constituição,

Considerando que o Congresso Nacional aprovou o texto da Convenção sobre o Reconhecimento e a Execução de Sentenças Arbitrais Estrangeiras, por meio do Decreto Legislativo n° 52, de 25 de abril de 2002;

Considerando que a Convenção entrou em vigor internacional em 7 de junho de 1959, nos termos de seu art. 12;

DECRETA:

Art. 1°. A Convenção sobre o Reconhecimento e a Execução de Sentenças Arbitrais Estrangeiras, apensa por cópia ao presente Decreto, será executada e cumprida tão inteiramente como nela se contém.

Art. 2°. São sujeitos à aprovação do Congresso Nacional quaisquer atos que possam resultar em revisão da referida Convenção, assim como quaisquer ajustes complementares que, nos termos do art. 49, inciso I, da Constituição, acarretem encargos ou compromissos gravosos ao patrimônio nacional.

Art. 3°. Este Decreto entra em vigor na data de sua publicação.

CONVENÇÃO SOBRE O RECONHECIMENTO E A EXECUÇÃO DE SENTENÇAS ARBITRAIS ESTRANGEIRAS FEITA EM NOVA YORK, EM 10 DE JUNHO DE 1958

Artigo I

1. A presente Convenção aplicar-se-á ao reconhecimento e à execução de sentenças arbitrais estrangeiras proferidas no território de um Estado que não o Estado em que se tencione o reconhecimento e a execução de tais sentenças, oriundas de divergências entre pessoas, sejam elas físicas ou jurídicas. A Convenção aplicar-se-á igualmente a sentenças arbitrais não consideradas como sentenças domésticas no Estado onde se tencione o seu reconhecimento e a sua execução.

2. Entender-se-á por "sentenças arbitrais" não só as sentenças proferidas por árbitros nomeados para cada caso mas também aquelas emitidas por órgãos arbitrais permanentes aos quais as partes se submetam.

3. Quando da assinatura, ratificação ou adesão à presente Convenção, ou da notificação de extensão nos termos do art. X, qualquer Estado poderá, com base em reciprocidade, declarar que aplicará a Convenção ao reconhecimento e à execução de sentenças proferidas unicamente no território de outro Estado signatário. Poderá igualmente declarar que aplicará a Convenção somente a divergências oriundas de relacionamentos jurídicos, sejam eles contratuais ou não, que sejam considerados como comerciais nos termos da lei nacional do Estado que fizer tal declaração.

Artigo II

1. Cada Estado signatário deverá reconhecer o acordo escrito pelo qual as partes se comprometem a submeter à arbitragem todas as divergências que tenham surgido ou que possam vir a surgir entre si no que diz respeito a um relacionamento jurídico definido, seja ele contratual ou não, com relação a uma matéria passível de solução mediante arbitragem.

2. Entender-se-á por "acordo escrito" uma cláusula arbitral inserida em contrato ou acordo de arbitragem, firmado pelas partes ou contido em troca de cartas ou telegramas.

3. O tribunal de um Estado signatário, quando de posse de ação sobre matéria com relação à qual as partes tenham estabelecido acordo nos termos do presente artigo, a pedido de uma delas, encaminhará as partes à arbitragem, a menos que constate que tal acordo é nulo e sem efeitos, inoperante ou inexequível.

Artigo III

Cada Estado signatário reconhecerá as sentenças como obrigatórias e as executará em conformidade com as regras de procedimento do território no qual a sentença é invocada, de acordo com as condições estabelecidas nos artigos que se seguem. Para fins de reconhecimento ou de execução das sentenças arbitrais às quais a presente Convenção se aplica, não serão impostas condições substancialmente mais onerosas ou taxas ou cobranças mais altas do que as impostas para o reconhecimento ou a execução de sentenças arbitrais domésticas.

Artigo IV

1. A fim de obter o reconhecimento e a execução mencionados no artigo precedente, a parte que solicitar o reconhecimento e a execução fornecerá, quando da solicitação:

a) a sentença original devidamente autenticada ou uma cópia da mesma devidamente certificada;

b) o acordo original a que se refere o art. II ou uma cópia do mesmo devidamente autenticada.

2. Caso tal sentença ou tal acordo não for feito em um idioma oficial do país no qual a sentença é invocada, a parte que solicitar o reconhecimento e a execução da sentença produzirá uma tradução desses documentos para tal idioma. A tradução será certificada por um tradutor oficial ou juramentado ou por um agente diplomático ou consular.

Artigo V

1. O reconhecimento e a execução de uma sentença poderão ser indeferidos, a pedido da parte contra a qual ela é invocada, unicamente se esta parte fornecer, à autoridade competente onde se tenciona o reconhecimento e a execução, prova de que:

a) as partes do acordo a que se refere o art. II estavam, em conformidade com a lei a elas aplicável, de algum modo incapacitadas, ou que tal acordo não é válido nos termos da lei à qual as partes o submeteram, ou, na ausência de indicação sobre a matéria, nos termos da lei do país onde a sentença foi proferida; ou

b) a parte contra a qual a sentença é invocada não recebeu notificação apropriada acerca da designação do árbitro ou do processo de arbitragem, ou lhe foi impossível, por outras razões, apresentar seus argumentos; ou

c) a sentença se refere a uma divergência que não está prevista ou que não se enquadra nos termos da cláusula de submissão à arbitragem, ou contém decisões acerca de matérias que transcendem o alcance da cláusula de submissão, contanto que, se as decisões sobre as matérias suscetíveis de arbitragem puderem ser separadas daquelas não suscetíveis, a parte da sentença que contém decisões sobre matérias suscetíveis de arbitragem possa ser reconhecida e executada; ou

d) a composição da autoridade arbitral ou o procedimento arbitral não se deu em conformidade com o acordado pelas partes, ou, na ausência de tal acordo, não se deu em conformidade com a lei do país em que a arbitragem ocorreu; ou

e) a sentença ainda não se tornou obrigatória para as partes ou foi anulada ou suspensa por autoridade competente do país em que, ou conforme a lei do qual, a sentença tenha sido proferida.

2. O reconhecimento e a execução de uma sentença arbitral também poderão ser recusados caso a autoridade competente do país em que se tenciona o reconhecimento e a execução constatar que:

a) segundo a lei daquele país, o objeto da divergência não é passível de solução mediante arbitragem; ou

b) o reconhecimento ou a execução da sentença seria contrário à ordem pública daquele país.

Artigo VI

Caso a anulação ou a suspensão da sentença tenha sido solicitada à autoridade competente mencionada no art. V, § 1º, alínea *e*, a autoridade perante a qual a sentença está sendo invocada poderá, se assim julgar cabível, adiar a decisão quanto a execução da sentença e poderá, igualmente, a pedido da parte que reivindica a execução da sentença, ordenar que a outra parte forneça garantias apropriadas.

Artigo VII

1. As disposições da presente Convenção não afetarão a validade de acordos multilaterais ou bilaterais relativos ao reconhecimento e à execução de sentenças arbitrais celebrados pelos Estados signatários nem privarão qualquer parte interessada de qualquer direito que ela possa ter de valer-se de uma sentença arbitral da maneira e na medida permitidas pela lei ou pelos tratados do país em que a sentença é invocada.

2. O Protocolo de Genebra sobre Cláusulas de Arbitragem de 1923 e a Convenção de Genebra sobre a Execução de Sentenças Arbitrais Estrangeiras de 1927 deixarão de ter efeito entre os Estados signatários quando, e na medida em que, eles se tornem obrigados pela presente Convenção.

Artigo VIII

1. A presente Convenção estará aberta, até 31 de dezembro de 1958, à assinatura de qualquer Membro das Nações Unidas e também de qualquer outro Estado que seja ou que doravante se torne membro de qualquer órgão especializado das Nações Unidas, ou que seja ou que doravante se torne parte do Estatuto da Corte Internacional de Justiça, ou qualquer outro Estado convidado pela Assembleia Geral das Nações Unidas.

2. A presente Convenção deverá ser ratificada e o instrumento de ratificação será depositado junto ao Secretário-Geral das Nações Unidas.

Artigo IX

1. A presente Convenção estará aberta para adesão a todos os Estados mencionados no art. VIII.

2. A adesão será efetuada mediante o depósito de instrumento de adesão junto ao Secretário-Geral das Nações Unidas.

Artigo X

1. Qualquer Estado poderá, quando da assinatura, ratificação ou adesão, declarar que a presente Convenção se estenderá a todos ou a qualquer dos territórios por cujas relações internacionais ele é responsável. Tal declaração passará a ter efeito quando a Convenção entrar em vigor para tal Estado.

2. A qualquer tempo a partir dessa data, qualquer extensão será feita mediante notificação dirigida ao Secretário-Geral das Nações Unidas e terá efeito a partir do nonagésimo dia a contar do recebimento pelo Secretário-Geral das Nações Unidas de tal notificação, ou a partir da data de entrada em vigor da Convenção para tal Estado, considerada sempre a última data.

3. Com respeito àqueles territórios aos quais a presente Convenção não for estendida quando da assinatura, ratificação ou adesão, cada Estado interessado examinará a possibilidade de tomar as medidas necessárias a fim de estender a aplicação da presente Convenção a tais territórios, respeitando-se a necessidade, quando assim exigido por razões constitucionais, do consentimento dos Governos de tais territórios.

Artigo XI

No caso de um Estado federativo ou não-unitário, aplicar-se-ão as seguintes disposições:

a) com relação aos artigos da presente Convenção que se enquadrem na jurisdição legislativa da autoridade federal, as obrigações do Governo federal serão as mesmas que aquelas dos Estados signatários que não são Estados federativos;

b) com relação àqueles artigos da presente Convenção que se enquadrem na jurisdição legislativa dos Estados e das províncias constituintes que, em virtude do sistema constitucional da confederação, não são obrigados a adotar medidas legislativas, o Governo federal, o mais cedo possível, levará tais artigos, com recomendação favorável, ao conhecimento das autoridades competentes dos estados e das províncias constituintes;

c) um Estado federativo Parte da presente Convenção fornecerá, atendendo a pedido de qualquer outro Estado signatário que lhe tenha sido transmitido por meio do Secretário-Geral das Nações Unidas, uma declaração da lei e da prática na confederação e em suas unidades constituintes com relação a qualquer disposição em particular da presente Convenção, indicando até que ponto se tornou efetiva aquela disposição mediante ação legislativa ou outra.

Artigo XII

1. A presente Convenção entrará em vigor no nonagésimo dia após a data de depósito do terceiro instrumento de ratificação ou adesão.

2. Para cada Estado que ratificar ou aderir à presente Convenção após o depósito do terceiro instrumento de ratificação ou adesão, a presente Convenção entrará em vigor no nonagésimo dia após o depósito por tal Estado de seu instrumento de ratificação ou adesão.

Artigo XIII

1. Qualquer Estado signatário poderá denunciar a presente Convenção mediante notificação por escrito dirigida ao Secretário-Geral das Nações Unidas. A denúncia terá efeito um ano após a data de recebimento da notificação pelo Secretário-Geral.

2. Qualquer Estado que tenha feito uma declaração ou notificação nos termos do art. X poderá, a qualquer tempo a partir dessa data, mediante notificação ao Secretário-Geral das Nações Unidas, declarar que a

presente Convenção deixará de aplicar-se ao território em questão um ano após a data de recebimento da notificação pelo Secretário-Geral.

3. A presente Convenção continuará sendo aplicável a sentenças arbitrais com relação às quais tenham sido instituídos processos de reconhecimento ou de execução antes de a denúncia surtir efeito.

Artigo XIV

Um Estado signatário não poderá valer-se da presente Convenção contra outros Estados signatários, salvo na medida em que ele mesmo esteja obrigado a aplicar a Convenção.

Artigo XV

O Secretário-Geral das Nações Unidas notificará os Estados previstos no art. VIII acerca de:

a) assinaturas e ratificações em conformidade com o art. VIII;

b) adesões em conformidade com o art. IX;

c) declarações e notificações nos termos dos arts. I, X e XI;

d) data em que a presente Convenção entrar em vigor em conformidade com o art. XII;

e) denúncias e notificações em conformidade com o art. XIII.

Artigo XVI

1. A presente Convenção, da qual os textos em chinês, inglês, francês, russo e espanhol são igualmente autênticos, será depositada nos arquivos das Nações Unidas.

2. O Secretário-Geral das Nações Unidas transmitirá uma cópia autenticada da presente Convenção aos Estados contemplados no art. VIII.

IMPRESSO NA
sumago gráfica editorial ltda
rua itauna, 789 vila maria
02111-031 são paulo sp
telefax 11 2955 5636
sumago@terra.com.br